Yellow River Civilization and Sustainable Development

黄河文明与可持续发展

第 19 辑

河南大学出版社
·郑州·

图书在版编目(CIP)数据

黄河文明与可持续发展. 第 19 辑 / 苗长虹主编. --郑州：河南大学出版社,2022.5
 ISBN 978-7-5649-5112-2

Ⅰ. ①黄… Ⅱ. ①苗… Ⅲ. ①黄河流域-文化史-丛刊②黄河流域-可持续性发展-丛刊 Ⅳ. ①K292-55 ②X22-55

中国版本图书馆 CIP 数据核字(2022)第 080769 号

责任编辑	胡玲霞　郑华峰
责任校对	时二凤
封面设计	郭　灿

出　版	河南大学出版社		
	地址：郑州市郑东新区商务外环中华大厦 2401 号	邮编：450046	
	电话：0371－86059701(营销部)	网址：hupress.henu.edu.cn	
排　版	郑州市今日文教印制有限公司		
印　刷	河南育翼鑫印务有限公司		
版　次	2022 年 5 月第 1 版	印　次	2022 年 7 月第 1 次印刷
开　本	787 mm×1092 mm　1/16	印　张	14.25
字　数	402 千字	定　价	48.00 元

(本书如有印装质量问题，请与河南大学出版社营销部联系调换。)

《黄河文明与可持续发展》编委会

顾　问：（按姓氏笔画排序）
　　　　马润潮（美）　王　巍　王震中　冯骥才
　　　　吉尾宽（日）　孙九林　李伯谦　陆大道
　　　　陈栋生　傅伯杰　戴福士（美）

委　员：（按姓氏笔画排序）
　　　　王蕴智　牛建强　方创琳　石敏俊　刘彦随
　　　　刘海旺　许学工　孙一飞（美）李小建
　　　　李玉洁　李振宏　杨云彦　杨伟聪（新加坡）
　　　　杨朝明　张大新　张云鹏　张新斌　侯甬坚
　　　　秦耀辰　耿明斋　晁福林　康保成　程民生
　　　　樊　杰　戴松成　魏也华（美）魏后凯

主　编：苗长虹

副主编：侯卫东

编辑部主任：吴朋飞

编　辑：门　艺　郜冬萍　喻忠磊　方伟伟

主　办：教育部人文社会科学重点研究基地河南大学黄河文明
　　　　与可持续发展研究中心
　　　　中国地理学会黄河分会

目 录

专论（夏文化笔谈）

寻找禹迹：夏王朝的文化遗产 …………………………………… 侯卫东（1）
寻找禹迹：登封王城岗与"禹都阳城" …………………………… 方燕明（3）
寻找禹迹：夏文化研究中对文献应采用"无罪推定" …………… 张立东（6）
寻找禹迹：文化谱系与夏文化研究 ……………………………… 魏继印（9）
寻找禹迹：聚落考古与夏文化探索 ……………………………… 贺　俊（13）

黄河流域高质量发展

主持人语 ………………………………………………………… 程遂营（16）
黄河国家文化公园建设的理论与实践探索 ……… 程遂营　王笑天　王　伟（18）
黄河国家文化公园（宁夏段）建设规划的重要性思考 …… 张玉梅　吴朋飞（26）
黄河国家文化公园的发展定位 ………………… 张　野　李紫薇　程遂营（40）

黄河流域生态保护

2000—2020年黄河流域生态退耕时空分异特征
　………………………………………………… 孙丕苓　彭田田　沈丹丹（47）
黄土高原草地不同坡位配置对土壤侵蚀的影响研究 …… 李　勇　刘见波（60）
天与人不相胜
　——庄子的天人观及生态价值 ………………………………… 秦　晓（72）

黄河文明与文化

河南黄河故道两岸古文化资源保护和利用探索
　——以濮阳考古遗址公园片区为例 …………………………… 袁广阔（81）
试论濮阳卫城之名称 ……………………………………………… 张立东（91）
甲骨文中的商代晚期历法 ………………………………………… 叶正渤（97）
韩伯丰鼎铭与西周时期王命记录的变化 ……………………… 佐藤信弥（105）
古代兵学"兵阴阳"探析
　——以《孙膑兵法·地葆》为核心 …………………… 洪德荣　袁婉怡（110）
谈《五十二病方》中的病名"白瘨（瘨）" ………………………… 方　勇（118）

"奢延水"与"奢延泽"新考 …………………………………………… 安介生(127)
统万城的城市形态及其相关问题再探 ……………………………… 张永帅(145)
南京国民政府黄河保安林计划的出台与实施(1928—1937)
　　…………………………………………………………… 安　甜　田　宓(155)
清代修武县商业重镇恩村的商人及商号 …………………………… 牛永利(166)
融汇传统与现代学术
　　——高文学术研究述评 …………………………………………… 伍茂国(175)

学术信息

第十三届"黄河学"高层论坛暨黄河文化与文旅融合发展研讨会在河南大学举办
　　………………………………………………… 姚秋菊　晋瀛莹　丁雨彤(192)
黄河流域生态保护和高质量发展高层论坛(2021)在河南大学举办
　　………………………………………………………………… 姚秋菊　黄　森(202)
"中国地理学会黄河分会2021年学术年会"在西北师范大学召开
　　………………………………………… 西北师范大学地理与环境科学学院(209)
"广大"与"践履"的南宋文学构建
　　——王建生先生《"中原文献南传"论稿》读后 ………… 仝相卿　潘梦斯(215)

专论（夏文化笔谈）

寻找禹迹：夏王朝的文化遗产

侯卫东

作者简介：侯卫东，河南大学黄河文明与可持续发展研究中心副教授。

2021年2月中旬春节长假期间，我一直思考夏文化的叙事和传播问题，特别是"禹迹"是西周以来的出土和传世文献中屡见的神圣名词。正月初七我琢磨了一天，提出以"寻找禹迹"为题，做一个夏文化笔谈接龙，在河南大学黄河文化遗产实验室支持的微信公众号"考古河山"连载，一定是一件有趣又有意义的事儿。

于是，我就拟了夏文化笔谈接龙"寻找禹迹"的提纲，一共7篇，每篇字数2000左右，配上精美图片，以讲故事的语言，以扎实的考古材料，以严谨的学术理念，讲述关于禹迹的系列故事。1. 楔子：古史传说、历史文献和文字材料中的大禹、禹迹。2. 从襄汾陶寺出发：陶寺的考古发现、文献关联及其可能是大禹治水的出发点，陶寺的政治和文化遗产对禹迹的意义。3. 蚌埠禹会村：禹会诸侯于涂山，遗迹遗物及其反映的社会背景，如何理解禹会诸侯及其文化遗产？4. 登封王城岗：与禹都阳城的关联，如何理解王城岗与禹都阳城的关系？5. 淮阳时庄：大禹时期的仓城，大禹到过这里吗？与夏王朝的关系？6. 神木石峁：石峁是个什么样的存在？是大禹的平行世界吗？7. 夏王朝的政治文化遗产：禹迹影响的广度和深度。

约稿期限之前收到河南省文物考古研究院研究员方燕明先生的稿子《寻找禹迹：登封王城岗与"禹都阳城"》，我阅读了方先生的稿子之后，很受启发，觉得这个夏文化笔谈接龙值得做下去，就约请在夏文化研究领域很有建树的河南大学考古学者撰稿，不拘形式和内容，谈自己最想谈的内容，在"考古河山"微信公众号推送，同时在《黄河文明与可持续发展》辑刊上发表。我的提议得到张立东、魏继印、贺俊等本校同仁的支持，加上方燕明先生的文章，就形成了夏文化笔谈"寻找禹迹"的新面貌。

中国人自古以来就对大禹、禹迹和夏王朝有浓厚的兴趣，夏王朝给后世留下了丰厚的文化遗产，最重要的是早期王朝的一系列国家制度、政治经验、工程技术和文明成就对后世产生了广泛而深远的影响。夏王朝晚期的二里头文化通过对周边文化的吸纳与辐射，最终成为中华文明总进程的核心与引领者，偃师二里头都邑是夏文化的集大成者和集中体现。二里头都邑的网格状"里坊式"布局（见图1）对商王朝都邑及后世都有直接影响，新郑望京楼商城的布局就呈"九宫格式"，汉长安城形成多个宫城单元和功能区，唐长安"棋盘式"里坊布局走向成熟，直到明清北京城还是类似的格局。二里头都邑四合院式的宫室建筑，坐北朝南、中轴对称、多进院落的布局，以及由此形成的宫室制度，经商周时期的传承发展，其核心理念一直为后世王朝所遵循。二里头都邑创造了青铜容器铸造技术，发现了成组的青铜礼器群，形成了基本的礼器组合和青铜礼器制度，为此后商周王朝继承并进一步发展，禹铸"九鼎"成为后世王朝深刻的历史文化记忆，"九鼎"成为中国古代国家王权的象征。"问鼎中原""一言九鼎"等成语的力量穿透历史，依然重如千钧。二里头都邑高级贵族墓葬为土坑竖穴，流行随葬青铜礼器爵、斝、镶嵌绿松石铜牌饰以及绿松石拼嵌龙形器等高规格贵重物品，形成比较稳定的墓葬制度和深厚的祖灵观念，为商周王朝继承并进一步发展，也成为流传后世三千多年的中华文化基因。"禹画九州""禹迹""土中"等源于夏文化的神圣概念一直成为中华大地所仰慕和信奉的目标，东南西北各地的人群都以居住地属"禹迹"为荣，都以"九州"风土人情为圭臬，都以"土中"为神圣空间，夏王朝晚期都邑二里头所在的洛阳盆地成为中国古代尊奉的一个神圣空间。

图1 二里头遗址布局图

（图片来源：采自"文博中国"微信公众号2020年11月25日推文）

寻找禹迹：登封王城岗与"禹都阳城"

方燕明

作者简介：方燕明，河南省文物考古研究院研究员。

王城岗遗址位于河南省郑州登封市告城镇与八方村之间，地处颍河与五渡河交汇的台地上，南眺箕山，北依嵩山。距今4000多年的王城岗遗址，与文献记载的夏代纪年和夏族地望重合，那么，它是不是考古人苦苦追寻的"禹都阳城"呢？从20世纪50年代起，经几代考古人的努力，逐渐揭开了其神秘面纱。

1959年4月，考古学家徐旭生开始新中国考古史上著名的"夏墟"调查之旅。他记录道："告成镇周围有土寨，公路过东门外，出西门半里余到五渡河，过河约公里就到八方村。地势北高南下。遗址大部分在告成到八方的公路北面，小部分在南面。根据地面调查及钻探的材料，我们初步认为东部似以龙山为主，兼有早殷遗物，西部似以仰韶为主。"由此，徐旭生开辟了一条由考古学探索夏代历史的新路。

自1950年代初王城岗遗址被发现以来，考古工作者对其进行的几次重要的考古工作，成为我国考古学界探索夏文化的一个缩影。根据文献记载，夏人活动的中心区域在嵩山地区的伊洛河和颍河中上游一带以及山西南部，故此有了徐旭生1959年的"夏墟"调查。1975年起，考古学家安金槐率领考古队对王城岗遗址进行了持续多年的考古调查、发掘与研究。1977年，在王城岗发现的龙山文化小城，是当时我国首次确认的龙山文化城址，在告成镇北的岗地上又发现东周阳城遗址，这些发现引起学术界的关注和重视。1977年11月，国家文物局在登封召开了"河南登封告成（王城岗）遗址发掘现场会"，这是我国第一个夏文化研讨会，到会学者百家争鸣，畅所欲言。安金槐介绍了王城岗龙山文化城址和东周阳城的发现，并初步认为王城岗龙山城有可能是"禹都阳城"。中国社会科学院考古研究所所长夏鼐在会议总结时指出：王城岗城堡属于河南龙山文化晚期明确无误。至于城堡是否为夏都遗迹是另一个问题，因为河南龙山文化晚期是否为夏文化大家的意见并不一致。夏鼐认为夏文化的含义"应该是指夏王朝时期夏民族的文化"，这是一个确切的、科学的概念，对后来夏文化的探索具有重要的指导意义。

由王城岗龙山文化东西相连的两座城址、奠基坑（见图1）、青铜器残片和文字以及东周阳城的发现来看王城岗与禹都阳城的关系：1.从地望上，文献记载的"禹都阳城"在嵩山之阳、箕山之阴，王城岗小城恰在嵩山与箕山之间；2.从年代上，王城岗龙山文化小城距今约4100年，文献上的大禹距今4000年左右，两者大体相合；3.在东周阳城发现陶器上"阳城仓器"的印文,表明在东周时期这里就叫阳城。这些认识是安金槐在1983年《文物》上发表的王城岗初步研究成果。《登封王城岗与阳城》于1992年出版,考古报告指出王城岗龙山文化二期城址和城内龙山文化二期许多重要遗存,对探索夏代文化是一个重大的突破;两座城址的位置和文献记载的"禹都阳城"地望十分吻合,初步认为王城岗城址有可能是夏代城址,且很可能就是禹都阳城遗址。

图1　1980年代发掘的王城岗遗址龙山文化时期奠基坑

1996年,"夏商周断代工程——早期夏文化研究"专题组在王城岗城址内发掘采样,已测出的碳十四数据和研究表明,王城岗龙山文化被分为五期,小城(王城岗二期)的年代已接近夏代的起始年,王城岗三期、四期和五期的年代均已进入夏代纪年范围之中。出自王城岗的测年数据是夏商周断代工程给出的夏代始年约为公元前2070年的重要支撑,足见王城岗城址对夏文化研究有着特别重要的价值。

从1977年发现王城岗龙山文化城址以来的几十年间,关于王城岗城址的性质一直讨论不断。大处着眼,考古学界历来对考古学文化如何与族属或历史朝代对应有不同的认识,而河南龙山文化晚期是否为夏文化早期遗存,意见也不一致;微处而言,王城岗城址约一二万平方米的面积过小,是否为"禹都阳城",让人疑虑重重。综观王城岗已发表的材料,疑问很多,如:王城岗遗址面积有50多万平方米,除了小城,还有大城吗?小城的使用年代在王城岗二期,小城废弃后,三期和四期为何依然繁盛?龙山时期的王城岗遗址在中华文明形成与演进过程中的地位和作用如何?这些问题都有待考古人去探索、去回答。

2002年开始的"中华文明探源工程预研究——登封王城岗遗址周围龙山文化遗址的调查"和2004年开始的"中华文明探源工程——王城岗遗址的年代、布局及周围地区的聚落形态"研究课题组,在王城岗新发现一座面积34.8万平方米的大型城址,这是迄今河南境内发现的面积最大的河南龙山文化晚期城址,同时发现祭祀坑、玉石琮和白陶器等重要遗存,使王城岗的考古工作取得重大进展。2006年《考古》上发表文章,依据王城岗的考古新发现提出:王城岗小城可能为"夏鲧作城",而大城可能为"禹都阳城"。对此,学术界反响热烈。2007年,《登封王城岗考古发现与研究(2002—2005)》出版,考古报告通过对地望、年代、等级、与二里头文化的关系以及文献记载"禹都阳城"等相关资料的整合,提出:王城岗龙山文化晚期大城可能是"禹都阳城"之阳城,东周阳城当以"禹都阳城"即在附近而得名,而早于大城的王城岗龙山文化晚期小城可能是禹父鲧所建造,从而为夏文化找到了一个起始点。(见图2)根据调查,王城岗龙山文化晚期城址是颍河上游周围数十千米范围内规模最大、等级最高的中心聚落遗址,王城岗龙山文化晚期大城是当时该地区涌现出来的可以看作是早期国家的政治实体的中心所在。同时开展多学科研究,对王城岗遗址龙山时期的人与环境、资源利用与控制、生业经济、技术水平、精神文化等进行了多角度多层次的探讨。

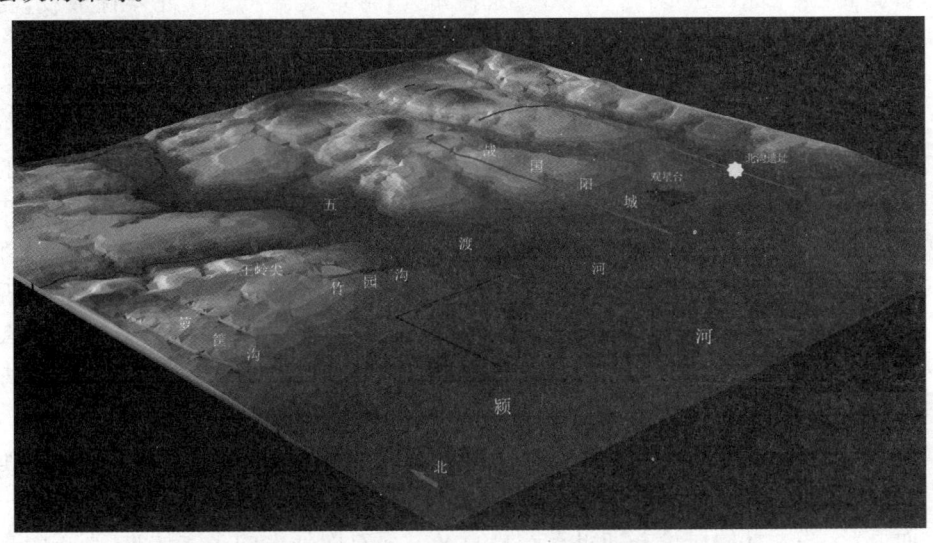

图2　王城岗龙山文化时期城址与东周阳城遗址三维图

2020年,"考古中国·夏文化研究"项目开始实施。通过系统的考古钻探,在王城岗大城北部中间位置发现面积达2万平方米的夯土建筑群。考古发掘表明,夯土建筑的年代不晚于二里头文化二期,这是中原地区龙山文化晚期到二里头文化时期所发现的最大的夯土基址之一。新一轮的王城岗考古发掘与研究在进行之中,值得期待。

寻找禹迹:夏文化研究中对文献应采用"无罪推定"

张立东

作者简介:张立东(1964—),男,山东德州人,河南大学历史文化学院教授,主要从事夏商周考古研究。

关于夏文化的讨论中,有学者认为有关夏朝的历史文献是不可信的,因此夏朝的存在也是不可信的。我们在研讨夏文化之前,应该首先论证它的存在,现在不宜直接利用考古材料来研究夏史,而应该进行纯考古学的研究。有趣的是,坚持这类观点的学者大都没有真正从事夏史夏文化的研讨,而且这些理论性的讨论,大多是宏观的判断,而非微观的分析,例如只是笼统地指出有关夏史的文献不可信,却不具体辨析哪一条文献为什么不可信。况且这类讨论大多是问难,而非提出建设性意见,例如指出现在推定夏文化的方法不对之后,并不说明应该怎样去做,更有甚者明确提出应该被动等待夏代文献的出土。

真正从事夏史夏文化研究的学者似乎对这类说法保持沉默。当然沉默并非理屈词穷,只是觉得夏朝的真实性早已解决,当前没必要再空泛地讨论这个问题。当然对于夏文化研究而言,这些疑夏的讨论并非没有积极意义。面对圈外人的多方诘难,真正的夏文化研究者应该好好地反思:夏史的真实性真的没有问题吗?是否应该把已有的认知条理化,并且分享给尚未真正投身夏文化研究的学者?毕竟有时旁观者确实比当局者看得更为清楚。正是因为这些疑夏言论的刺激,作为一名从事夏文化研究的老兵,自觉应该对这些问题进行一些思考。在了解刑事诉讼法的两种定罪方式之后,觉得完全可以借用两种定罪原则,对夏文化研讨中看待夏史文献的两种态度进行分析。这些新思考自2019年以来曾在几个场合讲过,现在趁着受邀笔谈之机,将这些想法稍加整理,以就教于学界同仁,并希望能够对今后的夏文化研究有所助益。

对于传统史学中的夏王朝,学术界一直存在"可信"和"不可信"两种基本认识。从学理上讲,"可信"与"不可信"都只是一种认识,没有高低贵贱之分。清代以前主流史学对夏王朝的态度是"信"。战国时期已有人对包括夏代的古史提出疑问,屈原的《天问》就是集大成者。宋代有人开始对经典进行怀疑。清代崔述的《考信录》更是对上古史提出了不少疑问。1920年代,顾颉刚先生不仅掀起了统领史学界几十年的疑古思潮,更从方法论层面上提出了层累地造成的古史说,但他只是怀疑大禹,对夏代还是相信的。后来杨宽、陈梦家等先生才真正彻底地怀疑夏代的存在。现今大多数学者虽然基本相信夏史的真实性，但怀疑一些具体的历史细节；也有人疑其大部，而信其史影。可以说现代学者基本都是既信又疑，差别只是信、疑所占的比例各不相同。

考古学上的夏文化探索彻底改变了夏史研究全靠文献的局面，从而在文献记载相互矛盾时，有一个可以参证或验证的考古材料。考古学文化的年代和分布可以从宏观上验证夏代的年代和疆域，大型中心聚落是研究夏代都城的主要对象，而聚落形态、城市规划、礼器制度、兵器体系等都可以用来验证夏代的国家化、文明化程度。以往的夏文化研究基本上确定了二里头遗址就是夏代中晚期的都城，二里头文化就是夏代中晚期夏文化，二里头文化展现的文明化程度更与夏朝的情况若合符节，可以说考古学界的夏文化研究已基本证明了夏史文献的可信。

真正理解中国史学传统的学者绝对不会否定夏朝的存在。中国人尊重历史，传承历史，也利用历史，可以在传承历史时进行改编、演义，但极少完全编造"架空"的历史。夏、商、周三个朝代只是统治者的更替，没有发生新朝对旧朝的种族灭绝，包括贵族在内的基本社会成员均以遗民的身份加入新朝。在这种情况下，整个社会的历史记忆应该是基本延续下来的，而无明显的断裂。如果新朝对已知的历史进行一些改造，十句真话中掺杂一两句假话，使之有利于自己的统治是完全可能的；若凭空地创作一个从未出现的王朝，无论如何都难以令人信服，也只会对自身的统治产生负面效应，故此"夏史是周人创作的"说法是绝对不可想象的。实际上，考古发现已经证明商代之前有一个以中原为核心的考古学文化系统，其年代、分布、文明化程度等都与历史上的夏朝相合，将其释读为夏文化，远比仅按"无名氏"进行纯考古学文化研究更合理。

刑事诉讼中的定罪原则主要有"有罪推定"和"无罪推定"两种。所谓有罪推定是指在司法机关依法判决有罪之前，就把诉讼过程中的被追诉人推定为实际犯罪人。因为有罪推定是假定嫌疑人就是罪犯，所以嫌疑人若想洗脱嫌疑，就必须想办法证明自己无罪，例如不在犯罪现场。自证有时很难，因此容易造成冤案。古代审案时大都奉行有罪推定原则，因此很多情况下都是屈打成招。有罪推定很容易被别有用心的人滥用，古今很多冤案都是掌权者给人安个罪名，然后屈打成招，最后做成铁案。

所谓无罪推定是指未经证实和判决有罪之前，应视被控告者为无罪。在审判过程中，证据是认定犯罪能否成立的唯一根据，被告人没有义务自证无罪。无罪推定原则是现代法治国家通行的一项重要原则，是国际公约确认和保护的一项基本人权，也是联合国在刑事司法领域制定和推行的最低限度标准之一。无罪推定是在启蒙运动中被作为一项思想原则提出来的。1764年7月意大利人贝卡利亚在《论犯罪与刑罚》中，抨击了残酷的刑讯逼供和有罪推定，提出了无罪推定的理论构想。无罪推定原则最早在英国运用于实践，但在美国运用得最彻底。中国早在1910年代已经引入无罪推定原则，但直到2013年实施的新版刑事诉讼法，才最后确凿无疑地肯定了无罪推定制度。该法第四十九条云："公诉案件中被告人有罪的举证责任由人民检察院承担，自诉案件中被告人有罪的举证责任由自诉人承担。"即由控方承担证明被告人有罪的举证责任，并在无法证明时承担举证不力的责任。

关于犯罪行为的两种推定方式虽然各有优缺点，但相比较而言，无罪推定要比有罪推定更人道、科学和严谨一些，因此才会成为国际通行的刑事诉讼基本准则。

如果把夏文化研究中对待文献的态度比喻成一桩诉讼案，那么其中被"控告"的就是夏史文献，控方律师就是"无夏论"学者，辩方律师就是"有夏论"学者。夏文化研究中对待夏史文献的两种不同态度可以转译为对夏史文献的有罪推定和无罪推定。主张夏史文献不可信者采用的是"有罪推定"，而主张夏史文献可信者采用的是"无罪推定"。若按照有罪推论原则，辩方律师需要自证，若拿不出证明其可信的证据，那就是不可信的；若按照无罪推定原则，控方律师需要提出充分的证据，来证明其不可信。依此，对夏史提出怀疑，又让别人拿出证据的学者显然是坚持有罪推论原则；而相信夏史却没有积极论证的学者，显然是坚持无罪推论原则，并非有意规避或者理屈词穷。对待夏史文献的两种方式虽然各有优缺点，但相比较而言，坚持无罪推定原则对"夏史文献"姑妄信之，显然比坚持有罪推定原则的"夏史文献不可信"之论更合理，也更符合现在中国乃至国际刑事诉讼法的思维准则。

总言之，夏文化研究中客观存在"有夏""无夏"两个基本阵营。"有夏"论者努力辨识夏文化，并深入探讨夏都、年代、地域、文明化程度等具体问题；而"无夏"论者则强调夏史不可信，希望有夏论者提出证据，并在具体研究中只提考古学文化，尽量避免使用"夏"这个词。把对待夏史文献的两种态度比喻为一个刑事诉讼案之后，发现认为夏史文献可信者采用的是"无罪推定"，因此自觉没有义务自证无罪，而主张夏史文献不可信的学者才应该是提出证据者。按照无罪推定原则，在有人能够证明某条或所有文献记载不可信之前，我们可以毫无心理压力地选择相信，并结合考古学材料来辨析文献的可信性，从而建构夏代历史。

寻找禹迹：文化谱系与夏文化研究

魏继印

作者简介：魏继印，河南大学历史文化学院副院长，河南大学古代文明研究中心教授、博士生导师。

夏是我国历史上的第一个世袭王朝，《尚书》《诗经》《国语》《左传》《楚辞》等传世文献均有相关记载，《竹书纪年》和《史记》更是记述了其完整的世系。东周时期的《叔夷钟》《叔夷镈》《盄和（秦公）钟》《秦公簋》《嬭（芈）加钟》以及西周时期《燹公盨》等青铜器铭文中也均有不同程度的涉及。这些器物的主人不仅有祝融之后的楚人，也有佐禹治水的后稷和伯益之后，更有灭夏的商人之后，他们从不同的角度对禹或夏进行了追述。出土文献《清华简》中的《厚父》《尹吉》《尹至》等篇对禹和夏及其主要事迹的记述也比较具体。台湾学者蔡哲茂结合《礼记·缁衣》中的"西邑夏"、《清华简》中的"西邑"和"夏"，论证了甲骨文中的"西邑"就是商人对夏的称呼。如此多的证据表明，夏的存在当无疑问，绝非向壁虚构。然而，由于当时文字等自证性材料的缺失，学界对夏文化认识的争议还很大，其争议的实质是研究方法的差异问题，学者们往往运用不同的方法推导出不同的认识。其实，运用考古学文化和相关历史大事件进行综合考证，到目前为止仍是解决夏文化问题最有效的途径。

一、考古学文化及其特性

在文字材料稀缺的先秦时期考古中，研究夏文化不得不从分析考古材料入手。考古学文化是史前考古研究中的一个非常重要的概念，最初是由德国学者古斯塔夫·科西纳提出的。《中国大百科全书·考古学卷》把考古学文化定义为"分布于一定区域，存在于一定时间，具有共同特征的人类活动遗存"。考古学文化的存在是客观的，不以任何人的意志为转移。

一个考古学文化之所以能够区别于另一个考古学文化，是因为他们均有不同的文化面貌。一个分布范围较大的考古学文化，在以共性为主的基础上，各地方之间也会有少许差异，表现出地方性的特征。不同考古学文化之间，其距离越近，共性越多；距离越远，差异越大。

考古学文化有其形成、发展、演变、分化以及消亡的过程。其文化面貌，有时会慢慢从分化走向统一,也有时会从统一走向分化。考古学文化的分布范围也不是一成不变的,有从小到大的情况,也有从大到小的情况,有时也会出现整体位移的现象。两个相邻的考古学文化,随着时间的推移有时会渐渐地融合为一体,也有时会发生整体的文化取代。随着不断的量变,考古学文化最终会失去其最初的特征而演变成为另一种文化,有时也会失去其固有特征,走向消亡。

二、考古学文化的背后

考古学文化虽然直观的表现是出土的各类物质文化遗存,但其背后却是创造它的人群,应是生活在同一地域、具有共同习惯的人群所创造的物质文化的集合。其共同的习惯包括生产习惯、技术习惯、生活习惯、精神信仰习俗以及埋丧葬习俗等多个方面。

考古学文化共同风格的形成,其实是在同一地域范围内居住的人群,经过长期的共同生活、密切交往、相互模仿而逐渐形成的各种习惯在物质上的反映。这一人群可以包括不同氏族、不同家族、不同民族,甚至是不同种族的人。

由于习惯的惯性作用,生活在同一地域的人群一旦形成共同的生活习惯,这种习惯就会保持一段时间,随着时间的推移呈现出渐变的状态。这就是有些考古学文化之所以能够延续上百年甚至数千年并能够分成若干期的原因。

在一个地区生活的人群,随着人口的增多,有时会向一个或多个方向扩张,表现为考古学文化分布范围的扩大,有时也会随人口的减少而缩小,表现为考古学文化分布范围的缩小。

由利益、仇恨等原因所引起的部族内部矛盾等,也会引起人群内部发生分裂。随着各部之间联系和交流的减少而造成的各自为政,会使相应的物质文化进行分化,最终导致考古学文化的分化和瓦解。

一个地域的人群,如果发生大规模移民的情况,其生活习惯也会被带到移入地,在移入地形成与移出地特征大致接近的新的考古学文化。

两个或多个相邻地区的人群,随着交往和联系日益加强,其各种习惯也会渐渐一致,表现为考古学文化的融合。

一个地区的人群通过战争或殖民的手段入侵到另一个地区,会导致殖入地考古学文化的突变。变化的大小跟殖入的人群规模有关,殖入的人数越多,变化就会越大。变化是否明显跟两种人群的距离有关,因为距离越远的人群,生活习惯的差异就越显著。

一个地区由于受自然灾害、生态环境或其他原因导致人类无法在此生活,但经过一段时间后,另一人群来此生活,由于前一人群的各种习惯与后一人群不同,往往也会导致两种考古学文化面貌上的不同。

一个地区的人群,如果分散迁移到周边或其他地区,其整体的文化风格就会消失,从而造成该考古学文化的瓦解或消亡。

另外,考古学文化的变化还会受到政治、政策、经济、思想、观念、生态以及环境等多方面因素的影响,要具体分析。

基于以上原理,运用考古学文化谱系梳理的方法是可以追踪古代人群变迁的。

三、考古学文化与夏文化研究

夏是我国历史上第一个广域王权国家,它和商一样均属于政治实体的范畴,并非单纯的夏氏族、夏家族或夏民族。因此,在夏国,其子民不一定全是夏后氏,应该还包括很多其他姓氏的氏族,比如韦氏、顾氏、昆吾氏、有男氏、斟灌氏、斟寻氏、有戈氏、有扈氏等,但应是以夏后氏为主导或领导的。

"溥天之下,莫非王土;率土之滨,莫非王臣"是我国早期王权国家的基本观念。夏王朝之所以成为一个政治实体,称为国家,也一定有自己的领土和臣民。在其领土上生活的广大臣民,由于长时期的交往和联系,形成大体相同的各种习惯,也一定会在他们所创造的物质文化上表现出来。因此,夏王朝也会与某种考古学文化大致对应,可以运用其基本的理论与方法来研究。

夏不是孤立存在的,《国语》《孟子》《楚辞》《竹书纪年》《史记》等文献表明,它与东夷人和商人关系非常密切。由于殷墟的发现,商人的遗存或考古学文化是确定的。由于东夷所处地理位置的特殊性,其位置也是确定的。因此,至于哪种考古学文化能够与夏相对应,可以以商文化和东夷文化为坐标来定位。也就是说夏文化不能距商文化和东夷文化太远,凡是违背这一原则的都不应是夏文化。殷墟文化的年代属于商代后期,与夏文化相差数百年,但从殷墟文化出发,运用考古学文化谱系分析的方法向前追溯,可以把其来源追溯到年代稍早的二里岗文化和年代更早的下七垣文化。二里冈文化最早的年代距今约3500多年,郑州商城发现的东周时期陶文中有很多带有"亳"字,说明郑州商城应是商汤的都城"亳"。在此认识的基础上,可以认为分布于豫北冀南地区的下七垣文化应是商汤灭夏之前的"先商文化"。与先商文化大致同时的东夷文化则主要分布在今海岱山地区的岳石文化前期。主要分布于晋南地区和黄河以南的河南地区的二里头文化,其北邻先商文化,东接东夷文化,是最有资格充当夏文化的考古学文化,而且也能得到文献上的充分支持。因此,二里头文化的主体就是夏文化。

二里头文化也不是突然或者凭空出现的,如果继续向前追溯,仍有其主要源头。经过对二里头文化与比其年代稍早的王湾三期文化和新砦文化的比较发现,从文化面貌上看,新砦文化与二里头文化的相似度要远远大于王湾三期文化。关于新砦文化的主要来源,经过与豫中地区的王湾三期文化和豫东地区的造律台文化相比较,其与造律台文化的相似度要远远高于王湾三期文化。因此,从文化谱系上看,新砦文化和造律台文化是二里头文化的前身,应与更早的夏文化有关。

碳十四测年数据表明,二里头文化的年代跨度不足300年,与相关文献中夏代14世17王约400多年的说法差别较大,不是全部的夏文化。

考古学文化谱系的方法只能解决考古学文化的来龙去脉问题,对夏文化研究只能通过二里头文化向前追溯至新砦文化再至造律台文化,不能解决夏王朝所对应的考古学文化从哪儿开始、到哪儿结束的问题。要解决这两个问题,需要通过结合历史文献中关于夏王朝相关重大历史事件来综合判断。

关于夏文化之尾,最好的方法是运用"商汤灭夏"这一重大历史事件来解决。在夏末,夏桀无道,商族群的首领汤联合东夷族群一起灭亡了夏王朝,发生了中国历史上的第一次王朝更替。如此大的一个事件一定会在考古上留下痕迹。二里头遗址是夏桀的都城斟寻,夏的灭亡也一定会在其都城中留下痕迹。目前,在二里头四期晚段集中发现了不少下七垣文化和岳石文化风格的陶器,应是商、夷联合灭夏时留下的。在距二里头遗址以东约6公里的偃师商城遗址发现商文化取代夏文化的时间也是二里头四期晚段。郑州商城遗址中发现宫殿、城墙以及重要的手工业作坊也都是建立在相当于二里头四期的南关外遗存时期。在更大的范围内,如望京楼商城、垣曲商城等二里岗文化城址在二里头文化分布区内的大量出现,也都反映了夏、商更替是在二里头文化四期偏晚或之后。总之,从整体上看,夏文化的尾当在二里头文化四期晚段的某个时间。

至于夏文化的首,则可以运用禹和启时期发生的历史事件来综合考定。李伯谦先生根据文献记载总结大禹时期发生的"大禹治水""禹都阳城""禹伐三苗""禹会涂山"和"禹划九州"合在一起叫"大禹五事"。这五事中,划九州之事无从考证,会涂山属短期行为,其痕迹不易发现与认定,只有治水、都阳城和伐三苗相对比较容易寻找迹象。关于禹都阳城,文献中有"颍川阳城"和"大梁阳城"两种说法,不过一般认为颍川阳城的王城岗城址其文化面貌并不属于以二里头文化为基础的夏文化谱系,大梁阳城还未经考古证实,均不能以此来定位夏王朝的建立。关于伐三苗,文献中表明自尧时已开始,直到禹时才结束,在考古方面,中原文化取代石家河文化的年代偏早,应超出了禹的年代。因此,目前只能从洪水的迹象和启的活动地域来综合考定。

很多文献中都有"大禹治水"的描述,是夏代建立前夕发生的一件大事,一定会在考古中有所反映。其实,夏代之前的治水,从尧时就已经开始了,直到禹时才结束,但结束的时间应该距夏王朝建立最近,所以判断夏代前夕发生的大规模洪水事件,要以二里头文化为基础,即要稍早于二里头文化。环境学者在对二里头遗址及其周边进行了大范围的调查和研究,发现在伊河二级阶地上的龙山时代灰坑之上,二里头文化层之下普遍存在一层沉积层,其年代在距今约3800年至4000年之间,应为特大洪水淹没二级台地之后所遗留。此次洪水为在洛阳盆地属三千年不遇的特大洪水,造成了洛阳盆地中央长时期的积水。无独有偶,在新砦遗址的第二期遗存中也发现有特大洪水的迹象。目前的研究表明,以新砦遗址第二期遗存为代表的新砦文化的年代早于二里头文化,也在此年代范围之内。因此,两地的洪水应为一次。不仅如此,此类洪水迹象,在河南的辉县孟庄、焦作徐堡、博爱西金城、陕县三里桥以及山西绛县周家庄等遗址均有发现,说明确实是一次大范围的洪水事件,与禹时期的大洪水特征比较相符。

关于启的居地可以根据"启居黄台"和"钧台之享"来定位。《穆天子传》中有启居黄台的说法,关于其地望,学界则一致认为在今新密新砦遗址附近。《左传》中"夏启有钧台之享"的钧台,也多认为在今禹州附近。这两地均在新砦文化分布范围内或附近。因此,整体上看,新砦文化应是夏文化之首。

总之,从考古学文化谱系和相关历史事件进行综合考证,新砦文化应为禹后期至启时期的夏文化,二里头文化应为太康至桀时期的夏文化,而造律台文化则为禹及其以前的夏族群文化。

寻找禹迹:聚落考古与夏文化探索

贺 俊

作者简介: 贺俊,河南大学黄河文明与可持续发展研究中心副教授。

中国古代拥有世所罕见的史学传统,为我们留下了卷帙浩繁的文献材料。在特定社会背景和传统史观下,对文献所记载的古史秉持信从的态度,是几千年来的主流。但自"五四运动"之后,随着现代疑古辨伪思潮的兴起,人们一方面破除了以三皇五帝为代表的旧史学传统,开启了中国史学研究的新纪元;另一方面也导致中国上古史的真空化,面临着如何重建上古史的困境。其中,就涉及"夏王朝"的问题——由最初仅仅是对禹的真实性的探讨①,到后来甚至发展为"周人杜撰夏朝说"②。

适逢近代考古学已在中国大地上生根发芽,当时的有识之士业已指出:"要解决古史,唯一的方法就是考古学。我们若想解决这些问题,还要努力向发掘方面走。"③作为古史辨运动的旗手,顾颉刚也认识到考古学在古史重建中的重要价值:"我知道要建设真实的古史,只有从实物上着手的一条路是大路。"④根据当时的考古发现,徐中舒于1931年提出仰韶文化为夏文化说⑤,正式揭开了考古学参与夏文化探索的序幕。

迄今为止,这一探索已有90年。此间,参与人数之多、讨论之热烈、影响之深远,使"夏文化探索"成为中国考古学史上的经典议题。梳理学术史可知,学界在"谁是夏文化"的认识上呈现出鲜明的阶段性特征,20世纪50年代之后经历了"二里头西亳说"向"二里头全为或主体夏都说"的转变。⑥ 当前,尽管还存在不同意见,但二里头文化全部或主体为夏文化、存在早期夏文化,不仅是学界的主流共识,而且极有可能是最接近历史真实的看法。同时,探索夏文化的若干关键考古学文化的面貌、年代、谱系等基本问题早已初步廓清,并不断向纵深方向发展。有鉴于此,在新的时代和学科背景下,除了继续深化若干

---

① 顾颉刚:《与钱玄同先生论古史书》,《顾颉刚古史论文集》卷1,北京:中华书局,2011年。
② 陈梦家:《商代的神话与巫术》,《燕京学报》1936年第20期。杨宽:《中国上古史导论》,载吕思勉、童书业编著:《古史辨》第7册上编,上海:上海古籍出版社,1947年,第281页。
③ 李玄伯:《古史问题的唯一解决办法》,《现代评论》1924年第1卷第3期。
④ 顾颉刚:《古史辨》第1册,上海:上海古籍出版社,1982年,"自序"第50页。
⑤ 徐中舒:《再论小屯与仰韶》,《安阳发掘报告》1931年第3期。
⑥ 贺俊:《二里头文化古史属性研究的新动态及相关问题》,《南方文物》2019年第2期。

课题(如早期夏文化、新砦文化)的研究之外,对夏文化的探索已逐渐从探讨"谁是夏文化"为主的阶段,转向多角度、全方位、深层次地重建夏文化背后人群社会面貌的新阶段。

为实现这一目标,聚落考古的应用不可或缺。聚落考古是以聚落遗址为基本单位开展田野发掘和研究工作的一种方法,在探索古代社会中发挥着重要作用。关于它的基本内容,虽然不同学者有不同的表述和认识,但都认为聚落考古包括不同层次的研究。① 就夏文化探索而言,聚落考古在20世纪90年代中期之后得到了比较广泛的应用,并取得了一系列重要研究成果,初步显示了这一方法在探究夏文化背后人群及社会历史中的广阔前景。综合来看,至少可以包括以下几个方面。

其一,微观研究。考古学话语体系中的"聚落",是特定时空范畴下某类人群生产生活及其他活动所遗留下来的遗存集合。在一个聚落内,通常既有各种材质、形态不一的遗物,也有复杂多样、不同功能的遗迹。聚落考古不仅对遗迹与遗物的发掘、资料的搜集与整理等提出了更高的要求,而且强调对它们的研究要以功能、制作、空间等分析为重要导向。在这一过程中,民族考古、实验考古及各种科技考古的方法都能得到比较广泛的应用。如在1999年以来的二里头遗址田野发掘和研究工作中,研究者积极贯彻多学科合作的理念,对遗址出土的陶器、石器、骨器、玉器、铜器、动物骨骼、植物遗存等进行了深入研究,②为全面认识二里头都邑内部的社会面貌奠定了坚实的基础。

其二,中观研究。如果说对遗迹、遗物的研究属于偏微观的研究的话,那么对某一单体聚落的研究,则属于中观层面上的考察。一般来看,这类研究主要包括聚落的选址、范围、布局、功能等问题,可以二里头遗址的聚落形态研究为典型案例予以说明。在相当长的时间内,人们对二里头遗址的范围、布局结构及历时性演变等问题都不是很清楚。新世纪以来,二里头工作队将对二里头遗址聚落形态的探索作为工作的重点,取得了重要收获。目前,我们已经知晓二里头遗址的现存面积、四至及成因,了解到遗址是由中心区(包括宫殿区、围垣作坊区、贵族活动区等)、一般居住活动区所构成,并对聚落的兴衰演变有了比较清晰的把握。③

其三,宏观研究。此类研究牵涉到某一区域的多个聚落,主要内容通常包括聚落的空间分布、聚落之间的关系及历时性变化等。在夏文化探索中,较突出的成绩是考古工作者在多个区域开展了区域系统调查和研究工作。比如,河南省文物考古研究所和美国密苏里州立大学人类学系等单位在1996—2000年开展合作,对颍河中上游地区开展以探索夏文化和聚落形态研究为目标的田野工作。④ 再如,中国社会科学院考古研究所与中澳美伊洛河流域联合考古队在洛阳盆地中东部区域开展区域系统调查,发现大量新遗址,为深

---

① 严文明:《聚落考古与史前社会研究》,《文物》1997年第6期。张忠培:《聚落考古初论》,《中原文物》1999年第1期。王巍:《聚落形态研究与中华文明探源》,《文物》2006年第5期。
② 中国社会科学院考古研究所编著:《二里头(1999—2006)》,北京:文物出版社,2014年。
③ 许宏、陈国梁、赵海涛:《二里头遗址聚落形态的初步考察》,《考古》2004年第11期。
④ 河南省文物考古研究所、密苏里州立大学人类学系、华盛顿大学人类学系编:《颍河文明:颍河上游考古调查试掘与研究》,郑州:大象出版社,2008年。

化认识夏文化核心分布区的社会复杂化进程及相关问题奠定了坚实基础。①

值得注意的是,上述聚落考古不同层次的研究在夏文化探索中并不是割裂的,而是相互联系、相互促进的。对遗物、遗迹功能的确认,本身就是界定聚落内部布局的重要前提;对单体聚落功能与性质的认识,为开展聚落与聚落之间关系的研究奠定了基础。反过来,宏观研究又有助于深化中观和微观研究。

还需要强调的是,多角度、全方位、深层次地探索夏文化背后人群的社会状况是一项长期且系统的学术研究。就研究目标而言,理应涉及当时社会的方方面面,这一点甚至可以用"其大无外,其小无内"来形容。因此,除了聚落考古之外,凡是对深化认识夏文化背后人群社会面貌有益的学科、理论、方法、技术,都可以而且应该应用到夏文化探索中来。可以说,走多学科合作之路是深化夏文化研究的必由之路。不过,也应该充分认识到考古学在这项议题中所发挥的核心作用。有理由相信,夏文化探索在以考古学研究为主体、与其他学科通力合作的前提下,必然继续向纵深方向发展,未来可期。

---

① 中国社会科学院考古研究所、中澳美伊洛河流域联合考古队:《洛阳盆地中东部先秦时期遗址:1997—2007年区域系统调查报告》,北京:科学出版社,2019年。

黄河流域高质量发展

主持人语

程遂营

作者简介：程遂营，国家社科基金重大项目首席专家、河南大学文化产业与旅游管理学院教授。

国家文化公园突破了传统的国家公园体系，是我国文化领域新提出的战略性文化工程，是我国高质量发展进程中的重要文化空间。当前，黄河、长城、大运河、长征国家文化公园正迎来建设高潮，如何处理好文化保护传承弘扬与文化资源有效利用之间的关系；如何划定国家文化公园的空间边界，明确空间主体功能，协调空间的内外联系；如何合理借鉴国内外国家公园发展经验，推进国家文化公园建设中管理体制、法律体系、文化安全体系、文化遗产保护机制、知识产权制度、运行机制、发展模式、技术手段等的创新和突破；等等，都是关涉国家文化公园高水平建设和高质量发展的一系列重要问题。为此，本刊特围绕黄河国家文化公园建设组织了三篇专题文章。《黄河国家文化公园建设的理论与实践探索》分析了黄河国家文化公园的内涵，审视了黄河国家文化公园的属性，厘清了黄河国家文化公园与其他国家文化公园的关系等，提出了推进黄河国家文化公园高质量建设的一些思路。宁夏是唯一的全境属于黄河流域的省区，《黄河国家文化公园（宁夏段）建设规划的重要性思考》阐释了建设黄河国家文化公园（宁夏段）的重要意义、内在发展力和基础保障，提出了打造集生态、旅游、文化为一体的宁夏黄河文化标识体系、构建"一轴三带"战略布局的构想，为黄河国家文化公园（宁夏段）的建设提供了有益借鉴。《黄河国家文化公园的发展定位》则从黄河文化保护传承弘扬的核心区、黄河流域高质量发展的承载区、国家文化形象展示的样板区、国民公共休闲的示范区、文旅深度融合发展的先行区五个方面对黄河国家文化公园的发展作出了明确定位，颇有新意。当然，黄河国家文化公园是大尺度、高等级、高定位、高品质的文化空间，黄河国家文化公园建设既要有体现中国精神、中国风格、中国魅力的传统文化内容，也要有体现新时代、新理念、新特色的文化内容。黄河国家文化公园建设和发展涉及区域广、面积大，文化多样性明显。据初步统计，黄河沿线有 2122 个国家级文保单位、45 个国家级历史文化名城、81 个国家级历史文化名镇、138 个国家级历史文化名村、327 个全国乡村旅游重点村、4227 个 A 级旅游景区,建设黄河国家文化公园面临一系列复杂的重大问题与挑战。希望此三篇文章能起到抛砖引玉的作用,为黄河国家文化公园的高水平建设和高质量发展提供有益的理论指导和现实借鉴。

黄河国家文化公园建设的理论与实践探索

程遂营　王笑天　王　伟

摘要：黄河国家文化公园是承载大河文明、传播中华优秀文化的重要载体，也是展示国家文化自信和软实力的有效媒介。本文阐述了黄河国家文化公园的概念和内涵，审视了黄河国家文化公园的属性、与其他国家公园和国家文化公园的关系、建设长短期目标以及建设边界等问题，并对推进黄河国家文化公园高质量建设提出以下建议：(1)全面推动黄河文化保护传承与现代转型；(2)积极推进黄河国家文化公园规划研究；(3)建立并完善黄河国家文化公园管理体制与法制保障体系；(4)加快黄河国家文化公园文旅融合与高质量发展步伐。

关键词：黄河国家文化公园；大河文明；文化资源；高质量建设

作者简介：程遂营(1965—)，男，河南舞阳人，博士，河南大学文化产业与旅游管理学院教授、博士生导师，研究方向为文化旅游与休闲管理。王笑天(1992—)，男，河南开封人，博士，河南大学文化产业与旅游管理学院讲师，研究方向为文化旅游与区域可持续发展。王伟(1990—)，男，河南内黄人，博士，河南大学文化产业与旅游管理学院讲师，研究方向为乡村旅游和旅游规划。

2017年1月，中共中央办公厅、国务院办公厅联合印发《关于实施中华优秀传统文化传承发展工程的意见》，首次提出"规划建设一批国家文化公园，形成中华文化重要标识"①。2019年12月，中共中央办公厅、国务院办公厅印发《长城、大运河、长征国家文化公园建设方案》，国家文化公园建设进入实质性建设阶段。② 2020年10月，《中共中央关于制定国民经济和社会发展第十四个五年规划和二〇三五年远景目标的建议》中明确指出，要建设长城、大运河、长征、黄河等国家文化公园，标志着长城、大运河、长征、黄河四大

---

* 本文系国家社会科学基金重大项目"建设黄河国家文化公园研究"(21ZDA081)和河南省哲学社会科学规划项目"河南打造黄河文化公园重点建设区研究"(2021WT44)的阶段性研究成果。

① 中共中央办公厅、国务院办公厅：《关于实施中华优秀传统文化传承发展工程的意见》，2017年1月25日。

② 中共中央办公厅、国务院办公厅：《长城、大运河、长征国家文化公园建设方案》，2019年7月24日。

国家文化公园整体布局的形成。① 国家文化公园以实践先行为其建设模式，是目前世界独一无二的、富含创新性和创造性思维的实践探索，也是新时期遗产保护与推动文旅融合高质量发展的重要载体。

黄河是中华民族的母亲河，在中国的大江大河中占据突出地位。黄河流域及其沿线地区是中华文明的发祥地和五千年华夏文明的根源，是新时期提高黄河文化和大河文明影响力的立足区域。建设黄河文化公园是保护、传承、弘扬、开发与利用黄河文化的核心举措，也是黄河流域生态保护与高质量发展的精神文化支撑。② 建设黄河国家文化公园，有利于推动地区间的文化联结与民族情感记忆的升华，对区域经济协调与高质量发展、提高文化形象与国民认同感、促进国际友好交流也具有强大的推动力。③ 旅游及相关领域学者目前已开始对黄河国家文化公园建设进行研究跟进，从高质量推进黄河国家文化公园建设、保护与管理等方面提出了诸多有指导意义的观念，④研究队伍不断壮大，研究领域不断拓展，研究视角日益多样，相关成果较为丰富。但现有研究较少对黄河文化多角度、整体性、大视野进行全面综合研究，对黄河文化蕴含的时代价值、重要意义的深入挖掘力度不够，全面保护、传承与弘扬黄河文化现代路径方面的研究成果数量也较少。因此，必须对黄河国家文化公园的内涵、建设现状与存在问题等方面进行准确把握，从而为当下建设与后期管理提供科学合理的理论依据与指导，为国内乃至世界其他国家公园、国家文化公园建设提供可复制、可推广的经验。

一、黄河国家文化公园的内涵

国家文化公园这一概念为我国首创，在国际上并无先例可循。目前国家文化公园在官方文件中并未被准确定义。有学者认为，国家文化公园是以保护、传承和弘扬具有国家或国际意义的文化资源、文化精神或价值观为主要目的，兼具爱国教育、科研实践、娱乐游憩和国际交流等文化服务功能，经国家有关部门认定、建立、扶持和监督管理的特定区域；⑤或者国家文化公园是依托"遗址遗迹"和"建筑与设施"等人文旅游资源，具有代表

---

① 中华人民共和国中央人民政府门户网站：《中共中央关于制定国民经济和社会发展第十四个五年规划和二〇三五年远景目标的建议》，2020年11月3日，http://www.gov.cn/xinwen/2020-11/03/content_5556991.htm，2021年11月15日。
② 周泓洋、宋蒙：《国家文化公园创新策略研究》，《文化月刊》2021年第9期。李云鹏：《对黄河水利文化及黄河国家文化公园建设的思考》，《中国文化遗产》2021年第5期。王利伟：《高水平推进黄河国家文化公园建设保护》，《中国经贸导刊》2021年第13期。
③ 李飞、邹统钎：《论国家文化公园：逻辑、源流、意蕴》，《旅游学刊》2021年第1期。
④ 张玫：《建设黄河国家文化公园 弘扬黄河文化》，《中国旅游报》2021年8月27日，第3版。张凌云：《黄河国家文化公园创建的几点思考》，《中国文化报》2021年7月20日，第8版。戴有山：《推动黄河流域文化旅游高质量发展》，《中国文化报》2021年5月15日，第3版。戴有山：《以黄河国家文化公园建设为契机 加快推动黄河城市群高质量发展》，《人民周刊》2021年第9期。
⑤ 范周：《国家文化公园建设塑造公共文化服务新标识》，《中国文化报》2018年6月26日，第3版。

性、延展性、非日常性等主题,由国家主导生产的主客共享的国际化公共产品。① 这些概念从国家文化公园的目的、主旨、职能和管理等方面对其进行了界定,但对更深层次的内涵并未做出具体解释。国家文化公园与国家公园最直接的区别,就是作为文化资源的空间载体的国家文化公园以传承、弘扬与保护优秀文化为宗旨,以突出文化传播与影响力、彰显文化价值为其首要目的。因此,国家文化公园的选择与建立更多考虑的是文化资源本身具有的特殊价值、社会影响力和发展潜力。

中共第十九届中央委员会第五次全体会议通过《中共中央关于制定国民经济和社会发展第十四个五年规划和二〇三五年远景目标的建议》,首次指出要将黄河列入国家文化公园建设名录之中。黄河是中华文化的起源地,与尼罗河、恒河、幼发拉底河和底格里斯河并称为世界四大文明古国主要的文明发祥地,为世界文明做出了无可取代的突出贡献。与其他三大文明相比,得益于汉语言以及系统的古典文献绵延不断、流传至今,黄河文明所承载的历史文化精神和价值观也得以较为系统和完整地保存并延续下来。② 古往今来,黄河文化一直处于中国传统文化的核心,在全球范围内产生了深远影响,在整个人类社会文明发展史中占据重要而特殊的地位。建设黄河国家文化公园,有利于通过黄河文化投射出中华文明源远流长的融合、发展、演化进程,揭示中华文明所经历的重大历史事件与关键节点,从而坚定中华人民的文化自信,提高国家文化软实力与国际影响力。

对黄河国家文化公园的理解可通过"黄河""国家""文化"和"公园"四个方面对黄河国家文化公园的内涵进行阐述。国家是建设主体,黄河国家文化公园是站在国家高度的顶层设计,始终代表着中华民族精神和时代精神,具有国民认同度广泛、充分体现国家形象、彰显大国风范等特征与使命。黄河是建设范围,包括空间范围和符号范围,黄河流域及其沿线附近地区是黄河国家文化公园地理上的空间位置,黄河本身也是中华文明的代表性符号和重要标识。文化是建设内容,黄河国家文化公园的建设,就是充分展现黄河文化以其强大的文化影响力和包容性,将黄河流域及其沿线附近区域的文化符号串联起来,并将其打造成为统一的文化符号。公园是空间载体,以公园为特定的开放空间形式,集中打造黄河文化的重要标志,通过推进管控保护、主题展示、文旅融合和传统利用四类主题功能区建设,协调推进黄河文化资源保护、传承、开发与利用进程。

二、黄河国家文化公园建设须考虑的若干问题

(一)黄河国家文化公园属性问题

相关理论表明,国家文化公园具有多重属性,黄河国家文化公园自然也不例外。第一是全民属性。公园是全民性的公共场所,黄河国家文化公园应当归全体国民所拥有,黄河国家文化公园应当是每一个人的国家文化公园。第二是文化属性。黄河国家文化公园是主要是依托黄河文化资源进行建设的,以文化传承和遗产保护为核心理念,深入挖掘黄河文化蕴含的时代价值,讲好"黄河故事",延续历史文脉,坚定文化自信。第三是经济属性。

---

① 王克岭:《国家文化公园的理论探索与实践思考》,《企业经济》2021年第4期。
② 张绪山:《中国文明是世界唯一未曾中断的文明吗》,《天津政协》2014年第8期。

建设黄河国家文化公园是推动文旅融合发展进程的一次创新性实践,有助于加快相关区域产业转型升级,促进经济社会可持续发展。第四是政治属性。通过展现奔腾不息的黄河精神,凸显黄河文化的时代价值,集中展示国家形象和文化软实力,为实现中华民族伟大复兴的中国梦凝聚精神力量。第五是游憩与教育属性。黄河国家文化公园不仅能够为人们提供合适的旅游活动和休闲场所,更是生动的教育素材,帮助旅游者深入了解、挖掘黄河故事,有效地将黄河文化传承与爱国情怀融入国民教育之中。第六是自然属性。黄河国家文化公园以黄河流域及沿线附近区域生态环境为背景,强调人与自然和谐相处。

在众多属性之中,全民属性是根本属性。人民群众是实践的主体,是历史的缔造者,黄河所具有的文化资源和体现出的民族与时代精神也是属于人民群众的,只有从全民属性出发建设和管理黄河国家文化公园,才能体现国家站在全体人民的立场和"全心全意为人民服务"的执政理念。文化属性是核心属性,黄河文化是中华民族的根和魂,中国文明起源于黄河文化,其核心价值观与奔腾不息的黄河精神一脉相承,因此黄河文化的挖掘与保护、开发与利用、传承与创新必将成为具体建设的重心和落脚点。经济、政治、游憩与教育和自然属性为扩展属性,是在以展示黄河特色文化为主线的基础上,从不同角度体现出的黄河国家文化公园应当具备的其他职能。这些属性并不是孤立存在的,彼此间紧密联系与交叉,如黄河治河文化是黄河文化的重要组成部分,又可成为优秀的研学旅游资源,亦是保障区域生产生活稳定有序和推动形成人与自然和谐共生新格局的体现。

(二)黄河国家文化公园与其他国家公园、国家文化公园的关系问题

从国家公园到国家文化公园,我国对生态环境保护和文化传承不断进行着道路探索与创新。国家文化公园由国家公园引申而来,是国家公园新的发展形式,也是国家公园理论的延续。① 从命名上看,两者较易混淆,加上目前普遍对两者概念界定不清,容易出现将国家文化公园简单理解为国家公园,或是将国家文化公园理解为隶属于国家公园的一部分等错误认识。事实上,国家公园与国家公园体系是两个不同的概念,国家公园体系包括国家公园、国家文化公园和今后可能出现的其他类型的公园,因此,国家公园和国家文化公园均为国家公园体系的组成部分,两者之间应当是并列关系而不是隶属关系。从具体属性上看,国家公园和国家文化公园分别以自然和文化属性为核心属性,其他属性为扩展属性,但由于国家文化公园范围更广,其他方面的属性相对国家公园来说就会更加明显,如国家文化公园的文化属性明显强于国家公园的文化属性,国家文化公园的游憩属性也要强于国家公园。

目前我国已公布的国家公园,基本位于省域内部或省域交界处,其空间范围多为局部的自然地理区域。黄河干流流经区域包括全国9个省区,黄河国家文化公园的范围要比任一国家公园都要大得多,其自然地理环境和人文经济环境也要复杂得多。相比其他3个国家文化公园,黄河国家文化公园的辐射范围也要更广一些,这是因为虽然目前四大国家文化公园均总体呈现带状分布格局,但黄河流域支流众多,部分区段也可能呈现面状分布的格局。黄河国家文化公园与其他国家文化公园名称上是相互独立的,但由于黄河与

---

① 王健、王明德、孙煜:《大运河国家文化公园建设的理论与实践》,《江南大学学报》(人文社会科学版)2019年第5期。

长城、长征、大运河等地在空间上可能存在一定程度的重叠,就会造成黄河国家文化公园与其他国家文化公园在空间范围上出现一定的交叉,如洛阳、郑州、开封、济宁等地位于黄河与大运河交汇(或并流)处,这些地方同时属于黄河和大运河这两个国家文化公园的范围之中。

(三)黄河国家文化公园建设的长短期目标问题

黄河国家文化公园的建设是一项长期而巨大的工程,应从短期和长期对其建设目标进行通盘考虑。从近期来看,黄河国家文化公园建设的核心任务就是要全面打造黄河文化旅游品牌。具体来看,一是通过建设国家、省、市三级黄河国家文化公园建设保护规划体系,形成国家总负责、省级政府总实施、地市政府与各部门协同参与的建设和管理模式。二是建成黄河流域及沿线附近地区文化资源数据库,初步形成文化资源保护传承利用协调推进的局面。三是完成黄河文化挖掘、保护、传承、弘扬标志性工程建设,并紧密结合黄河文化旅游资源的实际情况,坚持政府主导、市场运作、社会参与,通过项目的打造,以文化交流、文化传播、文化贸易三种方式,凝聚政府、企业、社会组织等各方力量,进一步提升黄河文化旅游品牌内涵,努力打造全方位、多层次的黄河文化旅游品牌,并形成一批可复制、可推广的成果经验,为全面推进国家文化公园和国家公园体系建设创造良好条件。

从长期来讲,建设黄河国家文化公园的目标就是要形成黄河文化产业体系和中华文化重要标志。从其发展定位来看,最终要将黄河国家文化公园打造成为人们认识中国、了解中国、传承中华文化的载体,使其成为凝聚中华民族优秀传统文化的重要标志,使黄河文化旅游成为我国文化旅游新品牌和中华民族伟大复兴、联系亚洲共同价值观、推动世界东西方文明对话的重要精神力量。从学科体系建设来看,通过黄河国家文化公园的建设,拓宽"黄河学"的研究边界,壮大"黄河学"的研究体系。从文旅融合发展来看,黄河国家文化公园旨在建设推动新时代黄河流域文化旅游业高质量发展的有效路径与模式,实现黄河流域历史名城文化旅游产业的高质量和可持续发展,为实现我国从旅游大国向旅游强国迈进的目标奠定坚实基础。从文化传承保护弘扬来看,通过黄河国家文化公园的建设,使黄河文化展示最终要形成一条集生态圈、艺术创作、文物收藏、文化展示、人才培养、设计创意、生活体验等于一体的文化产业链,同步导入沿黄黄金旅游带与可持续发展构建的创新活力,最终实现"积极保护"与"有的放矢"、"因地制宜"与"亲近大众"、"活态展示"与"创新发展"的有机结合,达到向世人展示全面真实的中华文明。① 从产业布局来看,通过黄河国家文化公园建设,整合黄河流域相关产业资源,大力促进产业融合与协作发展,形成分工合理、优势互补、互利共赢的沿黄产业空间布局,促进黄河经济带的构建。

(四)黄河国家文化公园建设的边界问题

整体来看,黄河国家文化公园的建设范围应以公园内部为中心,逐渐向外开放与扩张,最终影响全国乃至全球各地,整体形成"大开放、小封闭"的空间结构。黄河国家文化公园的范围应当包括黄河干支流流经的相关地级行政区内符合《长城、大运河、长征国家文化公园建设方案》中提出的四类主体功能区建设要求的区域。黄河国家文化公园的建

---

① 王国平:《从"国家遗址公园"到"国家文化公园"——关于良渚国家文化公园申报导则的思考》,《城乡规划》2020年第4期。

设边界可从有形边界与无形边界两方面进行思考,从地理上的有形边界来看,其建设区域不仅包括黄河流域,这是因为就地理和水文方面来看,流域是指由分水线所包围的河流集水区,即如果区域降水最终汇集到某条河流中,那么该区域就被称为该河流的流域。黄河在流经黄土高原区域时带走大量泥沙,到下游区域流速减缓,泥沙长期在河床堆积,致使河床升高,形成地上悬河,导致沿岸附近区域降水无法直接汇入黄河之中。如黄河下游的郑州、开封等地大部分地区,由于地上悬河的缘故,区域降水无法向北注入黄河,因此按照相关概念,两地不属于黄河流域;但两地地处黄河沿岸附近区域,区域文化无疑是黄河文化的重要组成部分,黄河国家文化公园建设区域自然理应当包括这两个地方。因此,黄河文化并非仅包括黄河流域内的文化,黄河国家文化公园建设区域除黄河流域外,也应当包括黄河沿岸附近的地区。

黄河国家文化公园建设的边界并非仅包括确定的、孤立的、静止的有形边界,还应对黄河文化本身的影响力范围进行界定。由于黄河国家文化公园具体建设区域范围较广,人口密集,与各土地利用类型相互交叉,黄河文化本身的辐射和影响范围应当是动态变化的。因此,黄河国家文化公园应当是一个开放的系统,不能将其视作一个封闭的地理区域进行管理,而是通过制定一系列相关标注与行业规则,将符合条件的实体区域以及互联网平台纳入黄河国家文化公园管理系统之中。具体建设的重点须打破部门和地域限制,从整体布局上统筹协调,形成以点带面的空间分布格局。在文物本体及周边环境、文化载体密集地带和富有黄河文化重要意义的文化载体分散地带,文物和文化资源周边就近就便和可看可览的历史文化、自然生态、现代文旅优质资源,城乡居民和企事业单位、社团组织的合理保存传统文化生态的传统生活生产区域是主要的建设区域,确立主体功能分区的范围,并以此为基点,充分发挥其作为中心地的职能,强化黄河文化在区域内部的作用力,增强黄河文化的影响范围,不断延伸黄河文化的"边界"。

三、推进黄河国家文化公园高质量建设的建议

(一) 全面推动黄河文化保护传承与现代转型

黄河国家文化公园是国家推进实施的重大文化工程,其根本出发点和最终落脚点在"黄河文化",因此,对于"黄河文化"全面、客观、系统、深入的认识与研究,应摆在建设黄河国家文化公园的首要位置。各省(区)应充分利用区位优势,广泛开展在黄河文化资源方面的勘察工作,加强流域内黄河文化的交流与合作,深入挖掘黄河沿线流域地区的历史文化遗迹,围绕各流域内不同的文化遗产、治黄历史等,进行统筹管理、统一保护,为黄河文化保护传承、创造性转化与创新性发展,以及建设黄河国家文化公园贡献集体智慧。[①] 围绕黄河文化的概念内涵、形态类别、时代价值、保护传承等方面,通过对黄河文化相关内容全面、客观的再审视,厘清黄河文化与中华文明、民族精神的内在关联;通过对黄河文化相关内容理性、深入的再认识,进一步挖掘黄河文化内涵与时代价值,构建黄河文化保护、传承的有效机制;认清黄河文化现代转型所面临的时代背景、机遇挑战,探寻黄河文化创造

---

① 刘阿敏:《保护、传承、弘扬黄河文化的意义及路径研究》,《水资源开发与管理》2020年第10期。

性转化与创新性发展的合理路径。建立健全黄河文化研究机制，调动各方面力量，构建高校研究团队－民间专业人士－广大人民群众三维度梯队，建设黄河文化资源数据库，对黄河文化相关数据进行深入挖掘和剖析，并共享相关研究成果，使黄河文化的保护、传承与现代转型逐步形成全社会合力而为的良好局面。

（二）积极推进黄河国家文化公园规划研究

黄河国家文化公园集中呈现的黄河文化积淀了丰富多元的文化价值，赋予了黄河各地段乃至整体上的黄河特质，构成多彩繁复的文化空间。各省（区）应在明确黄河国家文化公园的规划建设路径的基础上，从构建黄河文化遗产保护廊道、认定标志性建设项目、加快信息驱动建设步伐、培育黄河文化旅游品牌、打造黄河国家文化公园形象标志和标识系统等方面，完善对黄河国家文化公园规划的研究。运用系统科学的理论和方法，根据各省（区）黄河文化资源特色，综合考虑当地的地形地貌、文化特色、资源特征等对黄河流域进行主题特色分区，确定其主题文化功能，使整个黄河国家文化公园在统一中分隔，在隔离中求得统一，形成统一而不臃肿、分散而不零乱、彼此隔离而又互相联系的有机整体。结合国土空间规划，明确黄河国家文化公园管控保护、主题展示、文旅融合、传统利用等主体功能区的划分标准、功能定位和行政边界，并针对各类主体功能区，对国家文化公园内文化资源进行整合，制定新的准入标准和保护体系。以河南段为重点建设区，并在此基础上将其打造成为黄河国家文化公园的先行示范区，为其他省段的黄河国家文化公园建设起到良好的示范带头作用，并及时与其他三大国家文化公园建设及时对接，形成国家文化公园间资源统筹和优化配置的良好格局。

（三）建立并完善黄河国家文化公园管理体制与法制保障体系

目前我国尚未对国家文化公园或者国家公园进行专门立法，现有相关立法也存在着整体协调性不足的问题，因此，建设黄河国家文化公园依赖于管理体制与法制保障上的顶层设计。从顶层设计来看，应对黄河国家文化公园的管理体制、空间范围、权责分配等内容进行具体分析，尝试构建政府、公民、企业、社会组织等多元共治的体系，加强黄河文化的传承、保护，为黄河国家文化公园提供合适的管理体制，推动黄河文化传承发展走积极健康、常态化和规范化道路。从管理体制来看，应探索建立自上而下的垂直管理模式，黄河国家文化公园所有管理事权、人权、财权、物权在应当以国家公园管理局、文化和旅游部为主体，并强调地方黄河国家文化公园行政管理机构的独立性与自主性。国家和地方各级政府应充分明确黄河国家文化公园的法律地位、保护目标、管理原则，确定黄河国家文化公园管理机构，合理划定中央与地方职责，研究制定黄河国家文化公园总体规划、功能分区、基础设施建设、社区协调、生态补偿、访客管理等相关标准规范和自然资源调查评估、巡护管理等技术规程，建立并完善黄河国家文化公园资源开发、产业发展、经营监管、财政金融等配套法律制度，做好与现行法律法规的衔接工作。

（四）加快黄河国家文化公园文旅融合发展步伐

黄河国家文化公园建设和发展应当以可持续发展为基本前提，以文旅融合发展为抓手，以实现黄河文化保护、传承、弘扬和经济－社会－生态高质量发展为终极目标。黄河文化的弘扬要依靠持续推进文旅融合与高质量发展，确保标志性文化遗产和旅游景区在黄河国家文化公园中精彩亮相，点亮黄河文化"金名片"，打造文旅融合发展样板。从总体来看,黄河国家文化公园文旅深度融合需要充分把握和利用文旅相关产业发展过程中的溢出效应,将文化作为"最好的旅游资源"和旅游作为"最广阔的文化市场"高度统一起来。资源方面,要通过整合全区文物、旅游资源及博物馆、图书馆等重要公共文化服务设施,建立黄河国家文化公园文化旅游资源大数据库,解决文旅融合发展的一系列基础性和长远性问题。空间方面,应充分发挥世界遗产、历史文化名城、国家重点文物保护单位的载体作用,打造沿黄文旅产业高地,提升城市商务中心区和特色商业区的文化和旅游功能,同时将民宿作为乡村振兴的突破口,构建城镇—街区—民宿三级文旅发展空间体系。要素方面,依托博物馆、艺术馆等公共文化场所,景区、度假区等旅游功能区,古城、古镇、古街区等文物空间,与国内外文旅战略投资商和知名文创团队深度合作,提升文旅业态的开发质量,培育集资本、科技、创意于一体的新型文旅业态。①

Theoretical and Practical Exploration on the Construction of Yellow River National Cultural Park

Cheng Suiying Wang Xiaotian Wang Wei

Abstract:The Yellow River National Cultural Park is an important carrier of river civilization and excellent Chinese culture, as well as an effective medium to demonstrate national cultural confidence and soft power. This paper expounds the concept and connotation of the Yellow River National Cultural Park, examines the properties of the Yellow River National Cultural Park, the relationship with other national parks and national cultural parks, the long-term and short-term goals of its construction, and its construction boundary. Then we put forward the following suggestions to promote the high-quality construction of the Yellow River National Cultural Park:(1)Promoting the protection, inheritance and modern transformation of the Yellow River culture.(2)Promoting the Yellow River National Cultural Park planning research. (3)Establishing and perfecting the Yellow River National Cultural Park management system and its legal security system. (4) Accelerating the culture-tourism integrated development in the Yellow River National Cultural Park.

Key words:Yellow River National Cultural Park;river civilization;cultural resources;high-quality construction

---

① 张飞:《文旅融合:历程、趋势及河南路径》,《中国旅游报》2020年6月5日,第3版。

黄河国家文化公园(宁夏段)建设规划的重要性思考*

张玉梅　吴朋飞

摘要：宁夏是唯一全境属于黄河流域的省区,黄河文化内涵丰富、历史深远,是黄河国家文化公园建设的重要载体。通过建设黄河国家文化公园(宁夏段)的重要意义、内在发展力、基础保障和总体布局的论述,认为黄河国家文化公园(宁夏段)建设要着重以打造宁夏黄河文化标识体系为特色,狠抓整合集生态、旅游、文化为一体的黄河文化标识区,构建"一轴三带"战略布局。

关键词：宁夏;黄河国家文化公园;黄河文化;黄河文化标识

作者简介：张玉梅(1982—),宁夏银川人,宁夏社会科学院图资中心副研究馆员,研究方向为宁夏地方历史文化、文献学;吴朋飞(1979—),江苏如皋人,历史学博士,博士生导师,河南大学黄河文明与可持续发展研究中心教授,《黄河文明与可持续发展》编辑部主任,研究方向为历史地理学、黄河环境变迁研究。

传统的国家公园是指一个完整的、具有一定特定主体的土地区域系统。主要目的就是保护该土地上的特定主体,一般来说为相关的生物、地理或文化资源,使其受到的影响最小。[①] 而中国特色社会主义新时代所倡导的国家文化公园,是以习近平新时代中国特色社会主义思想为指导,突出展示遗址主题,以文物和文化资源为主干展示内容,挖掘优良传统文化,通过展示宣传的手段,进一步促进科学保护以及相关研究进展,做到可持续发展的大型综合性国家公园。[②]

2019年9月18日,习近平总书记在黄河流域生态保护和高质量发展座谈会上指出："黄河文化是中华文明的重要组成部分,是中华民族的根和魂。要推进黄河文化遗产的系统保护,守好老祖宗留给我们的宝贵遗产。要深入挖掘黄河文化蕴含的时代价值,讲好'黄河故事',延续历史文脉,坚定文化自信,为实现中华民族伟大复兴的中国梦凝聚精神

---

* 本文系国家社会科学基金重大项目"建设黄河国家文化公园研究"(21ZDA081)和河南省哲学社会科学规划项目"河南打造黄河文化公园重点建设区研究"(2021WT44)的阶段性研究成果。
① 陈耀华、黄丹、颜思琦:《论国家公园的公益性、国家主导性和科学性》,《地理科学》2014年第3期。
② 李婷:《长城国家文化公园怎么建》,《光明日报》2019年10月9日,第7版。

力量。"①2020年10月29日中国共产党第十九届中央委员会第五次全体会议通过《中共中央关于制定国民经济和社会发展第十四个五年规划和二〇三五年远景目标的建议》，提出建设长城、大运河、长征、黄河等国家文化公园，首次提出将黄河列入国家文化公园建设名录。根据国家发展改革委等7部门印发的《文化保护传承利用工程实施方案》，到2025年，大运河、长城、长征、黄河等国家文化公园建设基本完成，打造形成一批中华文化重要标志，相关重要文化遗产得到有效保护利用，一批重大标志性项目综合效益有效发挥，承载的中华优秀传统文化传承发展水平显著提高。② 建设黄河国家文化公园，是党的十九届五中全会作出的重大部署，是弘扬黄河文化的重要内容，涉及黄河沿线9个省区。

宁夏依黄河而生，因黄河而兴。黄河在宁夏流经397公里，宁夏是唯一全境属于黄河流域的省区。亘古黄河流淌宁夏沃土所形成的黄河文化是宁夏最具有全局性和代表性的文化，地位和影响十分重要，农耕文化、边塞文化、移民文化、丝路文化、长城文化以及不同民族文化等表现形态，其总的根源都在于黄河文化。黄河国家文化公园是国家推进实施的重大文化工程，按照国家总体要求，准确研判宁夏黄河流域文物文化资源的重大价值，切实把握历史机遇，突出宁夏特色，扎实推进黄河国家文化公园（宁夏段）建设保护任务。

国家文化公园作为在"十三五"期间提出的新事物、新概念，在国内的研究尚属于起步阶段。有些学者开始关注黄河国家文化公园的理论与实践探讨③，但对黄河国家文化公园如何落地，具体怎么建设，一直处于摸索过程。涉及本研究的宁夏回族自治区如何建设黄河国家文化公园相关方面尚未有研究成果，但有关宁夏黄河文化研究的诸多成果，对保护、传承、弘扬宁夏黄河文化，推动黄河国家文化公园（宁夏段）建设具有重要的学术价值。如：郑彦卿等认为发展黄河文化，传承历史文脉，要以黄河流域生态环境和区位为物质基础来梳理宁夏的历史文脉，从物质文明、精神文化方面归纳提炼黄河文化在宁夏的表现，从而为建设黄河文化传承彰显区铸魂培基；④李进增等对宁夏区域层面的黄河文化研究，梳理宁夏黄河文化遗产保护传承发展现状，推动对黄河文化的资源梳理、内涵阐释、交流合作、传承载体等重点工作；⑤汪克农等对宁夏黄河文化旅游发展现状进行分析，提出要加强黄河文化旅游宣传推广、创新多样化的黄河文化旅游开发方式、旅游产品多元化发展、进一步完善环境保障措施、加强与周边沿黄省区的合作促进宁夏黄河文化旅游发展的

---

① 习近平：《在黄河流域生态保护和高质量发展座谈会上的讲话》，《求是》2019年第20期。
② 《2025年大运河、长城、长征、黄河等国家文化公园建设基本完成》，2021年5月5日，新华网http://www.xinhuanet.com/2021-05/05/c_1127409789.htm，2021年12月15日。
③ 李云鹏：《对黄河水利文化及黄河国家文化公园建设的思考》，《中国文化遗产》2021年第5期。柴多茂：《天祝县规划建设黄河国家文化公园初探》，《发展》2021年第9期。张玫：《建设黄河国家文化公园，弘扬黄河文化》，《中国旅游报》2021年8月27日，第3版。王利伟：《高水平推进黄河国家文化公园建设保护》，《中国经贸导刊》2021年第13期。戴有山：《以黄河国家文化公园建设为契机 加快推动黄河城市群高质量发展》，《人民周刊》2021年第9期。周泓洋、宋蒙：《国家文化公园创新策略研究》，《文化月刊》2021年第9期。
④ 郑彦卿、张玉海：《发展黄河文化，传承历史文脉——建设黄河文化传承彰显区的建议》，《民族艺林》2021年第2期。
⑤ 李进增、李鹏：《宁夏区域黄河文化特点与保护传承发展的思考》，《黄河文化》2021年第1期。

建议;①陈育宁则归纳和概括宁夏黄河文化的基本定位、生成和内涵特点,着重指出进入新时代,宁夏作为先行区建设,继承弘扬黄河文化是其中的重要内容;②马建军等认为"天下黄河富宁夏"是黄河文化在宁夏的独特历史文化内涵的集中体现,"共产党好,黄河水甜"是黄河文化在宁夏的巨大时代价值;③张玉梅、钟银梅等则整理宁夏历代黄河文献,对包括旧方志、水利文献所蕴含的宁夏文化价值进行阐释。④ 以上研究成果,虽然没有直观研究宁夏黄河国家文化公园,但是对本文的撰写有着重要的借鉴意义。

一、建设黄河国家文化公园(宁夏段)的重要意义

习近平总书记在黄河流域生态保护和高质量发展座谈会上的讲话,将保护、传承、弘扬黄河文化作为黄河流域生态保护和高质量发展的五大主要目标之一。党的十九届四中全会提出,发展社会主义先进文化、广泛凝聚人民精神力量,是国家治理体系和治理能力现代化的深厚支撑。黄河国家文化公园是黄河文化的聚集体,建设好黄河国家文化公园(宁夏段),对于保护传承弘扬黄河文化有着极其重要的意义:

(一)建设黄河国家文化公园(宁夏段)更有利于坚定文化自信,为实现中华民族伟大复兴的中国梦凝聚精神力量。

黄河文化保护、传承、弘扬是黄河流域生态保护和高质量发展的精神引领,体现的是文化自信。坚定文化自信,必须牢牢把握社会主义先进文化前进方向,激发全民族文化创造活力,更好地构筑中国精神、中国价值、中国力量。建设黄河国家文化公园,根本上是要凝聚一种精神力量,展示一种文化创造,弘扬一种文化价值。通过建设黄河国家文化公园,可以更进一步深入挖掘宁夏黄河文化的内涵和时代价值,有利于增强中华民族的文化认同感、归宿感,有利于构建中华民族共同体意识,有利于弘扬社会主义核心价值观,为实现中华民族伟大复兴的中国梦凝聚磅礴伟力。宁夏作为中华民族及华夏文明重要发祥地,黄河文化是宁夏最为深厚、最为核心、最为可靠的文化根基和历史依据,也是不同时期生活在宁夏这片土地上的人们最基本的文化符号和心理认知的参照坐标。建设黄河国家公园(宁夏段)根本上就是宁夏黄河文化的深度凝聚,通过对黄河文化的集中体现,能够准确表达黄河文化信息,展示黄河宁夏段文化特性,识别黄河宁夏段文化形象,使黄河文化传承、弘扬能够准确发力,有利于宁夏黄河文化记忆、文化传承和弘扬。

**(二)建设黄河国家文化公园(宁夏段)更有利于促进黄河流域社会经济发展,加速宁

---

① 汪克农、高硕:《宁夏黄河文化旅游发展浅析篇》,《当代经济》2021年第1期。
② 陈育宁:《宁夏黄河文化的特点》,《宁夏师范学院学报》2020年第9期。陈育宁:《宁夏黄河文化的生成及内涵特征》,《鄂尔多斯日报》2021年8月12日,第7版。
③ 马建军、冯海英:《黄河文化在宁夏的独特历史文化内涵和时代价值》,《宁夏党校学报》2020年第9期。
④ 张玉梅:《宁夏历代黄河文献整理及价值体现》,载苗长虹主编:《黄河文明与可持续发展》第17辑,开封:河南大学出版社,2021,第257—272页。钟银梅、李芳:《旧方志文献所见宁夏黄河水文化》,《宁夏师范学院学报》2020年第12期。钟银梅:《宁夏黄河水利文献文化价值探析》,《宁夏社会科学》2020年第3期。

夏追赶超越。

黄河流域的高质量发展是党和国家着眼中华民族伟大复兴作出的重大战略部署,宁夏紧紧抓住这一国家重大战略机遇,深度对接黄河流域省区高质量发展、"一带一路"倡议等战略,通过建设黄河国家文化公园,加强宁夏黄河文化保护、传承、弘扬,加大与生态保护、全域旅游、乡村振兴和文化旅游融合发展,有利于改善民生,满足人民的文化需求,推动城乡统筹发展和区域经济转型,加速宁夏追赶超越。建设好黄河国家文化公园,是完成"国家—区域"两级架构的黄河文化,有效支撑中华文明标识体系建设的重要措施。

(三)建设黄河国家文化公园(宁夏段)更有利于实现文化遗产的保护、传承,全面促进宁夏文化旅游融合发展。

通过整合黄河流域具有突出意义、重要影响、重大主题的文物文化资源,实施分类保护管理,形成具有特定开放空间的公共文化载体,通过文化和旅游融合发展,集中打造中华文化重要标志,并以此探索新时代文物文化资源保护、传承、利用新路。中共中央办公厅、国务院办公厅印发的《关于加强文物保护利用改革的若干意见》[①]中指出,要依托价值突出、内涵丰厚的珍贵文物,推介一批国家文化地标和精神标识,增强中华民族的自豪感和凝聚力。构筑黄河文化标识不仅是构建中华文明标识体系之一,更是加强文物保护利用改革的重要任务之一。黄河文化资源不单单是指黄河本体资源,其概念也扩展到围绕黄河周边空间环境、历史演变以及相关的物质文化及非物质文化。黄河流域内出现的全部文明成果都是黄河文化的要素,其中文化遗存是最重要的物质载体。黄河国家文化公园(宁夏段)的建设不仅是构建宁夏黄河文化的标识体系,更是对宁夏文物保护利用工作的进一步深化。宁夏文物资源是中华优秀传统文化的重要组成和基本载体,是宁夏悠久历史和灿烂文化的实物见证。保护好文物就是保存历史,同时为实现中华民族伟大复兴中国梦提供弥足珍贵的文化资源和历久弥新的精神财富。

二、建设黄河国家文化公园(宁夏段)的内在发展力

宁夏是唯一全域属于黄河流域的省区,因黄河而名,因黄河而盛,因黄河而富。在历史上,黄河蕴含了早期人类在宁夏的活动和农业萌芽,滋生了享誉世界的引黄古灌区灌溉工程,孕育了富饶美丽的"塞上江南",繁荣了古代宁夏的水运交通商贸,留下了以岩画、长城为典型代表的优秀地域文化的遗产,呈现出文化多样性和兼容性的特点,造就了"天下黄河富宁夏"的独特地域历史文化内涵。黄河国家文化公园(宁夏段)作为新时代宁夏重点传承彰显黄河文化的重要载体和抓手,须突出黄河宁夏文化特征,推动黄河文化创造性转化、创新性发展,为建设黄河流域生态保护和高质量发展先行区提供强大动力和有效支撑。

(一)黄河文化是宁夏建设生态保护和高质量发展先行区建设的源泉

2020年6月,习近平总书记来到宁夏,他在视察黄河生态治理保护情况时指出,自古

---

① 中共中央办公厅、国务院办公厅:《关于加强文物保护利用改革的若干意见》(2018年第30号),http://www.gov.cn/gongbao/content/2018/content_5335360.htm,2021年12月15日。

以来,黄河水滋养着宁夏这片美丽富饶的土地,今天仍在造福宁夏各族人民。宁夏要努力建设黄河流域生态保护和高质量发展先行区。[1] 这是对宁夏黄河流域生态保护和高质量发展的新定位、新使命、新要求,宁夏使命光荣,责任重大。宁夏建设生态保护和高质量发展先行区建设,首先要挖掘宁夏文化。而黄河文化是宁夏最具有全局性和代表性的文化,地位和影响十分重要,农耕文化、边塞文化、移民文化、丝路文化、长城文化以及不同民族文化等表现形态,其总的根源都在于黄河文化。[2] 宁夏黄河文化内涵丰富,它包含黄河流域宁夏段全部文明成果的内容和元素,有各民族劳动人民在长期社会生产和创造实践中所形成的价值观念、精神诉求、思维模式、语言表达、文学艺术成果以及行为方式等精神层面的内容;有生产对象、生产技术和工具、饮食、服饰、建筑、制作等物质层面的内容;有各个历史时期形成的有时代特征的地域文化,如移民、边塞、军事、战争以及开渠治河等内容;还有依黄河而生存的各个民族所创造的民族文化的内容。

(二)黄河文化是宁夏铸牢中华民族共同体意识示范区的内生动力

2021年8月,习近平总书记在中央民族工作会议上明确提出以铸牢中华民族共同体意识为主线,推进新时代民族工作高质量发展。宁夏回族自治区党委十二届十三次全会制定了努力创建"铸牢中华民族共同体意识示范区"的宏伟目标任务。宁夏自古以来就是多民族繁衍生息的乐土,是一个农耕文明与游牧文明、中原文化与草原文化交往交流交融的"榷场",历史上几次重要的民族大融合,都在宁夏境内上演了血与火的交锋。在漫长的历史长河中,宁夏各民族儿女血脉相融,形成了具有强大凝聚力和生命力的中华民族共同体。宁夏黄河体现了中华文化的传统精神,强调的是开放包容、有礼有节的文化内涵,黄河所蕴含的文化日益丰富。从黄河灌溉到黄河治理,再到作为世界文化遗产,宁夏黄河始终都体现了中华民族坚韧、勇敢的精神,成了为实现中华民族伟大复兴、实现人类命运共同体的精神支柱。黄河国家文化公园(宁夏段)的建设,将会为宁夏铸牢中华民族共同体意识示范区提供更多的支撑。通过民族大融合创造了"万姓同根、万宗同源"的文化认同,促进了"大一统"主流意识的形成,彰显了中华民族"尚和合""求大同"的独特精神价值,体现了黄河文化兼容并蓄、博采众长的特性。

(三)黄河文化是宁夏人民智慧的结晶

黄河从中卫市沙坡头区进入宁夏境,从石嘴山市惠农区出宁夏,纵贯宁夏平原397公里,落差近200米。自秦、汉开始,劳动人民就利用落差在黄河上直接开创了无坝引水自流灌溉的历史。纵横交错的渠道以及配套的灌排设施已经成为黄河文化的标识符号。宁夏引黄灌溉始于秦汉,这一地区的先民充分利用得天独厚的地理条件,因势利导,开渠引水,自流灌溉。在长期的黄河用水、治水实践中,引黄灌溉渠道长度、灌溉面积不断发展,形成的汉代的激河浚渠、西夏的卷埽治河、元朝的更立闸堰、明代的十里长堤、清朝的规模开渠等领先于其时代的治水技术,以及西夏天盛律令治水法律、明代分灌封等可持续性运

---

[1] 中国共产党宁夏回族自治区第十二届委员会第十一次全体会议审议通过《中共宁夏回族自治区委员会关于建设黄河流域生态保护和高质量发展先行区的实施意见》,2020年。
[2] 陈育宁:《宁夏黄河文化的生成及内涵特征》,《鄂尔多斯日报》2021年8月12日,第7版。

营管理制度,都是黄河文化中最闪亮的篇章。① 2017年10月,国际灌溉排水委员会执行大会同意宁夏引黄灌区列入《世界灌溉工程遗产名录》,宁夏引黄古灌区作为黄河干流上首个世界灌溉工程遗产,不仅是具有突出意义和普遍价值的灌溉工程体系,也是中国古代对大江大河有效开发和利用的范例,彰显出宁夏地区黄河文化对世界文明进程的独特贡献。

(四)黄河文化是宁夏移民史的历史见证

宁夏气候湿润,平原广阔,适宜人类生产生活,由此成为汉族和其他民族理想的移民地区。公元前221年秦统一六国后,"始皇帝使蒙恬将十万之众北击胡,悉收河南地,因河为塞,筑四十四县城临河,徙适戍以充之"②。秦始皇向宁夏移民屯垦戍边,拉开了向宁夏移民的序幕。此后,历代不断向宁夏移民开发,前后持续了2000多年。"周宣政和二年破陈将吴明彻,迁其人于灵州。江左之人崇礼好学,习俗皆化,因谓之塞北江南。"③这是宁夏称为塞北江南最早的记载。发展到唐代,宁夏更是一幅江南美景,著名诗人韦蟾有感而发,在《送卢潘尚书之灵武》由衷地进行赞美:"贺兰山下果园成,塞北江南旧有名。"④正是这首脍炙人口的诗句,使宁夏"塞北江南"的美名名扬天下。明初为防鞑靼的侵扰将宁夏中北部的全部居民迁往关中,一度使宁夏府、灵州和鸣沙州成为空城。嘉靖《宁夏新志》卷1载:"洪武九年,命长兴侯耿炳文弟耿忠为指挥,立宁夏卫,隶陕西都司,徙五方之人实之。"明初从江南尤其是吴越地区向宁夏大量移民,今天宁夏依然能够听到的极具魅力的"中卫话"见证了移民的历史,也成为研究方言的活化石。民国时期,宁夏发动大规模的农垦运动,极大调动了垦务者的积极性,吸引了许多外省移民进入宁夏。抗日战争期间,为逃避战乱和灾荒,有很多河南灾民落户宁夏。1958年宁夏回族自治区成立,在中央的关怀下,五湖四海、四面八方各行各业纷纷支援宁夏的建设,先后有14万人来宁夏安家落户,仅调入的各级干部就有6557人。1983年,随着"三西"农业建设计划启动,宁夏经历吊庄移民、扶贫扬黄灌溉工程移民、易地生态移民、中部干旱带县内生态移民的过程,共移民106.22万人。1993年国家西部大开发战略的提出与实施,加快了宁夏商业移民的步伐,各省市及地区在宁夏的商业移民达到1026000人。从20世纪80年代开始,宁夏在中央的大力支持下,分6个阶段,有计划、有组织地开展大规模移民,共计搬迁安置123.26万人。

(五)黄河文化孕育出丰富的文化遗产

黄河文化在宁夏孕育出丰富的文化遗存。按照遗产的类型来分,可分为:丝绸之路文化遗产、物质文化遗产、非物质文化遗产、红色文化遗产等类型。宁夏作为丝绸之路必经地,遗留下了诸多丝绸之路文化遗产,如固原古城、固原北朝隋唐墓地、须弥山石窟、开城

---

① 张玉梅:《宁夏历代黄河文献整理及价值体现》,载苗长虹主编:《黄河文明与可持续发展》第17辑,开封:河南大学出版社,2021年,第257—272页。
② 《史记》卷110《匈奴列传》,北京:中华书局,1963年,第2886页。
③ 《太平御览》卷164《州郡部十·灵州》,北京:中华书局,1960年,第800页。另:《太平御览》州郡部十"灵州"条也记载:"《图经》曰……塞北江南。"据考证,《图经》应指隋代郎茂著的《隋诸州图经集》。
④ 周振甫主编:《唐诗宋词元曲全集·全唐诗(第11册)》,合肥:黄山书社,1999年,第4266页。

遗址等。而物质文化遗产可分为国家级、自治区级、市县级等。现存不可移动文物3818处,各级文物保护单位506个,其中全国重点文物保护单位38个(见表1),自治区文物保护单位135个,市、县级文物保护单位334个。各个历史时期的典型代表有姚河塬西周遗址、照壁山铜矿、张家场城址、固原古城等古遗址;中卫高庙、董府等古建筑;须弥山、石空寺等石窟;固原北朝隋唐墓地、窨子梁唐墓等古墓葬。西夏陵、丝绸之路(宁夏段)被列入中国申报世界文化遗产预备名单。① 长城、西夏陵、水洞沟遗址、开城遗址位列国家150处大遗址之中,西夏陵为国家考古遗址公园。其中以岩画、长城、西夏遗存等为典型代表,传承着宁夏多样性和兼容性的地域文化。②

表1 宁夏国家级重点文物保护单位名录

序号	名称	时代	地址	批次	类别
1	海宝塔	清	宁夏回族自治区银川市	1	古建筑及历史纪念建筑物
2	须弥山石窟	北朝至唐	宁夏回族自治区原州区	2	石窟寺
3	同心清真大寺	清	宁夏回族自治区同心县	2	古建筑及历史纪念建筑物
4	拜寺口双塔	西夏	宁夏回族自治区贺兰县	3	古建筑及历史纪念建筑物
5	一百零八塔	元	宁夏回族自治区青铜峡市	3	古建筑及历史纪念建筑物
6	水洞沟遗址	旧石器时代	宁夏回族自治区灵武市	3	古遗址
7	西夏陵	西夏	宁夏回族自治区银川市	3	古墓葬
8	贺兰山岩画		宁夏回族自治区贺兰县	4	石窟寺及石刻
9	开城遗址	元	宁夏回族自治区原州区	5	古遗址
10	长城	春秋至明	宁夏回族自治区	5	古建筑
11	秦长城遗址	战国	宁夏回族自治区彭阳县、西吉县、原州区	5	古建筑
12	鸽子山遗址	旧石器时代	宁夏回族自治区青铜峡市	6	古遗址
13	菜园遗址	新石器时代	宁夏回族自治区海原县	6	古遗址
14	照壁山铜矿遗址	汉	宁夏回族自治区中卫市	6	古遗址
15	灵武窑址	宋至明	宁夏回族自治区灵武市	6	古遗址
16	张家场城址	汉	宁夏回族自治区盐池县	6	古遗址
17	承天寺塔	清	宁夏回族自治区银川市	6	古建筑
18	董府	清	宁夏回族自治区吴忠市	6	古建筑

① 国家文物局公布《中国世界文化遗产预备名单》,2012年11月17日。国家文物局重设《中国世界文化遗产预备名单》,http://www.wenming.cn/wmzh_pd/ws/wwkg/201211/t20121118_940061.shtml,2021年12月15日。

② 马建军、冯海英:《黄河文化在宁夏的独特历史文化内涵和时代价值》,《宁夏党校学报》2020年第9期。

续表

序号	名称	时代	地址	批次	类别
19	将台堡革命旧址	1936年	宁夏回族自治区西吉县	6	近现代重要史迹及代表性建筑
20	页河子遗址	新石器时代	宁夏回族自治区固原市隆德县	7	古遗址
21	固原古城遗址	汉至清	宁夏回族自治区固原市原州区	7	古遗址
22	省嵬城址	宋	宁夏回族自治区石嘴山市惠农区	7	古遗址
23	七营北嘴城址	宋至明	宁夏回族自治区中卫市海原县	7	古遗址
24	柳州城址	宋至明	宁夏回族自治区中卫市海原县	7	古遗址
25	大营城址	宋至明	宁夏回族自治区固原市原州区	7	古遗址
26	兴武营城址	明	宁夏回族自治区吴忠市盐池县	7	古遗址
27	固原北朝隋唐墓地	北朝至唐	宁夏回族自治区固原市原州区	7	古墓葬
28	窨子梁唐墓	唐	宁夏回族自治区吴忠市盐池县	7	古墓葬
29	宏佛塔	宋	宁夏回族自治区银川市贺兰县	7	古建筑
30	康济寺塔	宋、明	宁夏回族自治区吴忠市同心县	7	古建筑
31	鸣沙洲塔	明	宁夏回族自治区中卫市中宁县	7	古建筑
32	银川玉皇阁	清	宁夏回族自治区银川市兴庆区	7	古建筑
33	纳家户清真寺	清	宁夏回族自治区银川市永宁县	7	古建筑
34	田州塔	清	宁夏回族自治区石嘴山市平罗县	7	古建筑
35	平罗玉皇阁	清至民国	宁夏回族自治区石嘴山市平罗县	7	古建筑
36	中卫高庙	清至民国	宁夏回族自治区中卫市沙坡头区	7	古建筑
37	姚河塬遗址	西周	宁夏回族自治区彭阳县	8	古遗址
38	大麦地岩画	新石器时代至西夏	宁夏回族自治区中卫市沙坡头区	8	石窟寺及石刻

(资料来源:根据公布的1—8批次《全国重点文物保护单位名录》整理而成)

三、建设黄河国家文化公园(宁夏段)的基础保障

(一)国家战略部署

2019年9月18日,黄河流域生态保护和高质量发展上升为国家重大战略后,沿黄9省区围绕"深入挖掘黄河文化蕴含的时代价值"做了大量工作。十九届五中全会提出了关于加快推进黄河国家文化公园建设的战略部署。黄河流域各省区认真学习、深刻领会习近平总书记关于国家文化公园建设的重要指示批示精神,切实增强责任感、使命感,把国家文化公园建设作为一项重要的政治任务,将国家文化公园建设成为传承中华文明的历史文化长廊、凝聚中国力量的共同精神家园、提升人民生活品质的文旅体验空间,真正打造成为中华文化的重要标志。① 2021年1月,青海、四川、甘肃、宁夏、内蒙古、陕西、山

---

① 《事关黄河国家文化公园建设!国家发改委召开推进会》,2021年1月4日,https://www.sohu.com/a/442415248_99964946,2021年12月15日。

西、河南、山东等沿黄9省区相关部门就黄河国家文化公园建设的总体情况、重点任务、保障措施以及分省区建设保护规划大纲等进行了研讨交流。2021年6月,国家发展改革委在济南组织召开黄河国家文化公园建设推进会,沿黄9省区以黄河国家文化公园建设为契机,促进黄河文化的保护、传承和弘扬,推动黄河流域文化旅游高质量发展。

2021年,文化和旅游部发布10条黄河主题国家级旅游线路和《黄河文化旅游带精品线路书》,宁夏贺兰山岩画、水洞沟遗址进入"中华文明探源之旅",宁夏黄河坛进入"中华寻根问祖之旅",宁夏沙坡头、沙湖生态旅游区、青铜峡黄河大峡谷进入"黄河生态文化之旅"。在各省区层面,相继部署了黄河文化的战略布局,如陕西省的"一廊两地四带多园"、山东省的"一轴两带九大组团"、河南省的"一核一轴四带四极"等,并逐步从宣传研究阶段转入制定发展战略、设计文化标识、工程建设等阶段。

(二)宁夏谋划布局、做好顶层设计

2020年6月习近平总书记在宁夏视察时指出:"黄河是中华民族的母亲河,保护黄河是事关中华民族伟大复兴的千秋大业。""自古以来,黄河水滋养着宁夏这片美丽富饶的土地,今天仍造福于宁夏各族人民。"同时明确指示要"努力建设黄河流域生态保护和高质量发展先行区",赋予宁夏新的时代重任,寄予宁夏人民殷切期望,为建设美丽新宁夏注入了强大动力,提供了重大机遇。7月21日,中国共产党宁夏回族自治区第十二届委员会第十一次全体会议通过《关于建设黄河流域生态保护和高质量发展先行区的实施意见》①,这是宁夏十四五规划中的重要内容,明确以先行区建设统领美丽新宁夏建设,其中就有关于黄河文化传承彰显的内容。"推进宁夏黄河文化传承彰显区的建设"是为"建设黄河流域生态保护和高质量发展先行区"提供强有力的支撑。要做好"先行区建设"这篇大文章,必定要将黄河文化的传承彰显纳入其中,以"黄河文化传承彰显区"建设为"先行区"建设添彩,最终建成经济繁荣、民族团结、环境优美、人民富裕的美丽新宁夏。

黄河国家文化公园建设工作启动以来,宁夏回族自治区党委和政府高度重视,将黄河国家文化公园作为先行区建设的重要内容,编制完成《黄河国家文化公园(宁夏段)建设保护规划(初稿)》,规划布局"一带三核五段"空间结构,系统梳理自然资源、人文资源和文化脉络,在黄河金岸生态文化展示带上规划建设水洞沟、西夏陵、大麦地等18个管控保护区,贺兰山岩画、柳州城址等18个核心展示园,典农河生态文明带、贺兰山麓文化交流带等13个集中展示带,白芨滩、鹤泉湖等21个特色展示点。制定《黄河国家文化公园建设工作方案》,明确了修订制定地方性法规规章、系统梳理黄河文物和文化资源、推进实施保护传承工程、完善管理体制机制等13项重点工作任务的时间表、路线图和责任单位。同时组织开展专题研究。印发实施《宁夏黄河文化保护传承弘扬规划》《黄河流域宁夏非物质文化遗产保护传承弘扬专项规划》《关于挖掘黄河文化价值讲好宁夏黄河故事的实施意见》等规划和政策,并且启动立法工作。2021年8月19日,宁夏回族自治区人民政府办

---

① 中共宁夏回族自治区委员会办公厅:《中共宁夏回族自治区委员会关于建设黄河流域生态保护和高质量发展先行区的实施意见》(宁党发[2020]17号),2020年7月28日印发。

公厅印发《自治区支持建设黄河流域生态保护和高质量发展先行区的财政政策(试行)》①,为先行区建设走在前、作示范提供政策支撑和坚实财力保障。起草《宁夏回族自治区建设黄河流域生态保护和高质量发展先行区促进条例(草案)》,将黄河国家文化公园(宁夏段)建设纳入《条例》,给予法律保障。截至2021年12月,宁夏先后召开6次黄河流域生态保护和高质量先行区促进会。

(三)宁夏各行业协同发展、通力合作

2020年9月18日,由黄河流域9省区社会科学院主办、宁夏社会科学院承办的黄河流域生态保护和高质量发展理论研讨会在银川开幕,来自中国社会科学院和沿黄9省区社会科学界的专家共商共谋黄河流域生态保护和高质量发展大计。2022年计划由宁夏人民出版社出版的《宁夏黄河志》是宁夏历代以来第一部黄河专题志书,也是沿黄9省区唯一一部综合性专题黄河志书。社会科学文献出版社2020年9月出版发行的《黄河流域蓝皮书:黄河流域生态保护和高质量发展报告(2020)》是我国黄河流域9省区社会科学院联合组织专家学者撰写的反映中国黄河流域改革发展的综合性年度研究报告,是研究黄河流域经济、政治、社会、文化、生态文明"五位一体"建设中面临的重大理论和现实问题的重要科研成果。2021年上半年,宁夏回族自治区政协组织委员、专家围绕"什么是黄河文化""黄河文化在宁夏的特点及地位是什么""怎么传承黄河文化""黄河文化怎么彰显"等问题进行研讨;2021年8月23日,宁夏回族自治区政协召开"推进宁夏黄河文化传承彰显区建设"召开专题协商会,围绕高标准建设黄河、长城、长征国家文化公园(宁夏段)提出更具科学性和可操作性的意见建议。②

(四)依托宁夏文化和旅游发展"十四五"总体规划

2021年宁夏文化和旅游厅出台的《宁夏回族自治区文化和旅游发展"十四五"规划》③中,以高质量发展为主题,系统谋划了"十四五"时期宁夏文化和旅游发展的总体要求、发展目标、主要任务、重点工程和保障措施。规划优化了宁夏旅游业发展布局,加快构建"一核两带三片区"发展格局,全力打造文化和旅游融合发展"升级版"。其中,一核,即建设沿黄地区文化旅游发展核心区,是依托沿黄地区文化和旅游要素密集、资源富集、人口聚集的优势,推动构建以银川为中心,以石嘴山、吴忠为支撑,以县(区)为节点的沿黄地区文化旅游发展核心区。同时发挥银川首府城市的辐射带动作用,推动提升沿黄河地区文化旅游综合竞争力和服务品质,引领带动全区文化旅游产业转型升级、提质增效。规划中的两带,即建设黄河文化旅游带及贺兰山文化旅游带,其中建设黄河文化旅游带是以黄河国家文化公园建设为契机,加强黄河文化遗产保护,整体提升沿黄景区景点,发展休闲

---

① 自治区人民政府办公厅:《自治区人民政府办公厅关于印发〈自治区支持建设黄河流域生态保护和高质量发展先行区的财政政策(试行)〉的通知》(宁政办规发〔2021〕6号),发布时间:2021年8月19日,索引号:640000/2021-00205。
② 范文杰:《高标准建设黄河、长城、长征国家文化公园》,《人民政协报》2021年08月27日,第4版。
③ 自治区人民政府办公厅:《自治区人民政府办公厅关于印发宁夏回族自治区文化和旅游发展"十四五"规划的通知》(宁政办发〔2021〕63号),发布时间:2021年10月9日,索引号:640000/2021-00365。

体验新业态,打造精品旅游线路,推动产业集聚集群发展,创建黄河国家级旅游度假区,加快建设融合生态景观、承载文化价值、富含人文底蕴的生态文化旅游带,打造黄河流域生态保护和高质量发展的核心带。

在规划第二节"产品创新,打造六大特色旅游品牌"中,提出要把握市场规律,创新消费需求,深入挖掘宁夏文化和旅游资源,重点打造包括黄河文化等在内的六大主题旅游产品,形成具有标志性、引领性、带动性的宁夏特色旅游品牌。其中黄河文化品牌围绕黄河流经宁夏800里,孕育"塞上江南"美名,造就"天下黄河富宁夏"的资源优势,充分挖掘黄河文化内涵,讲好黄河故事,擦亮黄河文化品牌,打造在全国有影响力、在世界有知名度的黄河文化旅游带,打响"天下黄河富宁夏"品牌。统筹做好黄河景观、黄河生态、黄河文化融合重组、挖掘转化、放大增值文章。依托黄河流域丰富的人文资源、地域文化特点和农耕文化特色,打造具有宁夏特色的文化旅游目的地。以建设黄河文化旅游带为引领,增加高品质旅游服务,大力开发具有宁夏特色的黄河文化体验产品、黄河乡村旅游产品、黄河旅游演艺产品。串联沙坡头、黄河坛、黄河大峡谷、军博园、黄沙古渡等主体景区,打造黄河文化精品旅游线路,实施精品民宿、研学旅行、主题客栈、自驾营地等特色旅游项目,探索发展黄河文化旅游新产品新业态,培育发展沿黄文化旅游核心带,创建黄河国家级旅游度假区。依托黄河生态旅游带打造文化创意、会展服务、商务旅游等高端文化旅游产业集聚区。加强黄河文化旅游市场推广,办好黄河感恩节、黄河文化旅游节、黄河金岸(吴忠)国际马拉松、中国宁夏(沙坡头)·丝绸之路大漠黄河国际文化旅游节、黄河数字音乐节等节事活动。加强沿黄流域省区交流合作,联手推动文化遗产保护、文化旅游产业发展,共同促进黄河"几"字弯区域联动协作,打造具有世界影响力的黄河文化旅游品牌。

规划中,也详细明确以黄河为主题,重点建设的五大"黄河文化"品牌。①创建国家级旅游度假区:支持银川市创建黄河国家级旅游度假区,优化项目布局,完善配套设施,提升服务品质。②建设黄河风景大道:以滨河大道、滨河旅游大道为主轴,打造宁夏黄河旅游风景大道,增设观景台、体验区、古遗址保护展示区等,配套一批民宿、露营地、观星基地等。③建设黄河特色公园:推出一批以黄河文化要素为核心的标志性遗址公园、文化生态公园、红色主题公园等,建设更具亲和力、体验感的主客共享空间。④提升黄河文化主题旅游景区:推动黄河大峡谷5A级景区创建,促进沙坡头旅游景区、沙湖旅游景区、黄沙古渡原生态旅游区、鸣翠湖国家湿地公园、黄河军事文化博览园、黄河坛、石嘴子公园、黄河古渡坊、天河湾黄河国家湿地公园等景区提档升级。⑤建设黄河特色旅游小镇:打造一批黄河特色旅游小镇,实施银川黄河艺术生态小镇项目,建设集艺术学院、黄河文化和非遗传承、康养度假、都市生态农业、生态环境修复治理为一体的综合性文化艺术生态小镇。

四、建设黄河国家文化公园(宁夏段)的总体布局

(一)以习近平总书记关于谋划建设黄河国家文化公园重要讲话精神为引领

2021年1月份,国家发展改革委社会司组织召开了黄河国家文化公园建设启动暨大运河、长城、长征国家文化公园建设推进视频会,再一次强调各地要认真学习、深刻领会习近平总书记关于国家文化公园建设的重要指示批示精神,把国家文化公园建设作为一项

重要的政治任务。宁夏在建设黄河国家文化公园（宁夏段）过程中，需要与国家重大发展战略相衔接：①要与黄河流域生态保护和高质量发展战略衔接。宁夏传承彰显黄河文化要与黄河流域其他8省区进行文化、艺术、科技等方面的深度交流，在交流互鉴中促进自身的发展与强大。②要与供给侧结构性改革衔接。要减少无效供给、重复供给以及低质量供给，以黄河文化中的伟大创造精神、奋斗精神、团结精神为主旋律，挖掘黄河文化精髓，提高供给质量，从而推进黄河文化的高质量发展。③要与脱贫攻坚战略后续工作衔接。宁夏是我国打赢脱贫攻坚战的重要战场，黄河文化作为宁夏的根脉文化，其中蕴含的伟大时代精神，正是脱贫后人们所需要的精神力量。④要与乡村振兴战略衔接。没有文化的乡村是没有灵魂的，没有文化元素参与的乡村振兴是不完整的。黄河宁夏段及其支流清水河沿岸分布着大量的村落，具有民俗文化特色、居住环境特色、饮食特色、地理环境特色等，应充分整合规范，并赋予黄河文化底色，积极助推乡村振兴战略的实现。

（二）以黄河流域生态保护和高质量发展先行区建设为契机

国家文化公园作为国家公园体系中的重要组成部分，首先应该突出文化价值。与沿黄省份相对比，要突出宁夏文化特色。宁夏全境属于黄河流域，黄河旅游开发要体现统筹性、差异性，避免近距离雷同化；做好产品类型的设计、创意和规划，如乡村旅游、湿地旅游、观光旅游、红色旅游、体验项目、研学旅游；着力避免借机开发所谓文旅大项目，一定要针对客源市场需求，确定文旅项目开发的规模，不盲目、不盲动、不虚飘。传承、彰显黄河文化，就要把优秀的精神价值和文化特性融入社会主义核心价值观，纳入新时代主流意识形态建设，利用黄河文化巨大的亲和力、强烈的感召力和持久的向心力，促使民俗与社会主义核心价值观相一致，引领宗教与社会主义相适应。

传承、彰显宁夏黄河文化，就要在充分展示历史和现实成就的基础上，走出一条既能直观感受黄河风采又能感悟黄河文化，既能留住乡愁又能体现宁夏特色的文化传承之路。

传承、彰显黄河文化最重要的一点就是尊重群众的意愿，发挥群众的积极性、创造性，让每位老百姓都能成为黄河文化的代言人。孝贤文化是黄河文化中内涵最深、包容最广、绵延最长、最有渗透融通力的文化体系，我们应以此为抓手，紧密结合社会主义核心价值观进行思想道德教育。这与党的十九届五中全会提出的"提倡艰苦奋斗、勤俭节约，开展以劳动创造幸福为主题的宣传教育，加强家庭、家教、家风建设"发展目标高度契合。特别是在民族地区，我们一定要利用各民族对孝贤文化的高度认同，让历久弥新的黄河文化焕发出绚丽的时代风采，让古老的塞上江南重新成为传承、彰显黄河文化的精神高地。

（三）以打造宁夏黄河文化标识体系为特色

文化标识就是一种文化类型的代表性文化，具有区别于其他文化的独特性且能表明此类文化最主要特征的文化。黄河文化标识是黄河文化的旗帜和记号，是"建设黄河文化传承彰显区"不可缺少的要素。黄河宁夏段文化标识是完整展现黄河宁夏段文化的国家特质和地域特点的载体，能够突显黄河宁夏段的重要价值和地位。挖掘黄河文化资源，把代表性资源按照黄河文化保护、传承、弘扬要求规整出来，构筑起黄河文化标识体系。2021年9月22日，宁夏回族自治区宣传工作领导小组下发通知，部署"打造黄河宁夏段独特的精神标识和地理标识"。

黄河文化标识体系不是黄河文化资源的堆砌，也不是黄河文化旅游带或遗产廊道的代名词,更不是理论层面的逻辑关联,而是立足现实,从文化发展、经济发展、历史价值方面综合考量的判断。应当从黄河文化精神标识、遗产标识、地理标识等多个层面构筑黄河宁夏段文化标识体系,体现中华文明、中国革命、中国地理、中国治水等价值导向,使黄河宁夏段文化全方位展现出来。

针对黄河宁夏段文化呈现出的多样性、开放型、进取型等特征,借鉴其他省区的先进经验,建议宁夏打造整合集生态、旅游、文化为一体的黄河文化标识区,构建以"一轴三带"为主体的黄河国家文化公园的战略布局。

一轴即以黄河沿线为主轴,三带即遗产带、地理带、文化带。其中一轴是指兼顾现河道与故道、干流与支流、城市与乡村,突出资源富集区,构建形成以"黄河金岸"为轴线,以中卫—吴忠—银川—石嘴山现代都市风采为节点,打造以"水利风景区""黄河金岸""天下黄河富宁夏"为主题的黄河旅游文化景观带,打造一条"塞上江南,神奇宁夏"的黄河文化轴线。

"三带"将深度提炼黄河宁夏段文化精神,融合"不到长城非好汉"的革命精神、长征精神、脱贫攻坚精神、三线精神,着力打造"黄河文化遗产带""黄河生态地理带""黄河文化旅游带"。

"黄河文化遗产带"主要围绕中华文明标识体系建设,依托工程类、特产类、物种类、聚落类、景观类和民俗类等以及"非遗"黄河文化遗产,打造水洞沟石器、贺兰山岩画、须弥山石窟等文化遗产标识,六盘山花儿、盐池皮影等非遗标识。打造银川国家历史文化名城,打造"塞北江南""黄河百害,唯富一套""天下黄河富宁夏""金川银川米粮川""鱼米之乡""宁夏引黄古灌区列入世界灌溉工程遗产名录""十大新天府"等为代表的宁夏文化标识,打造一条黄河文化遗产带。

"黄河生态地理带"主要以滨河大道、沿黄生态文化带建设为抓手,依托黄河宁夏第一弯——沙坡头大拐弯,宁夏黄河第一村、第一渡、第一漂——南长滩,黄河宁夏段第一支流——清水河,宁夏境内黄河第一坝——青铜峡大坝,宁夏境内第一座黄河公路大桥——叶盛大桥,黄河宁夏段第一高桥——中卫沙坡头黄河大桥,宁夏黄河公路大桥第一长桥——红崖子黄河公路大桥,枸杞原产地——中宁,长枣之乡——灵武,滩羊原产地——盐池,贺兰山东麓葡萄长廊等等已有的地理标识。整合串联黄河大峡谷、十四大干渠、黄河湿地、津渡水驿、黄河古道、长城、烽火台、古渡口、鸟岛等旅游资源,打造一条在全国有影响、在世界有知名度的黄河生态地理带。

"黄河文化旅游带"是充分发挥宁夏作为黄河全流域省区的优势,将文化和旅游产业发展的思路调整到黄河流域生态保护和高质量发展先行区建设中,精心打造如"大银川""大六盘""大沙坡头"三大板块以及"贺兰山东麓生态文化旅游廊道""黄河文化旅游带银川至吴忠精品段"和"宁夏东部旅游环线"三条线路,扎实推进全域旅游示范区创建,深入挖掘黄河文化丰富内涵,推动文化和旅游融合的高质量发展态势。

Thought on the Importance of the Construction of Yellow River National Cultural Park in Ningxia Province

Zhang Yumei Wu Pengfei

Abstract: Ningxia is the only province that belongs to the Yellow River Basin. The Yellow River culture of Ningxia is very rich in connotation and far-reaching history. It is an important carrier for the construction of the Yellow River National Cultural Park. Through the in-depth research on the significance, intrinsic development power, foundational guarantee and overall layout of the construction of the Yellow River National Cultural Park in Ningxia, the conclusion is that the construction of Yellow River National Cultural Park should focus on building the cultural identification system, pay attention to the integration of ecology, tourism and culture of the Yellow River cultural identification area, and construct the strategic layout of "one axle, three belts".

Key words: Ningxia Province; Yellow River National Cultural Park; Yellow River culture; Yellow River Cultural Identity

黄河国家文化公园的发展定位

张 野　李紫薇　程遂营

摘要：黄河国家文化公园是中国新时期的战略性文化工程。黄河国家文化公园既要立足黄河流域，又要面向全国格局，明确自身的发展定位。黄河国家文化公园宜定位为：黄河文化保护传承弘扬的核心区；黄河流域高质量发展的承载区；国家文化形象展示的样板区；国民公共休闲的示范区；文旅深度融合发展的先行区。

关键词：黄河文化；国家文化公园；发展定位

作者简介：张野（1985—　　），男，辽宁开原人，博士后，副教授，硕士生导师，河南大学文化产业与旅游管理学院旅游管理系主任，中国旅游研究院文化旅游研究基地研究员，主要从事文化旅游与休闲研究。李紫薇（1996—　　），女，河南开封人，河南大学文化产业与旅游管理学院硕士生。程遂营（1965—　　）男，河南舞阳人，博士，教授，博士生导师，河南大学文化产业与旅游管理学院院长，中国旅游研究院文化旅游研究基地主任、首席专家。

黄河文化是中华文明的主体部分，与中华文化一脉相承，是中国文化建设的文脉基础。习近平总书记指出："要深入挖掘黄河文化蕴含的时代价值，讲好'黄河故事'，延续历史文脉，坚定文化自信，为实现中华民族伟大复兴的中国梦凝聚精神力量。"①党的十九届五中全会提出"兴文化、展形象"的使命任务，强调要推进社会主义文化强国建设。而建设黄河国家文化公园是深入贯彻落实习近平总书记关于文化传承发展的一系列重要指示精神和党的十九届五中全会精神的重要举措，是中国新时期的战略性文化工程。黄河国家文化公园不是简单的"公园"，也不同于现有的"国家公园"，而是肩负着国家文化的重要使命的公园。这就要求黄河国家文化公园既要立足黄河流域，又要面向全国格局，明确自身的发展定位。

---

* 本文为国家社科基金重大项目"建设黄河国家文化公园研究"（21ZDA081）和河南省哲学社会科学规划项目"河南打造黄河文化公园重点建设区研究"（2021WT44）的阶段性研究成果。

① 2019 年 9 月 18 日，习近平总书记在河南郑州召开的"黄河流域生态保护和高质量发展座谈会"上发表的重要讲话。http://www.xinhuanet.com/2019－10/15/c_1125107042.htm，2021 年 12 月 5 日。

一、黄河文化保护、传承、弘扬的核心区

"黄河文化是黄河流域人民在长期的生产劳动和社会实践活动中所创造的物质与精神层面的文化的总和,它包括一定的社会规范、生活方式、风俗习惯、精神面貌和价值取向等。"①新时期保护、传承、弘扬黄河文化,黄河国家文化公园应是"核心区"。国家文化公园建设的核心任务是保护好、传承好、利用好文化遗产。② 黄河国家文化公园肩负着传承黄河历史文脉、传扬华夏精神文明、坚定文化自信、维系民族情感的重要使命。发挥好保护黄河文化遗产、传承黄河文化基因、弘扬黄河文化精神的综合功能,既要理清文化资源,发挥功能作用,又要落实具体措施,完成使命任务,将黄河国家文化公园打造为黄河文化保护、传承、弘扬的核心区。

黄河文化遗产的保护。黄河文化遗产分布广,时代久远,文化内涵丰厚,但留存的遗迹遗物却非常有限,与黄河生态一样脆弱,需要下大力气开展系统性的保护工作。③ 黄河国家文化公园应在系统梳理文化资源的基础上,大力挖掘、普查与研究管理黄河文化遗产,包括古都古城文化遗产、农业农耕文化遗产、水利科技文化遗产、非物质文化遗产等。推动实施黄河文化遗产系统保护工程和申报世界文化遗产工程,建设黄河大遗址保护廊道,打造历史文化遗产保护带,建立"黄河文化共同体"保护机制等措施,加大沿黄九省区的黄河文化保护力度,强化大河流域重大文明成果的历史担当。

黄河文化基因的传承。黄河国家文化公园应坚持活态传承理念,以上游河湟-藏羌文化区、中游关中文化区与河洛-三晋文化区、下游齐鲁文化区等地方文化彰显区为支撑,打造黄河文化地标体系,传承地域文化基因;以延安精神、焦裕禄精神、沂蒙精神、长征精神等革命精神文化为抓手,打造红色旅游走廊,传承红色文化基因;以易学、佛学、理学文化以及道家、儒家、墨家、兵家、法家文化等学术思想文化为内涵,创作黄河文化精品力作,传承思想文化基因;以汉字、诗词、姓氏、制度文化等特色文化为要素,加强对黄河文化IP产品矩阵的培育,传承历史文化基因。

黄河文化精神的弘扬。中华民族在治理"善淤、善决、善徙"的黄河过程中,充分发挥了郑国渠、小浪底、农田水利科技等伟大创造精神,塑造了大禹治水、愚公移山等顽强拼搏、艰苦卓绝的伟大奋斗精神,孕育了同舟共济、守望相助的伟大团结精神,延续了追求统一、民族复兴的伟大梦想精神,彰显了精忠报国、廉政治国等深厚的爱国主义精神。黄河国家文化公园要充分彰显黄河文化精神,建设黄河文化精神教育基地、黄河文化价值转化平台、黄河文化研究高地,向世界讲好新时代黄河精神文化故事。

---

① 此为吴朋飞教授的观点,载张玫《建设黄河国家文化公园 弘扬黄河文化》,《中国旅游报》2021年8月27日,第3版。
② 孙世芳:《高质量建设国家文化公园——促进文化和旅游产业深度融合(下)》,《经济日报》2021年9月2日,第10版。
③ 胡全章:《关于保护传承弘扬黄河文化的思考》,载苗长虹主编:《黄河文明与可持续发展》,第16辑,开封:河南大学出版社,2020,第2页。

黄河国家文化公园应依托黄河流域文化资源富集、文化根基深厚的优势,从战略高度深入挖掘黄河文化资源,保护好、传承好与弘扬好黄河文化,促进其创造性转化和创新性发展,充分展现中华优秀传统文化的丰富内涵,推动黄河国家文化公园成为新时期黄河文化保护、传承、弘扬的核心区。

二、黄河流域高质量发展的承载区

2021年10月,中共中央、国务院印发了《黄河流域生态保护和高质量发展规划纲要》,明确提出:打造中华文明重要地标,深入研究规划建设黄河国家文化公园。① 以党的十八届五中全会提出的"创新、协调、绿色、开放、共享"五大发展理念为出发点,借助黄河国家文化公园重大建设工程,可以促进黄河流域高质量发展。

一是黄河国家文化公园的创新发展。设立国家文化公园为我国首创,国际上并无先例可循,这本身就是对国家公园体系的创新。② 黄河国家文化公园应坚持理念创新、机制创新、业态创新、数字创新、科技创新的原则,③促进黄河流域一体化高质量发展。黄河国家文化公园要建立统筹管理的新机制,利用互联网、物联网、云计算、虚拟现实等新技术,推出黄河文化艺术新作品,培育生态、文化、旅游互联互通互融的新业态,构建智慧化服务新网络,推动黄河流域形成创新发展的新格局。

二是黄河国家文化公园的协调发展。黄河国家文化公园的建设要以"共同抓好大保护,协同推进大治理"为主要原则,统筹谋划黄河流域上中下游、干流支流、左右两岸的保护和治理,统筹推进黄河水利资源治理工程、黄河重大生态保护修复工程、黄河文化遗产系统保护工程,统筹协调国土空间开发、城乡规划建设、区域产业发展,建立以政府为主导、企业为主体、市场为导向、产学研相结合的协同联动工作机制。

三是黄河国家文化公园的绿色发展。黄河国家文化公园的建设秉持"绿水青山就是金山银山"的理念,遵循尊重自然、顺应自然、保护自然的原则,加强生态文明建设和环境治理保护,建设人河城和谐统一的绿色生态廊道、绿色景观廊道、绿色休闲廊道,塑造以绿色生活为本底、以旅游休闲为特色的沿黄城乡风貌,让绿色成为普遍形态的国家文化公园风貌。

四是黄河国家文化公园的开放发展。开放是解决黄河流域高质量发展难题、提升永续发展动力、厚植竞争优势的强有力的方法论指引。④ 黄河国家文化公园应坚持"走出去,引进来"发展战略,加快建设黄河流域对外开放门户。黄河国家文化公园要建设开放

---

① 中华人民共和国中央人民政府、中共中央、国务院印发《黄河流域生态保护和高质量发展规划纲要》2021年10月8日,http://www.gov.cn/zhengce/2021－10/08/content_5641438.htm,2021年12月5日。
② 张凌云:《黄河国家文化公园创建的几点思考》,《中国文化报》2021年7月20日,第8版。
③ 中华人民共和国中央人民政府、中共中央国务院印发《黄河流域生态保护和高质量发展规划纲要》,2021年10月8日,http://www.gov.cn/zhengce/2021－10/08/content_5641438.htm,2021年12月5日。
④ 李贵成:《以开放思维推进黄河流域高质量发展》,《河南日报》2020年2月7日,第6版。

型文化空间,既要开放经济,又要开放文化,尤其要加强同尼罗河、多瑙河、莱茵河、伏尔加河等流域的文化交流,打造具有国际影响力的黄河文化旅游带,建设国际大河文明交流的主阵地和国际优秀文化开放合作的新高地。

五是黄河国家文化公园的共享发展。黄河国家文化公园应秉持育民、惠民、利民的初心,加大政府投入力度,加快黄河流域公共服务一体化建设,共享文化、教育、体育、旅游等资源成果;在黄河国家文化公园加强就业支持,为高校毕业生、退役军人、返乡入乡务工人员等重点群体创造更多就业、创业机会,共享民生保障成果;接续推进上中游民族地区、革命老区、生态脆弱地区等为重点区域的全面脱贫和乡村振兴,共享脱贫攻坚成果;对于下游较发达的地区发展创新经济,向上中游欠发达地区及时传授先进的管理经验和科学技术,共享改革开放成果。

黄河国家文化公园应以满足人民日益增长的美好生活需要为建设目标,遵循创新驱动战略、统筹协调原则、绿色生态理念、开放合作途径、共享发展成果的工作机制,努力建设成为黄河流域高质量发展的承载区。

三、国家文化形象展示的样板区

国家文化公园是象征国家精神、传播社会主义核心价值观、传承中华优秀文化的重要载体。[1] 因黄河文化是中华民族的根和魂,这就决定着黄河国家文化公园应该定位于中华民族"根"与"魂"的"物化载体"展示之上。[2] 而中华民族"根"与"魂"的"物化载体"展示就是中国国家形象最具历史底色的展示,也是中国国家形象最具民族特性的展示。黄河国家文化公园不同于其他国家重大文化工程,黄河国家文化公园是向世界展示中国国家文化形象的重要窗口。国家文化形象是国内外民众对一个国家的文化传统、思想观念、理想信念、价值追求、国民素质等文化软实力的感知与评价。[3] 黄河国家文化公园展示的国家文化形象包括黄河文化视觉形象、黄河文化IP形象与黄河文化传播形象。

首先,构造黄河文化视觉形象。以整体性和地域性相结合为原则,以体现黄河文化为目的构造黄河国家文化公园视觉形象。一是基于最具代表性的物质遗存和非物质文化符号,设计统一的黄河国家文化公园形象标识体系,显示黄河文化的整体性。二是分布在黄河上、中、下游的各个黄河国家文化公园,也要结合黄河地域文化凸显具有地域特色的文化视觉形象。黄河国家文化公园要有典型文化符号,突出遗产形象,形成整体性、特色性、可视化、具象化的黄河国家文化公园视觉形象。

其次,塑造黄河文化IP形象。黄河国家文化公园具有丰富的文化IP资源,如夏都、商都、周都、秦都、汉都、唐都、宋都等古都文化IP,黄帝、大禹、老子、孔子、王安石、焦裕禄等名人文化IP,少林功夫、太极拳等武术文化IP,敦煌莫高窟、云冈石窟、龙门石窟等石窟文化IP。黄河国家文化公园要挖掘和塑造一系列文化IP,深入推广其蕴含的历史故事、

---

[1] 范周:《国家文化公园建设塑造公共文化服务新标识》,《中国文化报》2018年6月26日,第3版。
[2] 刘庆柱:《黄河文化是中华民族的根和魂》,《中国民族博览》2021年第9期。
[3] 代悦、张永红:《文化自信与国家形象的逻辑关系》,《人民论坛》2019年第26期。

哲学思想、人文精神、价值理念、道德规范等文化内涵,打造具有丰富文化内涵的黄河文化品牌形象,用原创 IP 讲好"黄河故事",以作为黄河国家文化公园对外宣传的 IP 形象。

再次,打造黄河文化传播形象。文化的认知主体包括"自我"与"他者"。黄河国家文化公园是实现"自我"与"他者"对黄河文化认知与认同的重要平台,是展现国家和民族文化自信的重要媒介。国家形象分为"我形象"(国内形象)和"他形象"(国际形象)。①黄河文化形象作为国家形象的突出代表,既要面向国内旅游休闲者塑造好"我形象",也要面向国际游客塑造好"他形象",形成内在统一、外在互动的国内国际双形象。

黄河国家文化公园应注重黄河文化视觉形象、黄河文化 IP 形象和黄河文化传播形象的构建,着力打造国家文化形象展示的样板区,增强中华民族文化认同感和文化自信心,充分彰显中华优秀传统文化独特魅力、革命文化丰富内涵、社会主义先进文化时代价值。

四、国民公共休闲的示范区

文化具有大众属性,文化共识的主体是人民大众。黄河文化是属于国民大众的文化,是应该嵌入国民大众生活的文化。公园是供公众游览、观赏、休憩、开展科学文化及锻炼身体等活动,有较完善的设施和良好绿化环境的公共绿地。② 黄河国家文化公园离不开文化属性,也离不开公园属性。黄河国家文化公园是国民公共休闲的文化空间,应在国民公共休闲体系中发挥示范作用。

一是优化布局休闲空间。在黄河沿线的城乡文化富集区,构建黄河国家文化公园的休闲空间。以国家级休闲城镇、休闲街区建设为契机,推进实施国家级旅游度假区的培育工程,提升休闲度假品质;在沿黄经济条件较发达的城市,支持整合黄河文化休闲资源,举办以黄河文化为主题的休闲节事活动,提升休闲活动效益;在沿黄文化资源富集的社区,完善公共休闲基础设施,提升休闲服务质量。

二是大力发展休闲产业。培育多样化的休闲业态,如文化休闲、体育休闲、康养旅游、休闲农业、休闲生态、休闲娱乐等业态,创造文化和旅游休闲吸引物,协调产业要素,建立产业基地平台,并与第一、二、三产业融合集聚,形成结构较为合理、功能较为完善的黄河国家文化公园休闲产业链,通过休闲产业的发展有效提高国民身心健康水平。

三是有效开发休闲产品。黄河国家文化公园应发掘文化与旅游资源的休闲体验价值,有效开发休闲产品,如传统的打拳、练气功、种花、养鱼、听戏、打麻将、跳舞、聚餐等非物质文化休闲产品,构成了我国国民特别是中老年群体的休闲活动主体内容。③ 通过推出一批兼顾旅游者和旅游地居民需求的休闲产品,刺激国民休闲消费需求。

四是完善休闲管理和服务制度。黄河国家文化公园要发挥政府的主导作用,建立结

---

① 管文虎:《关于研究中国国际形象问题的几点思考》,《国际论坛》2007 年第 5 期。
② 中华人民共和国住房和城乡建设部:《住房城乡建设部关于发布国家标准〈公园设计规范〉的公告》,2017 年 3 月 1 日,http://www.mohurd.gov.cn/gongkai/fdzdgknr/tzgg/201703/20170301_230801.html,2021 年 12 月 5 日。
③ 程遂营:《我国非物质文化遗产与国民休闲产品开发》,《旅游学刊》2010 年第 5 期。

构合理的休闲供给体系,完善休闲管理机构、休闲服务组织、休闲专业人才培养等方面的制度,制定黄河国家文化公园相关休闲服务标准,为国民提供优质的休闲服务。

黄河国家文化公园的建设应该重点考虑国民大众的休闲需求,通过合理优化布局休闲空间、多元化发展休闲业态、有效开发休闲产品、实施科学有效的休闲管理、推动完善休闲服务制度,努力建设成为国民公共休闲的示范区。

五、文旅深度融合发展的先行区

2021年4月,文化和旅游部印发了《"十四五"文化与旅游发展规划》,提出建设黄河国家文化公园与一批文化和旅游深度融合发展示范区。①《黄河流域生态保护和高质量发展规划纲要》提出推动文化和旅游融合发展,把文化旅游产业打造成为支柱产业。② 黄河国家文化公园应深入贯彻以文塑旅、以旅彰文的理念,以文化遗产资源为内核,以旅游产业功能为载体,构建点、线、面结合的文旅深度融合发展的先行区。

以点为核,打造文旅标志性目的地。黄河国家文化公园要深入挖掘具有典型性的黄河文化资源,结合上游游牧文化、中游农耕文化、下游海洋文化的地域特征,遴选沿黄地区的代表性黄河文化遗产地和黄河生态文化旅游地,围绕古都古城古镇古村、大型考古遗址、大型水利设施、连续性建筑文化空间等重点区域,做好遗址遗迹展示、景观呈现和故事讲述,举办具有国际影响力的节会,开发农耕技术、水利工程、治黄治沙等代表性研学项目,打造展现黄河文化的标志性旅游目的地。

以线为轴,推进文旅线路工程。黄河国家文化公园要串联区域间、城镇间、景区间的文化旅游资源,推进能够突出普遍价值、彰显国家文化形象的精品文旅线路工程。一是充分挖掘自然旅游资源,建设具有广泛影响力的黄河自然风景廊道体系;二是充分彰显黄河文化内涵,建设具有国家文化认同和区域文化个性的精品文化展示带体系;三是高质量推进文旅融合发展,打造具有国际影响力的黄河文化旅游带;四是整合红色革命文化区,打造黄河红色旅游精品线路;五是根据沿黄资源,开发黄土乡村游、古色遗产游、红色文物游、绿色生态游和多彩民俗游等多主题、多色彩精品旅游线路,③以旅游促进文化传播。

以面为延,建设文旅融合示范区。黄河国家文化公园应遴选文化资源突出、旅游覆盖面广、市场化程度高、基础现状良好的示范城市和城区,划定历史文化型、红色文化型、休闲观光型等不同主题类型的文旅融合区;依托山东半岛城市群的齐鲁文化、中原城市群的殷商文化与河洛文化、关中平原城市群的三晋文化与关中文化、黄河"几"字弯都市圈的丝

---

① 中华人民共和国中央人民政府:《文化和旅游部关于印发〈"十四五"文化和旅游发展规划〉的通知》,2021 年 4 月 29 日,http://www.gov.cn/zhengce/zhengceku/2021－06/03/content_5615106.htm,2021 年 12 月 5 日。

② 中华人民共和国中央人民政府、中共中央国务院印发《黄河流域生态保护和高质量发展规划纲要》,2021 年 10 月 8 日,http://www.gov.cn/zhengce/2021－10/08/content_5641438.htm,2021 年 12 月 5 日。

③ 申军波、石培华:《推进黄河流域文旅产业高质量发展的路径选择》,《中国国情国力》2020 年第 6 期。

绸文化和兰州－西宁城市群的民族文化等,高质量高标准建设文旅融合示范区,培育跨区域特色功能区,重塑地域性文化圈;在文旅融合示范区推进文化遗产旅游、文化主题酒店、文化节庆展会、夜间文化旅游、黄河美食旅游等业态提质升级,培育文化和旅游融合发展新业态。

黄河国家文化公园应依托星罗棋布、各具特色的文化和旅游资源,串点成线,连线成面,构建文旅融合立体化发展格局,建设成为文化和旅游深度融合发展的先行区。

黄河国家文化公园是新时期促进黄河文化保护、传承、弘扬的重要载体,是推动黄河流域生态保护和高质量发展的重要抓手,是展示中国国家文化形象的重要平台,是提升国民公共休闲生活水平的重要支撑,还是促进新时期文旅深度融合发展的重要工程。未来,打造中华文化重要地标,要求各地区要乘着黄河国家文化公园建设的东风,让收藏在博物馆里的文物、陈列在广阔大地的遗产、书写在古籍里的文字都活起来,提高黄河流域人民的幸福感、获得感、安全感,让黄河成为传承历史的文脉河、造福人民的幸福河。

The Development Orientation of Yellow River National Cultural Park

Zhang Ye　Li Ziwei　Cheng Suiying

Abstract: The Yellow River National Cultural Park is a strategic cultural project in the new period of China. The Yellow River National Cultural Park should not only base itself on the Yellow River Basin, but also face the national pattern and define its own development orientation. The Yellow River National Cultural Park should be positioned as the core area for protecting and inheriting and carrying forward the Yellow River culture, the carrying area of high quality development in the Yellow River Basin, the sample area for displaying national cultural images, the demonstration area of the national public leisure, the pilot area for the in-depth integration of culture and tourism.

Key words: Yellow River culture; National Cultural Park; development orientation

黄河流域生态保护

2000—2020年黄河流域生态退耕时空分异特征

孙丕苓　彭田田　沈丹丹

摘要：生态退耕对土地利用结构及生态系统服务产生深刻影响，科学掌握生态退耕的时空格局演变特征对区域生态保护与治理具有重要意义。本文以黄河流域为例，运用退耕指数模型、空间自相关分析等方法模型，分析2000—2020年黄河流域生态退耕时空分异特征。结果表明：(1)2000—2020年黄河流域生态退耕面积为12339.04 km²，占退耕总面积的52.40%，退耕指数为2.46%。退耕耕地主要转化为林地、草地和水域。(2)2000—2020年黄河流域生态退耕空间集聚性显著，生态退耕热点区由西向东扩展，冷点区向黄河上游、下游地区扩展。生态退耕热点区主要分布于黄河上游向中游过渡的河套平原及黄土高原地区，生态退耕低值区主要分布于黄河上游湟水谷地和黄河中、下游交界的河谷平原地区。(3)2000—2020年黄河流域生态退耕地形梯度效应显著。耕地转林地、草地和耕地转水域的地形梯度差异显著。

关键词：生态退耕；时空分异；空间自相关分析；地形梯度；黄河流域

作者简介：孙丕苓(1984—)，女，山东泰安人，曲阜师范大学地理与旅游学院副教授，主要研究方向为土地利用变化及其生态效应、土地利用冲突。彭田田(1997—)，女，贵州黔西南州人，曲阜师范大学地理与旅游学院学生。沈丹丹(1993—)，女，四川成都人，曲阜师范大学地理与旅游学院研究生。

一、前　言

生态退耕是以生态恢复为目的，根据区域社会经济和自然环境需求对不宜耕农田进行科学、有序的退耕还林、还草、还水等过程，对生态脆弱地区土地利用结构及生态系统服务产生深刻影响。① 近年来,随着工业化与城镇化进程的加快,由于人类不合理的开发利用活动,中国生态系统退化严重,土地沙化、水土流失、泥石流等自然灾害频发,影响人类生产、生活,威胁国家生态安全。为改善区域生态环境,提高生态系统服务能力,自1999年以来,中国开始实施生态退耕的政策,开展了"三北"防护林建设、京津风沙源治理、太行山绿化等一系列生态工程。② 随着生态文明建设战略的实施,生态退耕导致大尺度的土地利用覆被变化进而影响区域生态环境,生态环境复杂地带的生态退耕引起各级政府及学术界的广泛关注。因此,科学掌握生态退耕的时空格局演变特征对区域生态保护与治理具有重要意义。

目前,学术界对生态退耕的研究主要集中于生态退耕的时空格局、影响因素、权衡决策、影响等方面,③其中生态退耕的影响主要包括对区域土地利用④、土壤保持⑤、生态系

---

① 谷长磊、刘琳、邱扬等:《黄土丘陵区生态退耕对草本层植物多样性的影响》,《水土保持研究》2013年第5期。Stoddard M T, Meador A J S, Fulé P Z, et al, "Five-year post-restoration conditions and simulated climate-change trajectories in a warm/dry mixed-conifer forest, southwestern Colorado, USA", *Forest Eclogy and Management*, 2015, 356, pp. 253-261. Liu Q F, Zhang Q, Yan Y Z, et al, "Ecological restoration is the dominant driver of the recent reversal of desertification in the Mu Us Desert (China)", *Journal of Cleaner Production*, 2020, 268:122241.

② 刘超、霍永伟、许月卿等:《生态退耕前后张家口市耕地变化及影响因素识别》,《自然资源学报》2018年第10期。

③ 杜国明、孙晓兵、刘彦随等:《黄土高原生态退耕的时空分异特征》,《地球信息科学学报》2017年第3期。Dong J W, Liu J Y, Shi W J, "China's sloping land conversion program at the beginning of 21st century and its habitat suitability in typical region of Loess Plateau", *Journal of Resources and Ecology*, 2010, 1(1), pp. 36-44. 许尔琪、李婧昕:《干旱区水资源约束下的生态退耕空间优化及权衡分析——以奇台县为例》,《地理研究》2021年第3期。

④ Tuten M C, Meador A S, Fulé P Z, "Ecological restoration and fine-scale forest structure regulation in southwestern ponderosa pine forests", *Forest Ecology and Management*, 2015, 348, pp. 57-67.

⑤ 殷小菡、孙希华、徐新良等:《我国北方农牧交错带西段退耕对土壤保持功能影响研究》,《地球信息科学学报》2018年第12期。

统服务①、景观格局②、社会经济③、生态风险④、农户生计⑤、粮食安全等方面的影响。相关研究主要关注黄土高原、冀北山区、黔东南山区、农牧交错带等地区,运用农村评估法、景观格局指数、相关分析、空间分析等方法模型研究生态退耕问题。⑥ 冉圣宏等基于黄土丘陵沟壑区耕地坡度与水土流失的相关关系以及农户调查数据,分析了安塞县退耕还林还草政策对区域生态服务功能变化的影响;⑦陈国建等利用快速农村评估法探讨退耕对当地农村社会经济的影响,指出退耕可促进农业产业结构调整以及家庭收入的多元化;⑧刘栩如等基于野外调查和GIS空间分析法分析了1975—2007年生态退耕前后土地利用结构变化、景观格局演变及其地形驱动;⑨杜国明等从生态退耕的整体特征、地形及区域差异等角度,探究了延安市生态退耕的空间分异特征及其对耕地格局的影响。⑩ Stoddard、Tuten等学者分别从生态退耕对植被演替影响的视角,分析了生态退耕工程对

---

① 冉圣宏、吕昌河、王茜:《生态退耕对安塞县土地利用及其生态服务功能的影响》,《中国人口·资源与环境》2010年第3期。杨东阳、张骞、苗长虹等:《黄河流域省区生态系统服务价值时空演变研究》,载苗长虹主编《黄河文明与可持续发展》第17辑,开封:河南大学出版社,2021,第88—101页。Wang L J, Ma S, Zhao Y G, et al, "Ecological restoration projects did not increase the value of all ecosystem services in Northeast China", *Forest Ecology and Management*, 2021, 495:119340.

② 刘栩如、张琳、杨磊等:《黄土丘陵区生态退耕中的景观格局演变及其地形驱动》,《水土保持研究》2016年第1期。

③ 陈国建、李锐、杨勤科等:《大规模生态退耕对陕北丘陵沟壑区农村社会经济的影响——以县南沟和燕沟小流域为例》,《中国水土保持科学》2004年第4期。

④ Zhou J J, Zhao Y R, Huang P, et al, "Impacts of ecological restoration projects on the ecosystem carbon storage of inland river basin in arid area, China", *Ecological Indicators*, 2020, 118:106803.

⑤ Dong J W, Liu J Y, Shi W J, "China's sloping land conversion program at the beginning of 21st century and its habitat suitability in typical region of Loess Plateau", *Journal of Resources and Ecology*, 2010, 1(1), pp.36-44.

⑥ Tuten M C, Meador A S, Fulé P Z, "Ecological restoration and fine-scale forest structure regulation in southwestern ponderosa pine forests", *Forest Ecology and Management*, 2015, 348, pp.57-67. 殷小菡、孙希华、徐新良等:《我国北方农牧交错带西段退耕对土壤保持功能影响研究》,《地球信息科学学报》2018年第12期。陈国建、李锐、杨勤科等:《大规模生态退耕对陕北丘陵沟壑区农村社会经济的影响——以县南沟和燕沟小流域为例》,《中国水土保持科学》2004年第4期。

⑦ 冉圣宏、吕昌河、王茜:《生态退耕对安塞县土地利用及其生态服务功能的影响》,《中国人口·资源与环境》2010年第3期。

⑧ 陈国建、李锐、杨勤科等:《大规模生态退耕对陕北丘陵沟壑区农村社会经济的影响——以县南沟和燕沟小流域为例》,《中国水土保持科学》2004年第4期。

⑨ 刘栩如、张琳、杨磊等:《黄土丘陵区生态退耕中的景观格局演变及其地形驱动》,《水土保持研究》2016年第1期。

⑩ 杜国明、孙晓兵、刘彦随等:《黄土高原生态退耕的时空分异特征》,《地球信息科学学报》2017年第3期。

美国亚利桑那州北部、美国西南部森林结构变化的影响。① 综观已有研究,对整个黄河流域生态退耕时空变化的研究较少,尤其是对黄河流域生态退耕的地形梯度特征关注较少。鉴于此,本文以黄河流域为例,综合运用退耕指数模型、空间自相关分析、地形梯度分析等方法分析 2000—2020 年黄河流域生态退耕时空分异特征,以期为黄河流域生态保护与高质量发展提供科学参考。

二、研究区域、方法及数据

(一)研究区域概况

本文选择黄河流域为研究区。黄河是中国的第二大河,发源于青海省巴颜喀拉山脉,流经青海、四川、甘肃、宁夏、内蒙古、陕西、山西、河南、山东等九省区,在山东省东营市垦利区注入渤海,干流河道全长 5464km。黄河流域位于 32°N~42°N,96°E~119°E 之间,流域总面积为 79.5 万 km^2,从西到东涵盖青藏高原、内蒙古高原、黄土高原、华北平原等地貌单元,地势西高东低。② (图 1)黄河流域地处温带季风气候向温带大陆性气候过渡区,气候条件差异显著,流域年平均气温 6.4℃,年平均降水量 446mm,全年日照时数达 2000~3300 小时。截至 2019 年底,流域总人口 4.22 亿,占全国总人口的 30.1%,平均人口密度为 117 人/km^2,流域 GDP 总量为 245997 亿元,占全国 GDP 总量的 25%。黄河流域横跨青藏高原、内蒙古高原、黄土高原、华北平原等四大地貌单元,拥有黄河天然生态廊道和三江源、祁连山、若尔盖等重要生态功能区域,是我国重要的生态屏障。为了改善环境,1999 年以来,以黄河流域为核心生态恢复区的退耕还林还草项目大规模实施,因地制宜的植树造林、恢复植被,使水土流失区向生态修复区转变。生态退耕成为推动黄河流域生态保护与高质量发展的重要举措。

---

① Stoddard M T, Meador A J S, Fulé P Z, et al, "Five-year post-restoration conditions and simulated climate-change trajectories in a warm/dry mixed-conifer forest, southwestern Colorado, USA", *Forest Ecology and Management*, 2015, 356, pp. 253-261. Tuten M C, Meador A S, Fulé P Z, "Ecological restoration and fine-scale forest structure regulation in southwestern ponderosa pine forests", *Forest Ecology and Management*, 2015, 348, pp. 57-67.
② 宋洁:《新发展格局下黄河流域高质量发展"内外循环"建设的逻辑与路径》,《当代经济管理》2021 年第 7 期。

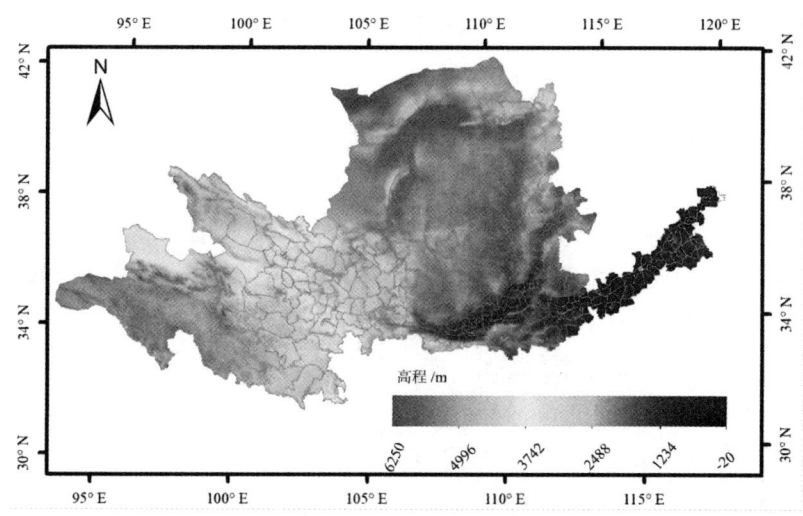

图 1　黄河流域地理位置

（三）数据来源与处理

本文相关数据主要包括遥感影像和地形数据。黄河流域遥感影像数据包括 Landsat TM 影像（2000 年、2010 年）和 Landsat OLI 影像（2020 年），主要来源于地理空间数据云平台（http://www.gscloud.cn/）。综合运用 ArcGIS10.4 和 ENVI5.1 软件，进行遥感影像几何校正、掩膜裁剪，运用人机交互式解译方法进行影像解译，结合野外抽样核验和 Google Earth 进行数据修正和解译精度检验，得到 2000 年、2010 年、2020 年 3 期影像解译总体精度分别为 87.68%、89.72% 和 88.59%，Kappa 系统均超过 0.80，表明解译结果能够满足本研究的需要。参照国家基本资源与环境本底动态遥感调查数据库的分类体系，将土地利用类型划分为耕地、林地、草地、水域、建设用地和未利用地六大类。地形数据包括海拔高程、坡度、地形起伏度，主要来源于中国科学院资源环境科学与数据中心（https://www.resdc.cn/）。坡度和地形起伏度通过 ASTER GDEM（空间分辨率 30m）高程数据提取得到。根据研究区域的实际地表形态，将海拔高程、坡度、地形起伏度划分为 5 个等级。最后，基于 ArcGIS10.4 软件平台对数据资料进行格式转换、掩膜裁剪、矢量数据栅格化等处理，将所有空间数据统一到 Albers 投影系下。（表 1）

表 1　海拔高程、坡度、地形起伏度分级及面积比例

等级	海拔高程		坡度		地形起伏度	
	分级/m	比例/%	分级/°	比例/%	分级/m	比例/%
Ⅰ	<200	5.65	<2	60.81	0~50	7.74
Ⅱ	200~500	2.02	2~6	28.04	50~100	6.94
Ⅲ	500~1000	7.21	6~15	10.52	100~200	40.05
Ⅳ	1000~3500	56.84	15~25	0.61	200~300	9.94
Ⅴ	>3500	28.28	>25	0.02	>300	35.32

（二）研究方法

1. 退耕指数

运用退耕指数表征 2000—2020 年黄河流域生态退耕程度。计算公式为：

$$K = \frac{\sum_{i=1}^{n} C_i}{C_a} \times 100\% \quad (1)$$

式中，K 为退耕指数，C_a 表示初期耕地面积，C_i 表示某种生态退耕类型的面积，即耕地分别向林地、草地、水域转换的面积，n 表示生态退耕类型的数量。

2. 空间分析方法

空间自相关分析是检验某一空间要素或某一空间要素属性值的空间分布状况与其临近空间区域之间关联程度的方法，本研究运用全局空间自相关分析方法（Global Moran's I 指数）检验黄河流域生态退耕在空间上是否聚集。① 计算公式为：

$$I = \frac{\sum_{i=1}^{n} \sum_{j=1}^{n} W_{ij}(X_i - \overline{X})(X_j - \overline{X})}{S^2 \sum_{i=1}^{n} \sum_{j=1}^{n} W_{ij}} \quad (2)$$

式中，n 为黄河流域县区数量，X_i 与 X_j 分别表示县区 i、j 的生态退耕面积，W_{ij} 为空间权重矩阵，S^2 为生态退耕面积的方差。Moran's I 取值范围为 $[-1,1]$，若值为正，则黄河流域生态退耕呈现空间聚集；若值为负，则表明生态退耕呈离散分布；若值为 0，则为随机分布。

采用热点探测分析（Getis-Ord G_i^*）测度 2000—2020 年黄河流域生态退耕的局部空间自相关特征，探测生态退耕在空间上的高/低值集聚特征。② 计算公式为：

$$Z(G_i^*) = \frac{G_i^* - E(G_i^*)}{\sqrt{V(G_i^*)}} \quad (3)$$

$$G_i^* = \sum_{j=1}^{n} W_{ij} X_j / \sum_{j=1}^{n} X_j \quad (4)$$

式中，$Z(G_i^*)$ 为生态退耕冷热点分析的统计检验值，G_i^* 为 Getis-Ord G_i^* 统计量，$E(G_i^*)$ 和 $V(G_i^*)$ 分别为 G_i^* 的期望值和方差，W_{ij} 为空间权重，X_j 为 j 县区生态退耕面积。若 $Z(G_i^*)>0$，表明生态退耕高值集聚，即热点区；若 $Z(G_i^*)<0$，表明生态退耕低值集聚，即冷点区。

三、黄河流域生态退耕的时空分异特征

（一）黄河流域生态退耕的时序变化特征

基于 ArcGIS10.4 空间分析模块进行 2000 年、2010 年、2020 年土地利用现状图叠置分析，汇总得到 2000—2020 年黄河流域退耕特征。（表 2 和图 2）

---

① 俞振宁、吴次芳：《基于 ESDA-GWR 的浙江省土地城镇化空间特征及影响因素分析》，《中国土地科学》2016 年第 3 期。

② 张立新、朱道林、杜挺等：《长江经济带土地城镇化时空格局及其驱动力研究》，《长江流域资源与环境》2017 年第 9 期。

表2 2000—2020年不同时段黄河流域退耕特征

研究时段	退耕总面积/km²	建设占用退耕		生态退耕		退耕指数/%
		面积/km²	比例/%	面积/km²	比例/%	
2000—2010年	16277.90	4872.08	29.93	10287.63	63.20	3.98
2010—2020年	7715.27	5279.96	68.44	2380.78	30.86	0.95
2000—2020年	23550.03	10074.25	42.78	12339.04	52.40	5.04

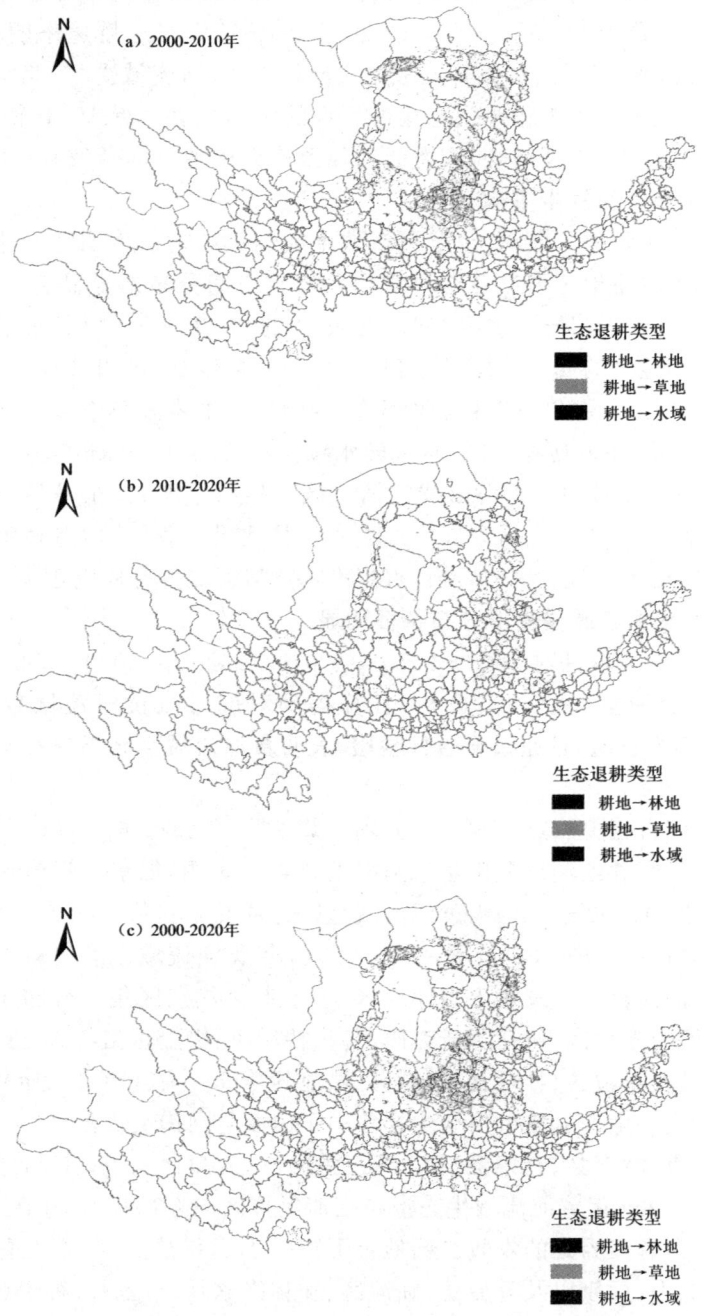

图2 2000—2020年黄河流域不同时段生态退耕分布图

2000—2020 年黄河流域耕地面积由 258680.37 km² 减少到 244765.21km²,建设占用耕地面积为 10074.25km²,占退耕总面积的 42.78%;生态退耕面积为 12339.04km²,占退耕总面积的 52.40%。研究时段内,黄河流域年均生态退耕面积为 616.95km²,退耕指数为 5.04%。其中,2000—2010 年黄河流域生态退耕面积为 10287.63km²,占退耕总面积的 63.20%,年均生态退耕面积为 1028.76km²,退耕指数为 3.98%。2010—2020 年生态退耕面积为 2380.78km²,占退耕总面积的 30.86%,年均生态退耕面积为 238.08km²,退耕指数为 0.95%。可见,2000—2010 年生态退耕速率明显高于 2010—2020 年生态退耕速率,表明西部大开发战略实施以来,黄河流域受"三北"防护林建设、退耕还林还草工程、山川秀美工程等生态建设工程的影响显著。近 10 年来,黄河流域经济社会持续发展,人口数量不断增长,人类活动导致建设用地空间持续扩张,绿色生态空间不断萎缩,农业耕作空间发生重构。

随着生态退耕工程的不断深入,黄河流域土地利用结构发生明显变化。2000—2020 年黄河流域生态退耕耕地主要转化为林地、草地,且空间分布差异显著。(图 2)其间,耕地转草地面积为 7032.10 km²,占生态退耕总面积的 68.35%,主要分布于陕西北部和内蒙古交界农牧交错地区的四子王旗、固阳县、横山县、靖边县、延川县等县(旗);耕地转林地面积为 2345.02 km²,占生态退耕总面积的 22.79%,主要分布于黄土高原低山丘陵地区的宜川县、宝塔区、甘泉县等县区;耕地转水域面积为 910.08 km²,占生态退耕总面积的 8.85%,主要分布于黄河中下游沿线的河口区、单县、东明县、东平县、垦利区等县区。进入 21 世纪以来,黄河流域先后开展"三北"防护林建设工程、荒山造林工程和山川秀美工程,促使耕地向林地、草地、水域转换,直接影响黄河流域生态环境建设。

(二)黄河流域生态退耕集群分布特征明显

基于 ArcGIS10.4 软件对 2000—2010 年、2010—2020 年、2000—2020 年黄河流域生态退耕面积进行全局空间自相关分析,计算得到对应时段黄河流域生态退耕的全局 Moran's I 指数均为正值,且通过显著性检验,表明黄河流域生态退耕在空间分布上具有明显的集聚性。

运用局部空间自相关热点探测分析分别计算 2000—2020 年不同时段黄河流域生态退耕的局域 G_i^* 指数,并绘制研究区生态退耕的热点分布图,揭示黄河流域生态退耕的集群分布特征。(图 3)2000—2020 年黄河流域生态退耕热点区由西向东扩展,冷点区向黄河上游、下游地区扩展。图 3(a)显示,2000—2010 年黄河流域生态退耕主要发生在黄河上游向中游过渡的河套平原及黄土高原地区,生态退耕热点区集中分布于内蒙古、陕西、宁夏、甘肃等省区交界地区,包括鄂托克旗、乌拉特后旗、伊金霍洛旗、准格尔旗、托克托县、神木市、横山区、靖边县、甘泉县、庆城县、盐池县等 60 个县(市、区、旗);次热点区主要分布于热点区周边。生态退耕低值区主要集中于山西与河南交界地区,涉及平陆县、桓台县、阳城县、灵宝市、洛宁县、宜阳县、伊川县、登封市、孟津区、孟州市、原阳县等 78 个县(市、区)。2010—2020 年黄河流域生态退耕高值集聚区向东部扩张,于陕西省、内蒙古自治区、甘肃省、山西省交界处的农牧交错地带形成生态退耕热点区,主要包括内蒙古高原西部的乌拉特前、中、后旗以及五原县、临河区、和林格尔县、右玉县、神木市、榆阳区、子长市、延川县、延长县等 82 个县(市、区、旗);生态退耕低值区分别于黄河上游湟水谷地和黄河中下游交界的河谷平原地区形成两大冷点区,一是集聚于兰州、海东、西宁、海南、黄南等地市州形成的黄河上游生态退耕冷点区,二是集聚于陕西、山西、河南、山东等4省交界地区形成的黄河中下游生态退耕冷点区。这一时段生态退耕冷点区共涉及102个县(市、区),呈现典型的省域边缘集聚特征,次冷点区主要集聚于冷点区周边。

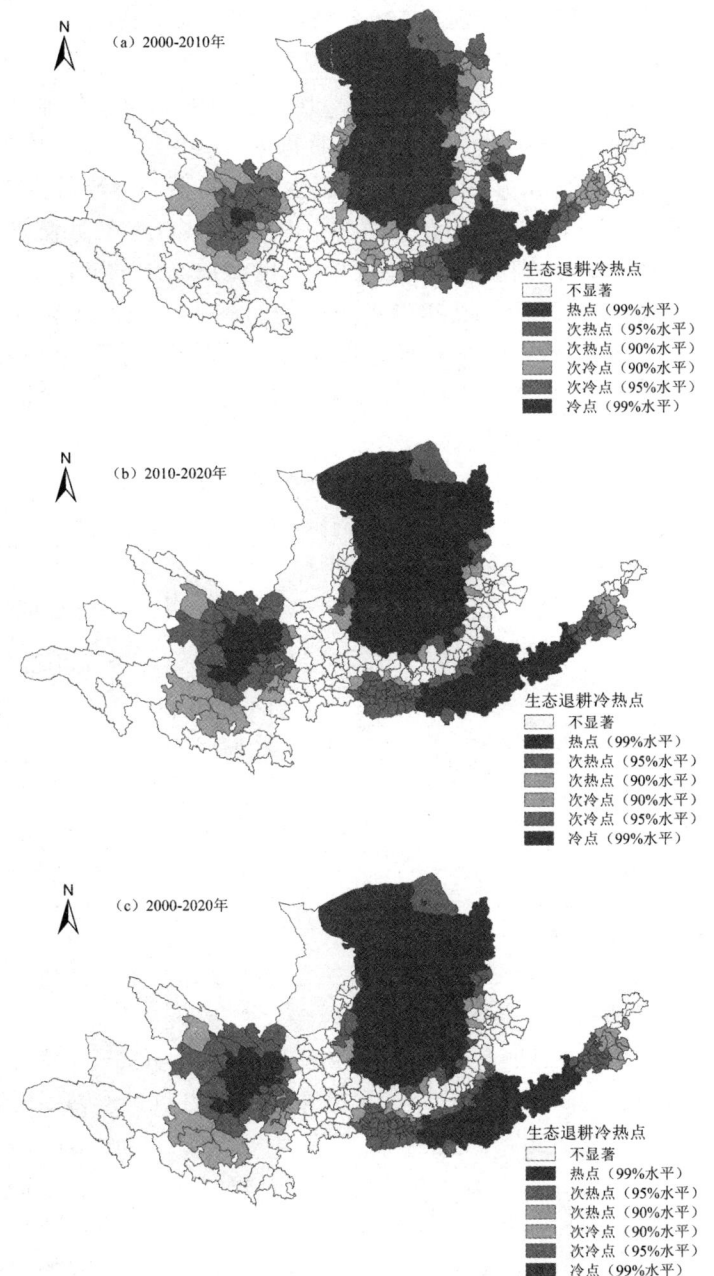

图3 2000—2020年黄河流域生态退耕水平空间格局

(三)黄河流域生态退耕地形梯度效应显著

基于ArcGIS软件平台,将不同时段生态退耕分别与不同地形梯度进行叠加分析,获

取每个地形梯度区的生态退耕分布情况。(分别见表3、表4和表5)

1. 生态退耕海拔高程梯度特征

2000—2020年黄河流域生态退耕的高程梯度效应显著(表3)。随着海拔高程的增加,耕地转林地、草地面积先增加后减少。退耕耕地向林地、草地转化主要发生于1000～3500m的高程梯度区,转换面积分别为1959.41km² 和6804.28km²,分别占生态退耕总面积的67.08%、83.06%,集中分布于宁夏、陕西、内蒙古、山西等省区交界处的农牧交错带;其次是高程为500～1000m低山丘陵区,退耕耕地向林地、草地转化面积分别为613.70km²和978.94km²,分别占生态退耕总面积的21.01%、11.95%;海拔高程200m以下的平原地区和海拔3500m以上的高山地区生态退耕面积分布较少。这主要是因为21世纪以来,国家相继推行了退耕还林还草、荒山造林、山川秀美工程等生态政策,推动了中国北方农牧交错带、黄土高原低山丘陵地区一定海拔高程梯度区的生态退耕。随着社会经济的发展和人口数量的增加,建设占用成为河谷平原地区耕地减少的主要原因。河流水系具有显著的低平指向性,耕地转水域面积呈现先减少后增加再减少的波动变化趋势。2000—2020年黄河流域退耕还水主要发生于海拔200m以下的河流谷地,主要分布于黄河干流及其主要支流沿岸地区。

表3 2000—2020年生态退耕的高程梯度特征

生态退耕类型	时段	不同高程分级区退耕面积比例/%				
		<200m	200～500m	500～1000m	1000～3500m	>3500m
耕地→林地	2000—2010年	1.91	10.22	20.91	66.88	0.08
	2010—2020年	1.97	9.49	24.52	63.90	0.12
	2000—2020年	1.85	9.93	21.01	67.08	0.14
耕地→草地	2000—2010年	2.27	1.97	9.85	85.22	0.70
	2010—2020年	1.16	2.74	12.71	83.04	0.35
	2000—2020年	1.37	3.00	11.95	83.06	0.62
耕地→水域	2000—2010年	56.80	8.83	8.63	21.50	4.24
	2010—2020年	46.58	9.25	10.94	32.72	0.51
	2000—2020年	57.16	7.02	8.09	22.94	4.78

2. 生态退耕的坡度梯度特征

2000—2020年黄河流域生态退耕的坡度梯度效应显著(表4)。随着坡度的增加,耕地转林地面积先增加后减少。退耕耕地向林地转化主要发生于2—6°、2°以下坡度梯度区,转换面积分别为1564.20km²和970.94km²,分别占生态退耕总面积的53.55%、33.24%,集中分布于黄土高原与内蒙古高原交界地区的农牧过渡带。退耕耕地向草地、水域的转化随着坡度的增加而减少,主要发生于坡度2°以下坡度梯度区,转换面积分别为4617.83km²和892.41km²,分别占生态退耕总面积的56.37%、72.79%。其中,耕地转草地主要分布于陕北榆林市境内农牧过渡地区以及内蒙古境内河套平原地区,耕地转水域主要分布于黄河下游地区。随着山东省国际湿地城市建设进程的推进,黄河下游引黄灌区、黄河三角洲地区退耕还湿分布较为广泛。总体来看,从2000—2010年到2010—2020年退耕还林、还草、还湿呈现向更高坡度区扩展的趋势。

表 4 2000－2020 年生态退耕的坡度梯度特征

生态退耕类型	时段	不同坡度分级区退耕面积比例/%				
		<2°	2°～6°	6°～15°	15°～25°	>25°
耕地→林地	2000－2010 年	37.77	49.43	11.91	0.83	0.06
	2010－2020 年	33.24	52.80	12.95	0.86	0.15
	2000－2020 年	33.24	53.55	12.39	0.76	0.06
耕地→草地	2000－2010 年	68.59	28.20	2.67	0.32	0.22
	2010－2020 年	62.75	34.21	2.92	0.11	0.01
	2000－2020 年	56.37	40.02	3.47	0.13	0.01
耕地→水域	2000－2010 年	72.36	13.20	6.09	4.21	4.14
	2010－2020 年	78.37	15.6	5.29	0.43	0.21
	2000－2020 年	72.79	11.22	6.56	4.74	4.68

3. 生态退耕的地形起伏度梯度特征

2000－2020 年黄河流域生态退耕的地形起伏梯度效应显著(表5)。随着地形起伏度的增加，耕地转林地、草地面积先增加后减少。退耕耕地向林地、草地转化主要发生于 100～200m 地形起伏梯度区，转换面积分别为 1419.90km² 和 5595.14km²，分别占生态退耕总面积的 48.61%、68.30%，集中分布于黄土高原与内蒙古高原交界地区的农牧过渡带。退耕耕地向水域的转化随着地形起伏度的增加，呈现先减少后增加再减少的波动变化趋势。耕地转水域主要分布于 0～50m 地形起伏梯度区，退耕还水面积为 901.60km²，占生态退耕总面积的 73.54%。

表 5 2000－2020 年生态退耕的地形起伏度梯度特征

生态退耕类型	时段	不同地形起伏度分级区退耕面积比例/%				
		0～50m	50～100m	100～200m	200～300m	>300m
耕地→林地	2000－2010 年	12.28	17.67	50.67	12.86	6.44
	2010－2020 年	11.33	20.40	49.95	13.09	5.24
	2000－2020 年	12.04	18.17	48.61	13.10	8.09
耕地→草地	2000－2010 年	4.80	10.70	74.45	6.55	3.50
	2010－2020 年	3.89	13.45	73.13	6.49	3.04
	2000－2020 年	4.41	12.51	68.30	10.30	4.49
耕地→水域	2000－2010 年	72.99	4.45	18.25	2.19	2.12
	2010－2020 年	55.96	8.76	30.84	1.60	2.84
	2000－2020 年	73.54	3.23	18.21	2.39	2.63

四、结论与讨论

本文运用 GIS 空间分析方法分析了 2000－2020 年黄河流域生态退耕的时空分异特征，得到以下结论：

(1) 2000－2020 年黄河流域生态退耕面积为 12339.04km²，占退耕总面积的 52.40%，退耕指数为 5.04%。退耕耕地主要转化为林地、草地和水域，其中转化为草地的面积占生态退耕面积的 68.36%，主要分布于陕西北部和内蒙古交界农牧交错地区的四子王旗、固阳县、横山县、靖边县、延川县等县（旗）；转化为林地的面积占生态退耕面积的22.80%，主要分布于黄土高原低山丘陵地区的宜川县、宝塔区、甘泉县等县区；转化为水域的面积占生态退耕面积的8.85%，主要分布于黄河中下游沿线的河口区、单县、东明县、东平县、垦利区等县区。

（2）2000—2020年黄河流域生态退耕空间集聚性显著，生态退耕热点区由西向东扩展，冷点区向黄河上游、下游地区扩展。生态退耕主要发生在黄河上游向中游过渡的河套平原及黄土高原地区，生态退耕低值区分别于黄河上游湟水谷地和黄河中、下游交界的河谷平原地区形成两大冷点区，呈现典型的省域边缘集聚特征。

（3）2000—2020年黄河流域生态退耕地形梯度效应显著。耕地转林地、草地主要分布于1000～3500m高程梯度区、6°以下坡度梯度区以及100～200m地形起伏梯度区，耕地转水域主要分布于200m以下高程梯度区、2°以下坡度梯度区以及0～50m的地形起伏梯度区。

生态修复工程与退耕政策是影响黄河流域生态退耕时空分异的重要因素。随着西部大开发战略的实施，黄河流域自1999年开始大规模实施退耕还林还草政策，山川秀美工程、荒山造林工程、"三北"防护林四期工程（2000—2010年）与五期工程（2010—2020年）等生态建设工程，截至2020年底完成生态退耕12339.04 km^2。结合生态退耕政策的演进，将研究时段划分为2000—2010年、2010—2020年两个阶段分别探究黄河流域生态退耕的空间分异特征。2000—2010年生态退耕政策的推行得到国家政府部门的有力支持，生态退耕强度显著高于2010—2020年时段。本文运用退耕指数模型、空间自相关、地形梯度等方法模型，探究2000—2020年黄河流域生态退耕的数量变化及其空间格局变化，以期为黄河流域生态保护与高质量发展提供科学参考。但本文仍有不足和还需完善之处，在选取地形梯度指标时主要选择海拔高程、坡度、地形起伏度等指标，在一定程度上忽略了坡向、坡形等地形梯度指标。此外，还需进一步探究生态退耕过程中退耕耕地与新增耕地之间的动态演变关系，确保生态退耕与粮食安全的协调性。如何准确的探究黄河流域生态退耕的时空分异特征还需深入的探讨。

Spatial and temporal differentiation characteristics of ecological restoration in the Yellow River Basin from 2000 to 2020

Sun Piling　Peng Tiantian　Shen Dandan

Abstract: Ecological restoration has a profound impact on land use structure and ecosystem services. It is of great significance for regional ecological protection and management to grasp the spatiotemporal pattern evolution characteristics of ecological restoration. Taking the Yellow River Basin as the study area, this study explores the spatiotemporal differentiation characteristics of ecological restoration in the Yellow River Basin during 2000-2020 with the methods of returned farmland index, and spatial autocorrelation analysis. The results showed that: (1) the total area of ecological restoration was 12339.04 km^2 in the Yellow River Basin during 2000-2020, accounting for 52.40% of the total area of returned farmland, and the returned farmland index was 2.46%. The farmland of the Yellow River Basin converted by ecological restoration mainly became forestland, grassland and water areas. (2) The spatial distribution of ecological restoration area was characterized by remarkable spatial agglomeration in the Yellow River Basin during 2000-2020. The hot spot areas of ecological restoration expanded from west to east, and the cold spot areas expanded to the upper and lower reaches of the Yellow River. The hot spot areas of ecological restoration were mainly distributed in the Hetao Plain and Loess Plateau from upper reaches to middle reaches of the Yellow River, while the low value areas of ecological restoration mainly occurred in the Huangshui valley of the upper reaches as well as river valley and plain bordering the middle and lower reaches of the Yellow River. (3) From 2000 to 2020, the topographical gradient effect of ecological restoration in the Yellow River Basin was significant. Moreover, the topographical gradient difference of farmland that converted to forestland, grassland, and water areas was notable as well.

Keywords: Ecological restoration; Spatiotemporal differentiation; Spatial autocorrelation analysis; Topographical gradient; the Yellow River Basin

黄土高原草地不同坡位配置对土壤侵蚀的影响研究*

李 勇　刘见波

摘要：黄土高原土壤侵蚀是制约黄河流域生态保护与高质量发展的重要环境因素，植被恢复的格局和配置方式对黄土高原土壤侵蚀控制具有重要作用，然而关于不同坡位配置植被对减流减沙的相对贡献研究较少。本文通过野外控制实验，分析了坡上、坡中、坡下不同部位草地群落的侵蚀特征。结果表明，降雨量和降雨强度是控制产流量和产沙量的主要因子，降雨历时与侵蚀变量无显著线性关系。各处理小区对比分析发现，裸地小区产流量、产沙量和泥沙浓度最高，草地全覆盖小区减流、减沙贡献率最高，分别为84.3%和91.5%；各坡位植被单一效应比较，坡下部的减流和减沙相对贡献率最高，分别为52.1%和13.6%，坡中部的相对贡献率最低，分别为5.5%和7.9%，然而，各坡位植被共存时的交互作用的减沙贡献率远高于坡下部，达到70.5%。因此，坡下部植被是减少径流的主要因子，而多部位植被共存的交互效应是导致泥沙量降低的主要因素，坡下部或者出水口位置的植被缺失将严重削弱土壤保持服务。

关键词：降雨侵蚀；水土流失；植被配置；减流减沙；相对贡献

作者简介：李勇（1976— ），男，陕西米脂人。天津师范大学地理与环境学院高级实验师，主要研究方向为地理综合实验技术。刘见波（1990— ），男，河北石家庄人。天津师范大学天津市水资源与水环境重点实验室助理研究员，主要研究方向为生态水文学。

土壤侵蚀造成大量土壤和养分的流失，引起土地退化、作物产量下降、农民生活贫困加剧等生态和社会经济问题。① 我国是世界上土壤侵蚀最为严重的国家之一，土壤侵蚀总面积达到295万km²。② 黄土高原是我国土壤侵蚀最严重的地区，也是黄河泥沙的主要来源。植被恢复是控制黄土高原土壤侵蚀的主要措施，1999年以来实施的"退耕还林

---

* 该项目系天津市教委科研计划项目（2019KJ091）的阶段性成果。

① Pimentel D, Harvey C, Resosudarmo P, et al, "Environmental and economic costs of soil erasion and conservation benefits," *Science*, 1995, 267, pp. 1117-1123.

② 史志华、王玲、刘前进等：《土壤侵蚀：从综合治理到生态调控》，《中国科学院院刊》2018年第33期。

还草工程"取得了显著的效果,90%以上区域的植被覆盖显著提升,使黄土高原土壤侵蚀状况得到显著改善,平均径流量降低 10.3mm/a,平均土壤保持率提升至 63.3%①,也使得黄河泥沙沉积量减少了 57%②。

植被配置和格局对土壤侵蚀控制具有重要作用③,影响着植被恢复的土壤保持服务。坡面植被配置方式受到广泛关注④,有研究发现植物板块棋盘式分布、垂直带状分布和平行带状分布能够有效降低 12~25%径流量和 58~92%侵蚀量⑤。坡面不同部位的植被配置也影响着土壤侵蚀过程,坡面自上而下乔+灌+草或乔+草+灌配置方式侵蚀量最大,而灌+乔+草方式侵蚀量最小⑥,说明总体植被覆盖率和类型相同情况下,不同部位的植被发挥了不同的土壤保持功能。然而,针对每一坡位的植被对减流、减沙的贡献率的研究较少,对不同部位植被共存时的交互作用机理认识不清。

本文通过对黄土高原典型坡面不同坡位植被配置的研究,揭示不同植被配置的产流、产沙效应,以期阐明不同部位植被的减流、减沙效应,明确植被在不同坡位的相对贡献和交互作用,从而为黄土高原地区植被恢复的可持续管理提供重要科学依据和理论支撑。

一、材料与方法

(一)研究区概况

本研究位于陕西省延安市宝塔区羊圈沟小流域(36°42′N,109°31′E),是黄土高原中部丘陵沟壑区典型小流域,属于延河流域左岸的二级支沟,碾庄沟流域的一级支沟。小流域总面积为 2.02 km²,内有一条南北走向的主沟和三条较大支沟,海拔变化范围为 1050~1295 m,地形起伏较大,地表破碎化严重。受温带半湿润半干旱地带性大陆季风气候影

---

① Fu B J, Wang S, Liu Y, et al, "Hydrogeomorphic ecosystem responses to natural and anthropogenic changes in the Loess Plateau of China," *Annual Review of Earth and Planetary Sciences*, 2017, 45, pp. 223-243.

② Wang S, Fu B, Piao S, et al, "Reduced sediment transport in the Yellow River due to anthropogenic changes," *Nature Geoscience*, 2016, 9, pp. 38-41.

③ Fu B J, Wang Y F, Lu Y H, et al, "The effects of land-use combinations on soil erosion: a case study in the Loess Plateau of China," *Progress in Physical Geography*, 2009, 33, pp. 793-804. 李勉、姚文艺、陈江南等:《坡面草被覆盖对坡沟侵蚀产沙过程的影响》,《地理学报》2005 年第 5 期。

④ Mayor A G, Bautista S, Small E E, et al, "Measurement of the connectivity of runoff source areas as determined by vegetation pattern and topography: a tool for assessing potential water and soil losses in dry land," *Water Resources Research*, 2008, 44, W10423.

⑤ Zhang G H, Liu G B, Zhang P C, et al, "Influence of vegetation parameters on runoff and sediment characteristics in patterned artemisia capillaris plots," *Journal of Arid Land*, 2014, 6, pp. 352-360.

⑥ Feng T J, Wei W, et al, "Assessment of the impact of different vegetation patterns on soil erosion processes on semiarid loess slopes," *Earth Surface Processes and Landforms*, 2018, 43, pp. 1860-1870.

响,年均太阳总辐射量为 5800 kJ/cm², 年均气温为 9.8℃。降雨量年际波动较大且年内分配不均,多年平均降雨量为 536 mm,变化范围为 330~959 mm。年内降雨量主要集中于 6—9 月,占全年总量的 70% 以上。降雨事件以小雨和中雨为主,发生频率分别为 80% 和 14%,约占总雨量的 64%。羊圈沟小流域的植被组成主要为退耕还林还草工程实施后的人工植被和自然恢复的次生植被为主,其中草地广泛分布于坡面中部和下部,是主要的植被恢复类型。羊圈沟小流域区域位置见图 1。

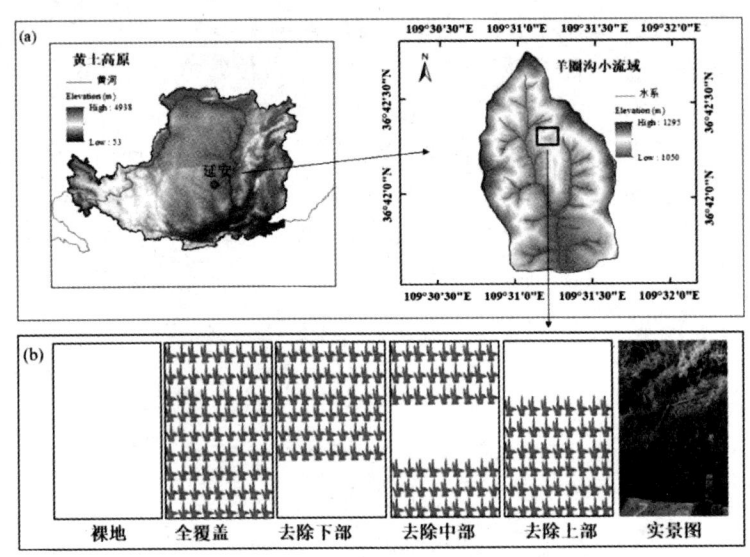

图 1 研究区位置图(a)与观测小区示意图(b)

(二)实验方案

在实验基地建立了 5 个径流小区,以自然恢复的混合草地群落为研究对象,设置了 5 种处理,分别是裸地、全覆盖、去除下部、去除中部、去除上部。其中小区内植被为自然次生草地,植物群落组成相似,全覆盖小区为初始状态,其余三种处理保持覆盖率相同,分别去除相应部位 1/3 的植物。小区的大小为 300 cm×150 cm,坡度约为 12.5°。

于 2020 年雨季进行降雨侵蚀监测,次降雨事件发生后,利用量筒测量产流量,并采集混合均匀后的径流样品,静止沉淀后,利用烘干法测量泥沙量,根据泥沙浓度计算总的产沙量。降雨数据利用自记雨量计(RG-3M)进行连续自动测量,雨量筒放置在临近区域的空地。

(三)数据分析

(1)减流量(Runoff reduction, RR)、减沙量(Sediment reduction, SR)和泥沙浓度减少量(Sediment concentration reduction, SCR)

$$RR_i = R_b - R_i \tag{1}$$

$$SR_i = S_b - S_i \tag{2}$$

$$SCR_i = C_b - C_i \tag{3}$$

其中,RR_i、SR_i 和 SCR_i 分别表示不同处理的减流量(mL)、减沙量(g)和泥沙浓度减少量(g/L), R_i、S_i 和 C_i 分别表示不同处理的产流量、产沙量和泥沙浓度, R_b、S_b 和 C_b 分别表示裸地的产流量、产沙量和泥沙浓度。

（2）不同处理控制土壤侵蚀的贡献率(%)

减流贡献率（Contribution to runoff reduction, CR）、减沙贡献率（Contribution to sediment reduction, CS）和减泥沙浓度贡献率（Contribution of concentration reduction, CC）(单位：%)计算公式为：

$$CR_i = \frac{(R_b - R_i)}{R_b} \times 100\% \quad (4)$$

$$CS_i = \frac{(S_b - S_i)}{S_b} \times 100\% \quad (5)$$

$$CC_i = \frac{(C_b - C_i)}{C_b} \times 100\% \quad (6)$$

其中，CR_i、CS_i 和 CC_i 分别为不同处理（OR、RC 和 IC）的减流贡献率、减沙贡献率和减泥沙浓度贡献率。

（3）各部位控制土壤侵蚀的贡献率(%)

$$E_{上} = CR_{全} - CR_{去上} \quad (7)$$

$$E_{中} = CR_{全} - CR_{去中} \quad (8)$$

$$E_{下} = CR_{全} - CR_{去下} \quad (9)$$

$$CR_{全} = E_{上} + E_{中} + E_{下} + \varepsilon \quad (10)$$

其中，$E_{上}$、$E_{中}$、$E_{下}$、ε 分别表示上部、中部、下部和交互作用的减流贡献率(%)，$CR_{全}$ 表示全覆盖的减流贡献率。各部位的减沙贡献率和降低泥沙浓度贡献率计算方法与减流贡献率相似，其方程式可参考方程(7)－(10)形式。

（4）各部位植被控制土壤侵蚀的相对贡献率(%)

$$RE_i = \frac{E_i}{CR_{全}} \times 100\% \quad (11)$$

其中，RE_i 表示各部位植被的减流相对贡献率(%)。减沙和降低泥沙浓度相对贡献率计算公式与(11)类似。

数据的统计分析利用 Spss 19.0 进行实现，正态性检验利用 Shapiro-Wilk 检验，利用方差分析判定差异性，并利用 S-N-K 法进行两两比较，检验的标准为 $p < 0.05$，线性拟合与作图利用 Origin 2020 操作。

二、结果与讨论

（一）次降雨侵蚀事件特征分析

表1统计了9次降雨侵蚀事件的基本特征，降雨量的变化范围较大，从 0.8mm 到 30.2mm，其平均值为 9.5mm，标准差为 9.6mm；各事件的降雨历时均值为 453.4min，其时间跨度从 29.6min 到 931.5min，标准差为 312.0min，低于平均值；平均雨强最小值仅为 0.007mm/min，最大值为 0.062mm/min，平均值为 0.022mm/min；最大 30min 雨强

(I_{30})均值为 0.096mm/min,远高于雨强平均值,其最大值达到 0.247mm/min。

表 1 次降雨事件的降雨特征

降雨事件	数量/次	取值	降雨量/mm	降雨历时/min	平均雨强 /mm·min^{-1}	I_{30} /mm·min^{-1}
全部降雨事件	9	平均值	9.5	453.4	0.022	0.096
		最大值	30.2	931.5	0.062	0.247
		最小值	0.8	29.6	0.007	0.020
		标准差	9.6	312.0	0.017	0.080

(二)降雨和侵蚀特征关系

如图 2 所示,统计了不同次降雨事件下,各类型小区的总平均产流量、产沙量和泥沙浓度。结果表明,平均产流量和平均产沙量与侵蚀事件的降雨量有很好的对应关系,而平均泥沙浓度的变化趋势与降雨量差异较大。其中,第 4 场降雨量最大,为 30.2mm,事件的平均产流量和平均产沙量最高,分别为 4250.8mL 和 5.58g;第 2 场降雨量较大,为 18.6mm,约为第 4 场降雨量的 62%,其平均产流量和平均产沙量分别为 1757.6mL 和 0.89g,仅达到第 4 场的 41% 和 16%。然而,这两场降雨事件的平均泥沙浓度分别仅为 0.9g/L 和 0.55g/L,均远远小于其他次降雨事件。平均泥沙浓度最高值发生于第 5、6、7 场降雨事件,其浓度高达 5.06~10.43g/L,约为第 4 场和第 2 场的 5~19 倍,并且第 5、6、7 场的降雨量最低,仅为 0.8~2.4mm。说明在较大降雨量事件发生时,更容易造成较大产流量和产沙量的侵蚀事件,但是此类事件的含沙量较低;而较小降雨量事件发生时,虽然侵蚀事件的产流量和产沙量较小,但其含沙量却很高

图 3 展示了次降雨事件的降雨量(mm)、降雨历时(min)、平均雨强(mm/min)和 I_{30}(mm/min)这四种降雨特征参数与平均产流量(mL)的线性关系。结果表明,平均产流量随着降雨参数的增大,呈现增加的趋势。降雨量与平均产流量具有显著的线性相关关系($p<0.05$),其线性拟合决定系数 R^2 高达 0.94,为四种降雨参数中的最高值,说明降雨量与平均产流量的拟合程度最好,也是影响产流的主要控制因子之一。降雨历时与平均产流量之间的线性关系不显著($p>0.05$),并且两者间的决定系数 R^2 仅为 0.12,说明线性拟合程度较差,降雨历时并不能直接决定产流量的大小,尤其是极端降雨情况下,产流量与降雨历时没有直接地关联。平均雨强与平均产流量具有显著线性相关关系($p<0.05$),其决定系数 R^2 为 0.74,拟合程度较好,但是从图中可以看出各数据点距离拟合线较分散,存在很大不确定性。然而,I_{30} 与平均产流量之间线性关系比平均雨强的拟合程度更好,其决定系数 R^2 为 0.83,从图中也可以看出各数据点靠近拟合线两侧,说明 I_{30} 能够显著影响平均产流量($p<0.05$),比平均雨强更适合用于分析降雨强度和产流量的关系。

图 4 展示了次降雨事件的降雨量(mm)、降雨历时(min)、平均雨强(mm/min)和 I_{30}(mm/min)这四种降雨特征参数与平均产沙量(g)的线性关系。结果表明,四个降雨参数与平均产沙量的线性关系变化趋势与平均产流量相似,其中降雨量、平均雨强和 I_{30} 的显著性水平均为 $p<0.05$,而降雨历时仍旧不显著;各参数与平均产沙量之间的决定系数 R^2 均要比平均产流量小,降雨量、降雨历时、平均雨强和 I_{30} 的决定系数 R^2 分别为 0.76、0.07、0.69 和 0.62。

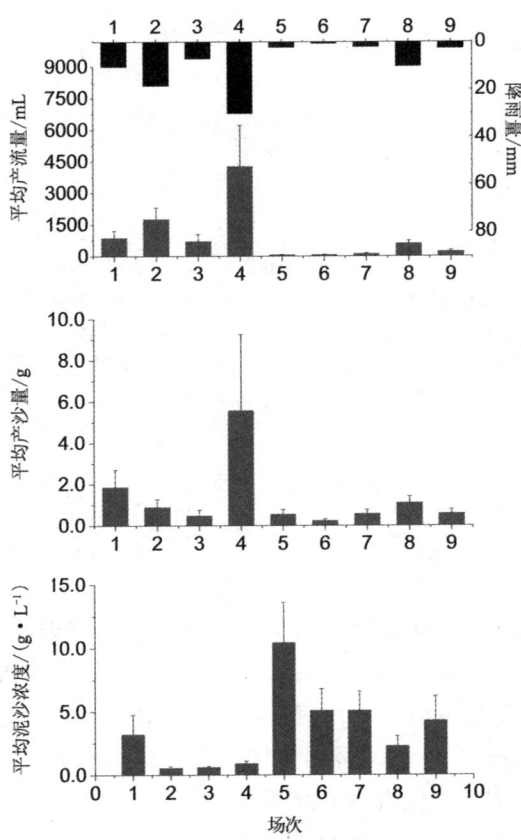

图 2 次降雨事件下侵蚀变量特征分析

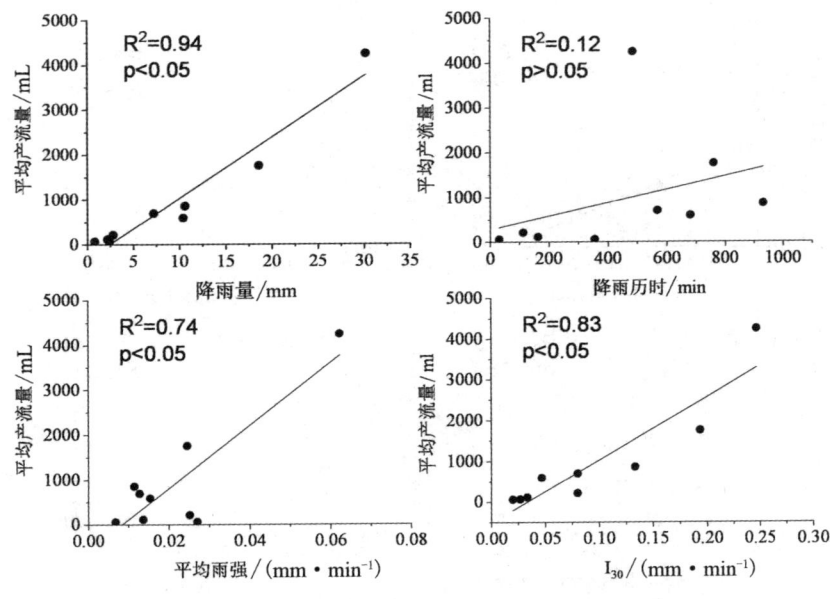

图 3 次降雨参数与平均产流量之间的关系

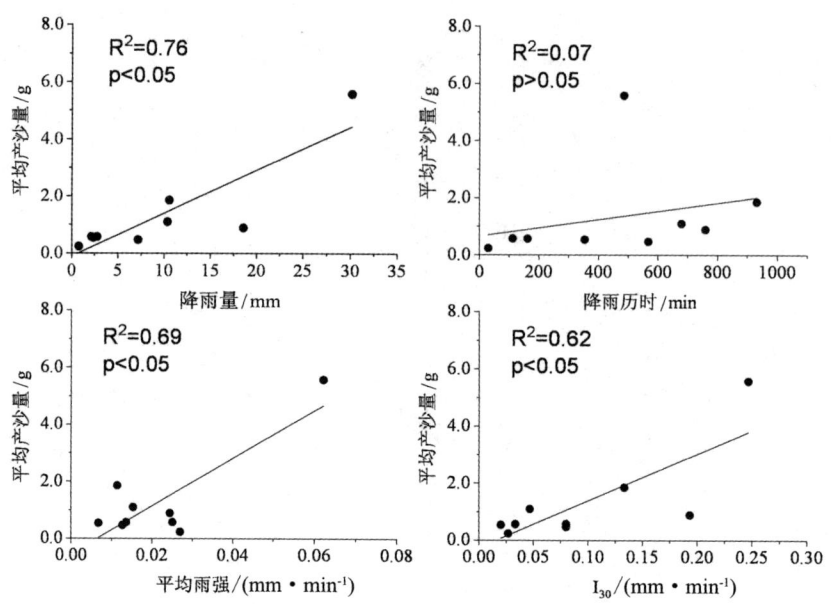

图 4　次降雨参数与平均产沙量(g)之间的关系

图 5 展示了次降雨事件的降雨量(mm)、降雨历时(min)、平均雨强(mm/min)和 I_{30} (mm/min)这四种降雨特征参数与平均泥沙浓度(g/L)的线性关系。从图中可以看出,与平均产流量和平均产沙量不同,平均泥沙浓度随着各降雨参数增大,均呈现下降趋势。说明降雨参数与平均泥沙浓度之间存在负相关性,并且均未达到显著性水平($p \geqslant 0.05$)。从线性拟合程度看,平均雨强的决定系数 R^2 最小,仅为 0.19;I_{30} 的决定系数 R^2 最大,为 0.44;降雨量的决定系数 R^2 为 0.41,并且三者 R^2 的数值均远小于平均产流量和平均产

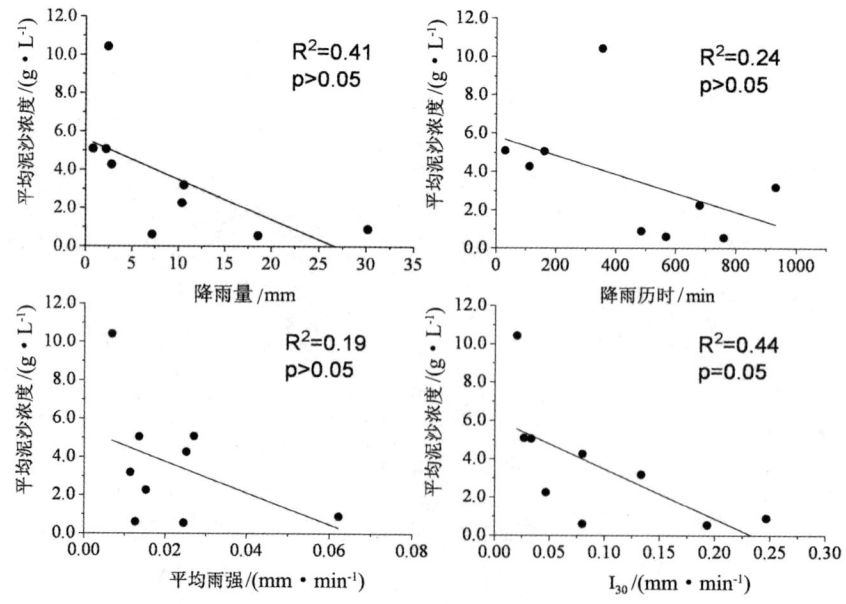

图 5　次降雨参数与平均泥沙浓度(g/L)之间的关系

沙量;然而,降雨历时的决定系数 R^2(0.24)呈现相反趋势,高于平均产流量和平均产沙量。说明降雨量和强度指标对含沙量的影响小于产流量和产沙量,而降雨历时对含沙量的影响高于产流量和产沙量。

(三)不同处理小区的土壤侵蚀特征

表2展示了不同处理小区的年总产流量(mL)、年总产沙量(g)和年均泥沙浓度泥沙浓度(g/L)以及相对裸地的减少量。从表中可以看出,年总产流量和年总产沙量在不同处理小区之间均呈现裸地>去除下部>去除上部>去除中部>全覆盖,年均泥沙浓度的变化趋势有所差异,呈现出裸地>去除中部>全覆盖>去除上部>去除下部。裸地小区的年总产流量和年总产沙量分别为18699mL和36.72g,是全覆盖小区的6.4倍和11.7倍,说明植被覆盖导致了产流量、产沙量的显著下降。并且,去除上、中、下部植被的小区之间的产流量、产沙量和泥沙浓度之间的差异性,表明不同部位的植被所发挥的水土保持功能有所差异,而对这种差异的研究能够加深对坡面植被与土壤侵蚀机理的认识,从而为坡面植被恢复提供科学依据。

通过对比不同处理小区的侵蚀特征量的变化,发现全覆盖小区的年减流、减沙量最高,分别为15768mL和33.58g,年均泥沙浓度也降低到了0.89g/L;在三种人工干扰小区中,去除中部处理小区的减流量和减沙量最高,分别为14908mL和30.94g,其泥沙浓度减少量最低,仅为0.44g/L;其次为去除上部处理小区,其减流量和减沙量与去除中部处理相近,分别为12160mL和30.87g,但是泥沙浓度减少量却明显高于去除中部处理,达到1.07g/L;相比前两者之间较小的差异,去除下部处理后小区的减流量和减沙量明显低于其余两种处理,分别仅为7559mL和29.03g,泥沙浓度减少量反而最大,为1.27g/L。以上结果说明,全覆盖小区的减流、减沙效果最明显;然而,在植被覆盖率相同情况下,去除下部植被后小区的减流、减沙效果最低,但是能有效减少含沙量,而去除中部植被后小区的减流、减沙效应最高,但是对于含沙量的减少效果不明显。

表2 不同处理小区的年总产流量、年总产沙量和年均泥沙浓度

处理类型	年总产流量/mL	年总产沙量/g	年均泥沙浓度/(g·L^{-1})	减少量		
				年产流量/mL	年产沙量/g	年均泥沙浓度/(g·L^{-1})
裸地	18699	36.72	1.96			
全覆盖	2931	3.14	1.07	15768	33.58	0.89
去除上部	6539	5.85	0.89	12160	30.87	1.07
去除中部	3791	5.78	1.53	14908	30.94	0.44
去除下部	11140	7.69	0.69	7559	29.03	1.27

(四)不同处理小区对土壤侵蚀的贡献率

如图6所示,不同处理小区的减流贡献率、减沙贡献率和降低泥沙浓度贡献率变化趋势有所差异。减流贡献率呈现去除下部<去除上部<去除中部<全覆盖的变化趋势,全覆盖小区的减流贡献率高达84.3%,表明植被能够有效拦截大部分径流。去除中部小区的减流贡献率为79.7%,高于去除上部小区的65.0%,说明相比植被同时覆盖在坡面上部和下部,其拦截径流效果要优于同时覆盖在坡面中部和下部。去除下部小区的减流贡献率最低,仅为40.4%,说明植被仅覆盖在坡面上部和中部只能拦截小部分径流,下部为

径流的"汇"区,临近坡底或者出水口位置的植被缺失对拦截径流的影响最大,这与以往研究结论一致。①

减沙贡献率变化趋势也表现为去除下部＜去除上部＜去除中部＜全覆盖,但是各处理小区的减沙贡献率保持79%以上,均高于减流贡献率水平。其中,全覆盖小区的减沙贡献率达到91.5%,几乎能减少绝大部分的土壤流失。去除中部小区的减沙贡献率为84.2%,略高于去除上部小区的84.1%,说明植被覆盖于坡面上部和下部的减沙效果优于同时覆盖于中部和下部,表明坡面上部区域植被缺失比中部区域会产生更多的径流和泥沙,为土壤侵蚀的"源"。去除下部小区的减流贡献率为79.1%,说明坡面上部和中部植被够有效拦截大部分泥沙的产生,同时坡面下部植被缺失对土壤侵蚀"汇"集能力具有重要影响,下部植被的拦沙效应也被以往研究者所认可。②

降低泥沙浓度贡献率在不同小区之间的趋势与减流和减沙均不一致,表现为去除中部＜全覆盖＜去除上部＜去除下部,其贡献率介于22%至65%之间。其中去除下部小区贡献率最高为64.8%,其主要原因与此处理小区的减流贡献率过低有关,导致径流拦截较少,泥沙拦截较多,从而造成含沙量显著下降;反之,去除中部和全覆盖小区降低泥沙浓度贡献率分别仅为22.3%和45.5%,主要是这两种处理小区减流贡献率很高,使大量径流被拦截,虽然减沙率也高,但是在减沙率与其他小区差别较小情况下,导致径流拦截的作用被放大,从而造成含沙量相对较高,泥沙浓度降低效果不明显。

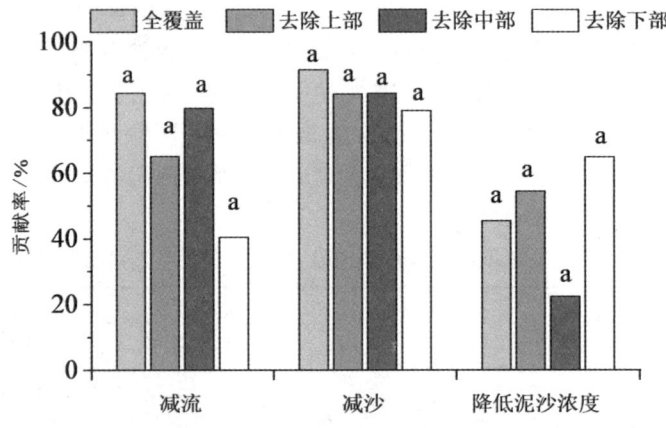

图6 不同处理小区的减流贡献率、减沙贡献率和降低泥沙浓度贡献率

---

① 游珍、李占斌、蒋庆丰:《坡面植被分布对降雨侵蚀的影响研究》,《泥沙研究》2005年第6期。
② Bautista S, Mayor A G, Bourakhouadar J, et al, "Plant spatial pattern predicts hillslope semiarid runoff and erosion in a Mediterranean landscape", *Ecosystems*, 2007, 10(6), pp. 987-998. Ludwig J A, Tongway D J, Marsden S G, "Stripes, strands or stipples: Modelling the influence of three landscape banding patterns on resource capture and productivity in semi-arid woodlands, Australia", *Catena*, 1999, 37, pp. 257-273.

(五) 径流小区不同部位植被的贡献率

表3展示了径流小区内不同部位植被控制土壤侵蚀的单一和交互作用贡献率。图7显示了各组分的相对贡献率。全覆盖植被的贡献率由上、中、下三部分植被的单一贡献率以及三者共存的交互作用的贡献率构成。从表3中可以看出,小区下部植被的减流贡献率最高,达到43.90%,占总贡献率的52.06%(图7),说明坡面下部植被的减流效应最高。小区上部植被的减流贡献率仅次于下部植被,达到19.30%,占总贡献率的22.88%(图7)。游珍等[①]也发现坡地植被的保水保土作用比坡顶植被分别高2.4倍和2.8倍,与本文结论一致。以上分析表明,坡面上部为径流"源"区,下部为径流"汇"区,植被布置于径流的"源—汇"区域会产生更好的拦蓄径流、涵养水源的效果。小区中部植被的减流贡献率最低,仅为4.60%,占总贡献率的5.45%(图7),说明单独在坡面中部布置植被对于拦截径流的效果不明显。各部位共存的交互作用对减流贡献率为16.53%,占总贡献率的19.60%(图7),说明各部位植被共存的综合减流效应也发挥了重要的作用。

表3 小区植被配置各组分对土壤保持的贡献率

功能类型	各组分贡献率/%			
	上部	中部	下部	交互作用
减流	19.30	4.60	43.90	16.53
减沙	7.39	7.21	12.40	64.46
降低泥沙浓度	-8.96	23.18	-19.36	50.63

上、中、下部植被的单一减沙贡献率也呈现出下部>上部>中部,介于7%—14%之间。其中,小区下部植被的减沙贡献率为12.40%,占总贡献率的13.56%(图7);上部植被减沙贡献率为7.39%,占总贡献率的8.08%;中部植被减沙贡献率为7.21%,占总贡献率的7.88%(图7)。李勉等[②]也发现草被位于坡下部时产沙量最小,与本研究结论一致,但是其认为坡上部产沙量最大,与本文中所讲坡中部减沙贡献率最小,结论略有不同。本研究结论表明泥沙的"源—汇"坡面格局效应与径流相似,坡面下部植被具有更重要的拦截泥沙的作用。然而,各部位植被共存的交互作用才是坡面植被能够有效减少大部分泥沙的关键因子。交互作用的减沙贡献率高达64.46%,占总贡献率的70.48%(图7),说明单一部位的植被配置能够减弱土壤侵蚀,但是拦沙能力有限,只有多部位共存,才能放大植被控制土壤流失的效应。但是,以往研究中对各部位植被的交互效应关注较少[③],需要更多的研究来解析交互作用的机理。

各部位植被降低泥沙浓度的贡献率具有极大的变异性,其中上部和下部植被的贡献率为负值,分别为-8.96%和-19.36%,分别占总贡献率的-19.70%和-42.56%(图

---

① 游珍、李占斌、蒋庆丰:《坡面植被分布对降雨侵蚀的影响研究》,《泥沙研究》2005年第6期。
② 李勉、姚文艺、陈江南等:《坡面草被覆盖对坡沟侵蚀产沙过程的影响》,《地理学报》2005年第5期。
③ 徐海燕、赵文武、朱恒峰等:《黄土丘陵沟壑区坡耕地与草地不同配置方式的侵蚀产沙特征》,《中国水土保持科学》2009年第3期。Feng T J, Wei W, et al, "Assessment of the impact of different vegetation patterns on soil erosion processes on semiarid loess slopes", *Earth Surface Processes and Landforms*, 2018, 43, pp.1860-1870.

7),说明这两部位单一存在情况下不仅不能降低泥沙浓度,反而会增加径流的含沙量。而中部植被的贡献率为 23.18%,占总贡献率的 50.96%(图 7),交互作用的贡献率为 50.63%,占总贡献率的 111.30%(图 7),说明中部植被能够有效降低径流含沙量。造成这种结果的原因,除了各部位减流、减沙贡献率差异性的表象原因外,还可能与中部植被处于径流流通区域,影响汇流路径连通性,能够对泥沙的输移过程产生更大的作用有关①,多部位植被共存的交互效应是导致径流含沙量降低的主要因素。

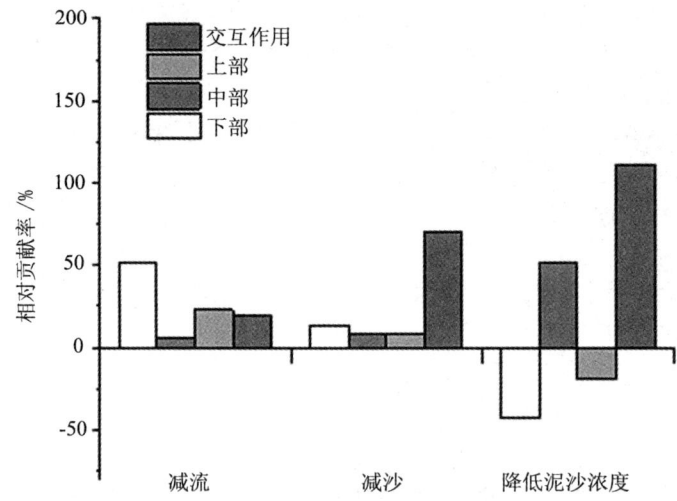

图 7 坡面小区植被配置各部位对土壤保持的相对贡献率

三、结 论

本文通过降雨侵蚀观测实验,分析了不同植被格局处理小区的侵蚀特征,揭示了坡面上、中、下不同部位植被控制土壤侵蚀的贡献率,以及不同植被配置对植被恢复效果的影响。

(1)降雨量、平均雨强和最大 30min 雨强与平均产流量和平均产沙量具有显著的线性关系,与泥沙浓度的线性关系不显著;降雨历时与三种侵蚀特征均无显著线性关系。

(2)裸地小区的年产流量和产沙量最大,植被全覆盖小区的年减流量和减沙量最高,减流和减沙贡献率最高,去除下部植被处理后小区的减流量和减沙量明显低于去除上部和中部处理小区。

(3)去除下部小区的减流和减沙贡献率最低,临近坡底或者出水口位置的植被缺失对拦截径流和泥沙的影响最大。

---

① Mayor A G, Bautista S, Small E E, et al, "Measurement of the connectivity of runoff source areas as determined by vegetation pattern and topography: a tool for assessing potential water and soil losses in dry land", *Water Resources Research*, 2008, 44, W10423. Bautista S, Mayor A G, Bourakhouadar J, et al, "Plant spatial pattern predicts hillslope semiarid runoff and erosion in a Mediterranean landscape", *Ecosystems*, 2007, 10(6), pp.987-998.

(4) 不同部位植被的减流和减沙贡献率均呈现下部＞上部＞中部,其中各部位共存的交互作用的减流贡献率低于下部,而减沙和降低泥沙浓度贡献率远高于下部。因此坡下部植被是减少径流的主要因子,而多部位植被共存的交互效应是导致泥沙量降低的主要因素。

　综上,坡面植被对土壤侵蚀的影响受到植被配置格局和坡位的控制,受到土壤侵蚀"源—汇"格局的影响,坡面上部和下部植被发挥了更重要的作用,尤其是坡面下部或者出水口位置植被缺失将严重削弱土壤保持服务。

Effect of Different Grass Patterns on Soil Erosion on the Loess Plateau

Li Yong　Liu Jianbo

Abstract: Soil erosion on the Loess Plateau was the important environmental factor to limit ecological protection and high-quality development in the Yellow River Basin. The patterns of vegetation restoration played an important role in controlling soil erosion on the Loess Plateau. However, rare studies have been carried out about the relative contribution of vegetation patterns in different slope position to runoff and sediment reduction. This study analyzed the erosion characteristics of grassland communities in the upper, middle and lower position in the slope through field control experiments. The results showed that rainfall amount and intensity were the key factors to control runoff and sediment, but rainfall duration showed insignificant linear relationship. Comparing the different treatment plots, we found that runoff, sediment yield and concentration were highest in the bare plot. The plot with whole grass cover showed the highest contribution of 84.3% and 91.5% for runoff and sediment reduction, respectively. As to the single effect of different position vegetation, the lower slope vegetation had the highest relative contribution values of 52.1% and 13.6% for runoff and sediment reduction, respectively, while the middle slope vegetation showed the lowest relative contribution values of 5.5% and 7.9%, respectively. However, the interaction of different position vegetation contributed 70.5% of sediment reduction, which was largely higher than the lower slope vegetation. As a result, the lower slope vegetation was the key factor in reducing runoff, and the interaction of the three position vegetation was the key factor leading to sediment reduction. The loss of vegetation at the lower slope or outlet location would severely weaken the soil conservation service.

Key words: rainfall erosion; soil and water loss; vegetation pattern; runoff and sediment reduction; relative contribution

天与人不相胜
——庄子的天人观及生态价值*

秦 晓

摘要:庄子的天人观是理解庄子哲学的重要内容。庄子天人观的基础是自然之天,肯定自然世界的客观存在,承认"万物有常然"的自然本性。在此基础上庄子提出"无以人灭天",要求人顺应天道自然,遏制人的私欲膨胀和任意妄为。庄子天人观的归宿是天人合一,"入于寥天一"彰显万物内在价值的平等,体现逍遥自由的理想境界。"天与人不相胜"的天人观对现代生态保护有重要的启示意义,关爱和保护自然的理念与现代环境哲学相一致,为人与自然和谐共处提供思想的借鉴。

关键词:庄子;天人观;天人合一;生态价值;环境保护

作者简介:秦晓(1990—),男,陕西安康人,西北大学中国思想文化研究所博士生,主要从事先秦思想史和环境哲学研究。

庄子的天人观是理解庄子哲学的重要内容,学界对庄子天人观的研究逐渐深入①,对于庄子之"天"的含义也有细致的梳理②。本文结合学者研究成果着重分析庄子天人观的逻辑进路、思想特征和生态价值,本文认为庄子的天人观以自然之天为基础,特点在于区分天与人的不同,而最终以天人合一为归宿。庄子"天与人不相胜"的天人观对当今生态保护有重要的启示意义,对于自然万物的关爱和尊重,与现代环境哲学的呼吁相一致,为人类与自然和谐共处提供思想的镜鉴,也为当今生态文明建设提供宝贵的思想资源和传

---

* 本文系陕西省教育厅社会科学重点研究基地项目(15JZ075)的阶段性成果。

① 可参看孙明君:《〈庄子·秋水〉中的天人之思》,《学术界》2021年第1期。陈晨:《〈庄子〉天人关系再思考》,《内江师范学院学报》2018年第11期。万勇华:《庄子天人观的三重意蕴》,《湖北社会科学》2012年第3期。谭绍江:《论〈庄子〉的"天人观"》,《武汉科技大学学报》(社会科学版)2011年第5期。赵凤远:《论庄子的天人观及其当代意义》,《兰州学刊》2009年第8期。杨国荣:《天人之辩:〈庄子〉哲学再诠释(上、下)》,《学术学刊》2005年第11、12期。此外,《庄子》一书是庄子学派的集体产物,作者较难确定,一般认为内篇是庄子所作,外、杂篇是庄子后学所作,本文在论述中将《庄子》一书视为表达庄子学派思想的整体。

② 可参考黄圣平:《〈庄子〉天人观的多维阐释》,《乐山师范学院学报》2015年第9期。其中将《庄子》中的"天"区分为物质之天、自然之天、命运之天、境界之天和规律之天。本文结合中国古代"自然"的丰富内涵,将庄子之天称为"自然之天"。

统文化的智慧。

一、天下有常然:庄子天人观的基础

庄子天人观的基础是自然之天,自然之天首先指的是天地万物客观存在的事物及其规律。《庄子》中常出现的"天地""天道""天运"①等基本含义就是自然存在的天地万物。自然之天客观存在,并且人的形貌也是自然形成的,"道与之貌,天与之形",庄子主张人要"常因自然而不益生"(《庄子·德充符》),一切以自然规律为依据来处理事务。《天运》开篇询问巫咸"天其运乎?地其处乎?日月其争于所乎?孰主张是……"等问题,巫咸回答说:"天有六极五常。"②明确说明大自然有自身的运行规律,不以人的意志为转移。"天地有大美而不言,四时有明法而不议,万物有成理而不说。"(《庄子·知北游》)天地自然具有自身的大美、明法和成理,按照一定的法则运行变化却不言说,同样表明自然之天的客观性。天道运行按照自然规律而成,这一点在《庚桑楚》中表达得特别明显:"春气发而百草生,正得秋而万宝成。夫春与秋,岂无得而然哉?天道已行矣。"春生秋成都是天道自然的作用,其原因在于"天道运而无所积,故万物成",自然规律的运行造就万物生成变化,这是自然之天的突出特点。

在自然之天的客观基础上,庄子认识到万事万物都依据自然本性而存在,因此在庄子笔下"天"不仅指客观存在的自然事物,也蕴含有自然而然、常然等意思。"天下有常然。常然者,曲者不以钩,直者不以绳,圆者不以规,方者不以矩,附离不以胶漆,约束不以纆索。"(《庄子·骈拇》)天下事物都有其自身的常态,皆依据各自的特性存在,这种常然就是万事万物的天然和本性。在《养生主》中公文轩询问为何右师是独腿时,右师说:"天也,非人也。天之生是使独也,人之貌有与也。以是知其天也,非人也。"右师形体的残缺是天生的,而非人为的,这里的"天"就是天然之意。在庄子看来,天然、常然等都是描述自然之天特征的关键词语,而且这种自然根植于万事万物的内在,并非外在强加的结果。

这种自然之天的"常然"反映了庄子自然无为的思想。《大宗师》说:"知天之所为,知人之所为者,至矣。"庄子深刻认识到自然之天的必然性和客观性,万事万物的常然状态和本性是自然而然的,人不能够去有意干预。在庄子看来"死生,命也,其有夜旦之常,天也。人之有所不得与,皆物之情也"(《庄子·大宗师》)。死生均非人力所能左右,就如昼夜更替完全出于自然,事物自身变化的实际情况,也是人不能参与和干涉的。基于此,庄子认为人唯有顺应自然之变化,认识到天下的常然和万物的本性,从而"顺物自然而无容私焉"(《庄子·应帝王》),才能达到应物而不伤的境界。与之相对的妄为都被庄子视为破坏"常然"的因素,在《马蹄》中通过"伯乐善治马"和"陶、匠善治埴、木"为例,说明人的妄为对事物自然和本性的残害。马的真性在于"食草饮水",但经过人为的鞭策和控制后,却变成了

---

① 有学者考证在《庄子》内篇中,"天"字共出现一百二十二次,且多含有自然的意味,详见张敏:《〈庄子〉内篇"天"论思想探析》,《江西社会科学》2009年第9期。《庄子》外、杂篇论及"天"的内容也很多,例如有专门以"天"来命名的篇章《天道》《天运》《天地》等。

② 郭庆藩:《庄子集释》,北京:中华书局,2012年,第499页。本文所引《庄子》内容均本于此书。

"马之知而能至盗者"(《庄子·马蹄》),完全损害了马的天性。马的自在隐喻万事万物的常然,告诫人们不要试图改变万物之本性,这样的最终结果只会造成人类社会的混乱和不安。

综上所述,庄子的自然之天是其天人观的基础,自然之天既指客观存在的自然界,也指万事万物的常然和本性。庄子本于自然无为的思想力主人类行为要遵循自然天道,进一步主张人道合于天道,"作为自然的法则,'天'与道彼此相通,融于'天'与循乎道也具有内在的一致性"①,"无以人灭天"(《庄子·秋水》)成为庄子天人观的特点。

二、无以人灭天:庄子天人观的特点

庄子本于自然的思想要求人们遵循天道之"常然",不要以巧智和私意企图改造和破坏自然,更为重要的是不要违背万物的本性而肆意破坏万物之自然状态。《大宗师》说:"不以心捐道,不以人助天。"主张人不要用心智私意去损害大道,也不要用人为的因素去越俎代庖,以免适得其反。这里很明显区分了天与人的不同功能和职分,天道自然无为有其自身的运行特点和规律,人不要试图用一己私意去帮助和改变自然,这种想法建立在违背自然天性的基础上,是庄子极力反对的。由此庄子借孔子之口说:"天之小人,人之君子;人之君子,天之小人也。"②人类社会自诩的君子从天道自然的角度来看就是小人,拘泥于社会礼俗的框架影响,刻意改变自然本性,从而导致人的异化,造成自我和社会良好状态的破坏。

人之妄为往往会导致良好秩序的解体,引发深层的自然和社会危机。在《应帝王》中庄子通过"浑沌之死"的寓言故事揭示了这一主题,儵、忽为报浑沌"甚善"之恩,从自身感受和认知出发为浑沌凿开七窍从而导致其的死亡。这个悲剧故事从天人关系的角度来看再一次表明"不以人助天"的必要性。自然之天给人以生存、生活的优厚条件和恩赐,人却以自以为是的方式破坏了自然的生命,导致了自然的毁灭。儵、忽代表人类自身活动的盲目和自私,他们的行为不仅损害自然和社会的良性发展,而且对自然本性的功利性评估也会导致世间万物丧失各自本来的内在价值。这样一种以人度天的行为是庄子坚决批判的。这种反思在《庄子》外、杂篇得以发展,进而提出"无以人灭天"的警示之语。

《秋水》中河伯与北海若的对话引出对天人关系的思考。河伯问北海若:"何谓天?何谓人?"北海若回答说:"牛马四足,是谓天;络马首,穿牛鼻,是谓人。故曰,无以人灭天,无以故灭命,无以得殉名。谨守而勿失,是谓反其真。"北海若的回答体现遵循自然的思想,他认为牛马本有的四足就是天然的,是需要极力守护的。而用各种用具残害牛马的躯体就是人为,是对自然本性的破坏。因此,本于天道自然的原则,不要用人为去毁坏天然,也不要用私意妄为去迫害自然的禀性,用心呵护天道之常然才能体会自然之真义。《在宥》中说:"有天道,有人道。无为而尊者,天道也;有为而累者,人道也。"自然之道无为而尊,

---

① 杨国荣:《庄子的思想世界》,修订版,北京:生活·读书·新知三联书店,2017年,第17—18页。
② 张默生说:"今本作'人之君子,天之小人'。奚同云:当作'天之君子,人之小人'。奚说极是。"引自张默生:《庄子新释》,北京:新世界出版社,2007年,第141页。可做参考。

象征天道之流行,不以人的意志为转移。而人道则私意妄为导致劳累而不所得。由此可见,庄子本于天道而消解人为是其天人观的突出特点。

"无以人灭天"表明在天人关系中人属于自然,不能僭越天道。庄子之所以有这样的论断就在于他自然一体的观念。人作为自然化生的一部分并不能脱离自然而独自存在,人是自然的产物。《达生》说:"天地者,万物之父母也,合则成体,散则成始。"自然天地作为万物的父母,由阴阳二气合散聚生万物,人作为一分子也是天地阴阳和合而生的存在。在自然大化中"气"起到了重要的转化作用,引起了生死形态的演变。正是本于天地一气演化的认识,庄子对人之生死也抱有相当达观的态度,在《列御寇》中记载了庄子将死的故事,庄子说:"吾以天地为棺椁,以日月为连璧,星辰为珠玑,万物为赍送。吾葬具岂不备邪?何以加此!"可见庄子认为死生都是自然形态的变化,不要过分重视陪葬品,而应该认为人之死亡是回归大地自然的一种方式。而且通过庄子妻死的"鼓盆而歌"也能深切感受庄子对死生自然变化的通达认识。人无法回避生死,在自然大化的天道流行中,庄子将人的存在状态消融在其中,顺应自然变化,"大块载我以形,劳我以生,佚我以老,息我以死。故善吾生者,乃所以善吾死也"(《庄子·大宗师》)。自然造化为人的生存提供了指引,在此语境中,"死生存亡之一体"[①]就是完全顺应自然的化育。

在庄子看来自然万物都有其各自的本性,人不能强加自己意愿到他物身上,不能自以为是地破坏世界之"常然"。《至乐》中记载"鲁侯养鸟"的故事深刻体现了这一哲理,"昔者海鸟止于鲁郊,鲁侯御而觞之于庙,奏九韶以为乐,具太牢以为膳。鸟乃眩视忧悲,不敢食一脔,不敢饮一杯,三日而死"。鲁侯以自认为适当的方式喂养海鸟而海鸟最终死亡,这是"以己养养鸟也,非以鸟养养鸟也",没有设身处地从鸟的习性来考虑。总的来说,庄子在天人关系上以天道自然为依据,主张不要让人为破坏自然万物的本性,而是要顺应自然的发展规律,如此人才能与自然和谐相处,进而达到人道合于天道的境界。

三、入于寥天一:庄子天人观的归宿

庄子通过高扬天道自然的价值警示人类要对自身的行为予以高度反思,批判人的自以为是,肯定万物各有内在的价值。庄子天人关系的主导思想是融人道于天道,最终目的是达到天人合一的理想境界。《大宗师》说:"安排而去化,乃入于寥天一。"正是表达了与天道自然冥合,融为一体的状态,这与《齐物论》"天地与我并生,而万物与我为一"的思想相互阐发,均体现庄子道家哲学中的天人合一理念。

"入于寥天一"表现为人道追随天道的过程,这一过程伴随的是个人体悟大道的修养工夫,天道彰显出自然无为的本质,人道因而效法天道。庄子认为达到天人合一是人对道追求的最高阶段,是人与道的合一。天道自然在《庄子》中有突出的描述,庄子继承和发展了老子"道法自然"的思想,将道视为形而上的存在,《大宗师》说:"夫道,有情有信,无为无形;可传而不可受,可得而不可见;自本自根,未有天地,自古以固存。"道是超越一切有形之物的真实存在,是万物得以存在的本原和依据。《知北游》通过东郭子与庄子的对话,将

---

① 郭庆藩:《庄子集释》,北京:中华书局,2012年,第263页。

这一思想通过譬喻的方式展现出来,道"无所不在"。对于人来说,体道的修养必须结合道的自然无为本质来理解和践行。通过"心斋""坐忘"等方式达到与道合一的境界,除去巧智私欲的遮蔽而进入"同于大通"的旷达之境。这种境界也表现为"见独","朝彻,而后能见独;见独,而后能无古今;无古今,而后能入于不死不生"①。见独就是体道,与天道合一。当然这种境界需要人通过不断的磨砺才能达到,需要减损自身之私欲和妄为从而融入天道的大化流行中。与天道融合的人庄子称为"真人""至人""神人"等,这类人物身上均体现了道的自然无为特征,是庄子天人合一思想的代表人物。

《逍遥游》描绘了领悟大道之人,"至人无己,神人无功,圣人无名",他们的共通之处皆彰显自然无为的特征,"无己""无功""无名"均是天道的体现。在比对描写中,庄子通过"知效一官,行比一乡,德合一君,而征一国者"等人物衬托出至人的超越和高迈,宋荣子和列子在境界修养上均有所建树,但也未能达到"无待"的精神境界。这种"无待"就体现为顺应自然之道,使自我与天地精神融为一体的天人合一中。由此可见,天人合一是一种理想的逍遥境界,呈现出自由洒脱的精神风貌,是道家追求的理想状态。在这种与天道融合的境界中,人可以"乘天地之正,而御六气之辩,以游无穷",这不正是天道自然的生动写照吗?顺应自然造化体悟天地境界,获得精神自由的驰骋,从而达到人与自然的合一状态。在庄子的思想中,人的自由状态是难能可贵的,也是人精神追求的目的所在。超越世俗功利价值的束缚,进入天地万物均有大美的和谐世界,在内在价值的理念引导下,充分尊重和欣赏万物各自的本性和常然,从而提升人的精神境界,达到"天与人不相胜"②的和美状态。

这种天人观落实到社会活动中主张人们要"乘物以游心",消除人之"成心"和"师心",达到顺物自然的处世态度。《人间世》中说:"且夫乘物以游心,托不得已以养中,至矣。"精神顺应自然而动,修养心性,不为世事所扰,才能和自然万物融合无间。随着对天道自然的追寻势必形成人生价值的重新评判,对于囿于世俗价值的功利主义态度庄子进行了大力批驳,集中体现在"有用""无用"的论辩上。庄子认为世俗之用皆是局限在人的实用主义态度上来进行分别的,而物的真正本性则被人的工具理性所占有和淹没,人类欲求的增加不仅割裂了万物与自然的本然联系,而且造成人自我的异化,人反而变成了被欲望操纵的"物"。由此,人应该追随自然无为的天道的指引,从世俗欲望中解脱出来,拓展眼光和视野,丰富自我的精神家园。对于惠施局限于物用的论调庄子予以猛烈批判,称惠施为"有蓬之心",心灵被物欲杂草所遮盖,不能体会"大瓠"的真正内在价值。在《逍遥游》结尾庄子再次批评惠施对大树的工具性目光,而主张"树之于无何有之乡,广莫之野,彷徨乎无为其侧,逍遥乎寝卧其下"。顺应大树自然的本性,在道境中体会自由的真谛,彻底摆脱物用的束缚进入精神自由的王国。

总而言之,庄子天人观的归宿为天人合一,主张人道融于天道,是道家天人关系的突出成就,由此看来,荀子对庄子"蔽于天而不知人"③的批评立足于儒家立场的评论,虽有

---

① 郭庆藩:《庄子集释》,北京:中华书局,2012年,第258页。
② 郭庆藩:《庄子集释》,北京:中华书局,2012年,第239页。
③ 楼宇烈:《荀子新注》,北京:中华书局,2018年,第423页。

所发现但未曾对庄子思想的真义有更深的"了解之同情"。"入于寥天一"表明人通过清静无为的修养工夫达到与大道契合的逍遥自由状态,在天道的指引下,彰显万物价值的平等,限制人的过分膨胀和工具理性的侵扰,保证自然万物和谐共处,从而丰富人的心灵和精神世界。同时,在处理人与自然关系上,庄子的天人观也有积极的参考价值和现实意义。

四、处物不伤物:庄子天人观的生态价值

随着人类生态环境的恶化,人与自然的关系在现代社会中成为亟待解决的重大问题,从以上论述中可以看出庄子天人合一的思想对当今生态保护有巨大的启示意义。在道的整体视域中,自然万物拥有同等的权利和价值,所以人不能再以征服自然者的形象出现在地球上,而应该与自然和谐共处。著名的环保主义者布劳克威(Allan R. Brockway)在面对环境危机时呼吁:"肯定非人类的世界,同样具有内在价值,而且与人类一样具有平等尊严,任何人若想逾越圣律,去破坏动物、植物、空气、土壤、水甚至岩石,将如同谋害人类一样严重。"[1]这种思路与庄子的天人观有异曲同工之妙,都体现出对非人类世界的关注和爱护,也都深刻反思人类的局限和不足之处。

如何处理人与自然的关系是庄子关注的要点之一,本于天人一体的观念,庄子提出"处物不伤物"的理想模式,《知北游》说:"圣人处物不伤物。不伤物者,物亦不能伤也。"从生态环境保护来说,人与自然应该和谐相处,在对自然资源进行使用和开发时应该保证基本的可持续发展原则,达到"美美与共"的状态,庄子天人观的积极作用正在于此。在生态保护上,人类必须有强烈的危机意识,对于技术的开发和使用要以人与自然和谐共存为前提,这也合于庄子对天人关系的思虑。庄子并非不了解人作为主体的能动性作用,而是要为人的行为设定理性的限制,将人道融入天道的自然无为中,从而引导人类克制欲望和功利之心,达到"为是不用而寓诸庸"的目的。

作为族群的人类要得以延续和发展,必须真切思考人与自然环境的关系,突破近代西方工业技术文明造成的人与自然割裂的局面,将对地球母亲的伤害降低。庄子作为中国古代的思想家在处理天人关系时早已关切人与自然的关系,从天道的绝对普遍性中反思人智巧和欲望的破坏性,从而提出"有机械者必有机事,有机事者必有机心"(《庄子·天地》)的警告,告诫人们技术使用的弊端,这种不足并非简单地反对生产工具的进步,而是对人投机取巧行为的批判。在功利实用的狭隘目光中,人最终会被自身行为所戕害,导致"纯白不备",心神受到损伤。庄子对于技术的警惕对当今时代来说也极为必要,当今时代技术的进步不能掩盖人与自然矛盾的真相,与自然的割裂和分离是现代性真实而野蛮的路径。庄子天人观的呼声对人与自然的和谐相处之道提供了文明演进的可参考标准,以防止人类私欲膨胀所造成的可怕结局。

庄子的天人观肯定万物存在的内在价值,反对人为破坏自然的生态平衡,主张与万物

---

[1] R. F. Nash, *The Rights of Nature*, The University of Wisconsin Press,1989, p. 87. 转引自冯沪祥:《中西环保哲学》,北京:北京大学出版社,2016 年,第 153 页。

融为一体,这种思想有利于破除人类中心主义的窠臼。肯定万物价值的平等,也就认识到人类作为世间万物的一种存在和其他存在物有着同样的价值诉求,而非高高在上的征服者,"在人与自然的相互制约中谋求和谐的共同发展,方是长久之道"①。庄子对于人自以为是的狭隘感觉进行了直接的批判,同样也对功利实用的态度进行了深刻的抨击。庄子主张"独与天地精神往来而不敖倪于万物"(《庄子·天下》),这种不轻视万物、不刻意为高的思想正是由于体察到万物皆有其存在的内在价值,从而将人放置到与万物相同的价值序列中,而不去拔高人类的优越感。庄子说"至人无己",至人之所以没有自己,就是为了突破人类自我设置的价值牢笼而顺应大道之自然,"无己"就等同于《齐物论》中的"丧我",在天人合一思想的引导下,万物齐同,皆合于道,如此人类作为万物之一归化于"道通为一"的"环中"境界,无形中消解了人类狭隘的中心主义,超越了人类极端功利的毒害。

有鉴于此,庄子极力推崇"无用之用"乃是大用,在《逍遥游》中批评惠施"拙于用大",在《人间世》中感叹:"人皆知有用之用,而莫知无用之用也。"世人囿于一己之用单从对自我有利益好处的角度出发,所以局限于万物对己有用的一面,但是对于和自己利益无关的其他方面鲜有所知,庄子洞察到"无用之用"才是万物存在的内在价值,因而超越了人类功利主义的世俗需求,用平等的眼光和身份去体悟自然之美好,感受生命本身之神奇,以期达到"生态和谐"的美好局面。J.贝尔德·卡利科特说"若某物在其自身或者为其自身而拥有价值(其价值并非源于其有用性,而是独立于任何它在与其他某物或某人之关系中所可能具有的应用或功能),那么它便内在地具有价值。以经典的哲学术语言之,一种内在地具有价值的实体,据说是一种'以自身为目的'(end-in-itself)之物,而非其他目的之'手段'(means)"②,肯定万物的内在价值为生态保护扩展了视野,不再局限于人本位的论调中,将万物自身视为自身的目的是现代伦理学的巨大进步,而庄子所言"眇乎小哉,所以属于人也!謷乎大哉,独成其天!"(《庄子·德充符》)正可与之相互映照。

由此看来,庄子天人观中的积极价值对于处理人与自然的关系,保护生态环境具有重要意义。其思想理念不仅超迈传统社会,而且对现当代社会的可持续发展也有启发意义。人类必须具有同一个理念,那就是"为保护物种多样性和自然生态系统而作出转变的意志中一个必要的部分就是对自然本身的爱与尊重"③。庄子天人观的生态价值与之异调同音,在"与物为春"④中体会天人合一的深意。庄子天人观与环境哲学的相互参照正可以体现"当今世界,我们应该以更为开放的心态、更为博大的胸怀、更为长远的眼光,在保护传承弘扬民族文化的同时,吸收世界上一切优秀文化,以充实丰富我固有之文化"⑤的会通精神。在生态环境保护方面,中西古今可以做到"人同此心,心同此理"。

---

① 方勇主编:《庄子生态思想研究》,北京:学苑出版社,2016年,第86页。
② J.贝尔德·卡利科特:《众生家园:捍卫大地伦理及生态文明》,薛富兴译,北京:中国人民大学出版社,2019年,第128页。
③ 彼得·S.温茨:《现代环境伦理》,宋玉波、朱丹琼译,上海:上海人民出版社,2007年,第449页。
④ "使之和豫,通而不失于兑;使日夜无隙而与物为春,是接而生时于心者也。是之谓才全。"引自郭庆藩:《庄子集释》,北京:中华书局,2012年,第218页。
⑤ 胡全章:《关于保护传承弘扬黄河文化的思考》,载苗长虹主编《黄河文明与可持续发展》第16辑,开封:河南大学出版社,2020年,第3页。

五、余 论

总体来看,庄子天人观的基础是自然之天,肯定自然世界的客观存在,主张"万物有常然";在此基础上提出"无以人灭天",要求人顺应自然天道,不能任意妄为。庄子天人观的归宿是"入于寥天一"的天人合一之境,人道融入天道的自然流行和大化中,从而彰显万物内在价值的平等,追寻逍遥自由的和谐境界。庄子天人观对现代生态保护有重要的启示意义,对于自然万物的关爱和尊重,与现代环境哲学的呼吁相一致,为人类与自然和谐共处提供思想的镜鉴,也为可持续发展贡献中国传统的伟大智慧。

在天人关系上,中国古代的主流思想是天人合一。蒙培元说:"道家和儒家一样,都是天人合一论者。"[1]儒、道等家虽然在天人关系的进路上有所差别,但其最终目的都在于寻求天人和谐的境界,这与中国自古以来亲近天道自然的传统有关。庄子说:"天与人不相胜也,是之谓真人。"(《庄子·大宗师》)天人关系并非胜败的对立关系,而是根植于道的融合关系,"中国古代这样一种相互关联、相互依赖的整体思维,必然会让人们把目光集中在现实的社会,'一个世界'的观念让人们倾向于从整体上思考,使得中国古代思想家们形成了从道的角度来看待、思考、讨论问题"[2]。庄子的天人观很好地说明了这一点,天人关系统一于对道的追求中,"人相造乎道"是庄子追求的理想境界和状态。

此外,庄子的天人观也深刻凸显了自然与自由的密切关系。庄子从天道自然的角度出发主张限制人的私欲妄为,通过主体持续的修养工夫达到自由逍遥的精神境界。在庄子心中真正的自由即自然,自然和自由融为一体,这与西方近代以来形成的自然与自由的分裂形成鲜明对比。人作为自然界中的一分子,必须以爱护自然为基本义务,在情理交融中体会自然的宽容、平等、多元的氛围,从而为人的自由发展注入丰富的精神动力,通过人自身的理性判断制止人与自然关系的恶化,确保人的自由发展,实质上是解决人"在世"的根本问题。杨荣国说:"由追求合乎人性或人性化的存在,《庄子》既显示了存在的自觉,又表现出对人自身之'在'的注重,无疑蕴含着深沉的人道意识。"[3]庄子的天人观为生态保护提供了广阔而深远的思想境域,对于当今生态文明建设具有极大的参考价值,也为解决"性命之情"的安顿和探寻人之存在的归宿提供了道家方案。"人道效法天道,不仅能够提升人的道德修养,实现人类社会秩序的安定,而且能够妥善处理人与自然的关系,实现人与自然和谐共生的境界"[4],在"天与人不相胜"的理念指导下,探寻人与自然的和谐相处之道,也是今人学习庄子思想的应有之意和时代课题。

---

[1] 蒙培元:《中国哲学主体思维》,北京:人民出版社,1993年,第103页。
[2] 秦晓:《论荀子的天人观及其生态价值》,《中共福建省委党校学报》2021年第2期。
[3] 杨国荣:《天人之辩:〈庄子〉哲学再诠释(下)》,《学术月刊》2005年第12期。
[4] 刘怡:《论先秦儒家的生态思想及其现代意义》,载苗长虹主编《黄河文明与可持续发展》第16辑,开封:河南大学出版社,2020年,第91页。

Harmony Between Man and Nature: Zhuangzi's View of Nature and Man and Its Ecological Value

Qin Xiao

Abstract: Zhuangzi's view of nature and man is an important content to understand Zhuangzi's philosophy. The basis of Zhuangzi's view of nature and man is the nature of nature, affirming the objective existence of the natural world and acknowledging the natural nature of "everything is natural". On this basis, Zhuangzi proposed that "no man can destroy nature", requiring man to comply with the nature of heaven and curb the expansion of man's selfish desires and arbitrary actions. The end result of Zhuangzi's view of heaven and man is the unity of nature and man. "Unity with nature" shows the equality of the internal value of all things and reflects the ideal realm of carefree freedom. The concept of "Harmony between man and nature" has important enlightenment significance for modern ecological protection. The concept of caring for and protecting nature is consistent with modern environmental philosophy, which provides ideological reference for the harmonious coexistence between man and nature.

Key words: Zhuangzi; view of nature and man; harmony between man and nature; ecological value; environmental protection

黄河文明与文化

河南黄河故道两岸古文化资源保护和利用探索
——以濮阳考古遗址公园片区为例

袁广阔

摘要：濮阳是《禹贡》中黄河河道主要流经的区域,该地区历史悠久,古代文化遗址众多,古遗址地层关系清晰,文化谱系明确,充分展现了古代文化传承有序、层垒重叠式发展的历史特点,见证了黄河流域古代文明的更迭与发展。这些历史丰富的文化遗址,也为我们有效整合文化资源、科学利用历史遗存提供了天然平台。本文建议今后可因地制宜,依托考古丘类遗存,打造遗址公园,建设小型博物馆等,展示该地区辉煌的古代文明。

关键词：《禹贡》；黄河；濮阳；遗址公园

作者简介：袁广阔,首都师范大学历史学院教授,博士生导师。

一、前　言

濮阳市位于河南省东北部,冀、鲁、豫三省交界处的黄河下游冲积平原的中心地带。上古时期濮阳被称为帝丘,战国始有濮阳一名,秦汉以降,先后有东郡、澶渊、澶州、开州等称谓,民国时更名为濮阳。新中国成立后,先置濮阳专区,后并入安阳专区,1983年国务院撤销安阳专区,依托中原油田建立濮阳市。[①]

濮阳历史悠久,文化灿烂,现有文物古迹918处,其中全国重点文物保护单位5处,国家历史文化名街1处,省级文物保护单位22处,市县级文物保护单位200余处。2004年,濮阳市被国务院命名为"国家历史文化名城"。两汉时期因黄河决堤,濮阳成为治黄的

---

① 李忠义:《国家历史文化名城——濮阳》,郑州:中州古籍出版社,2012年,第7—8页。

主战场。宋元时期(澶渊之盟),濮阳成为民族融合的见证地。

濮阳历史文化资源丰富、集中,开发利用潜力巨大,2010年首都师范大学考古系与濮阳市文物研究所联合在濮阳市成立田野实习基地暨中国古代文明研究中心,合作开展一系列的考古调查,发掘、梳理历史文化资源,开展古遗址、古墓葬的调查以及黄河故道的研究。先后在濮阳市区发掘戚城、铁丘、金桥、马虎屯等遗址,在濮阳县发掘高城、澶州城等遗址,并配合南水北调濮阳支线、引黄(黄河)补淀(河北白洋淀)、龙湖、迎宾馆等工程开展考古钻探、调查工作,通过近十年的实地考察、考古试掘,在充分获得第一手资料基础上我们对濮阳历史文化资源保护和利用提出下列方案,不当之处,敬请同行批评指正。

二、濮阳历史文化资源构成分析

濮阳历史文化资源一方面包括为发现的数量众多的古城址、古遗址、古墓葬、古代建筑、石刻艺术以及近代史迹等;另一方面为丰富而厚重的古史传说与历史记载,可以说上起史前,下至明清,文化遗产脉络清晰,悠远博大,构成这一地区文明形成与发展的脉络。

(一)现存文物古迹

1. 古城址

濮阳地区发现的古城址主要包括卫国故城、戚城、顿丘故城、临黄故城、晋王城、澶州故城、濮州故城、咸城等。[①] 这些古城址上起龙山时代,下至明清时期,全面地反映了濮阳地区古代城市发展演变的历史,其中大到王国都城,小至普通县治,生动地再现了濮阳地区古代社会的生产与生活状况。

2. 古遗址

濮阳地区古遗址数量众多,包括著名的西水坡、马庄、铁丘、高城、咸城、戚城、文寨、金桥、蒯聩台、程庄、杨干城、瑕丘、历山、徐堌堆、仓颉陵、丹朱墓、马呼屯遗址等。[②] 这些遗址涵盖了从新石器时代以至秦汉等的各个时期,反映了古代不同时期濮阳地区人们的社会生活状况与物质文化。

3. 古墓葬

濮阳地区发现有子路墓、仓颉陵、蚩尤陵、李云墓、李亨墓、南霁云墓、王善护墓、宋耿洛墓、闵子骞墓、叶廷秀墓、苏祐墓、张公艺墓、董汉儒墓、王崇庆墓、吉澄墓、史褒善墓、赵廷瑞墓等名人墓以及西水坡东周墓群和排葬墓、杨干城墓群、马庄墓群、蒯聩台墓群等重要墓地。这些墓葬为研究濮阳地区古代墓葬的发展演变提供了重要的实物资料,也有助于认识濮阳地区不同时期的社会习俗和丧葬制度等。名人墓的存在为了解名人生平事迹提供了最准确、真实的资料,有助于深度挖掘名人文化,发挥地区名人效应。[③]

4. 古建筑及石刻

濮阳地区的古建筑有四牌楼及明清十字街、恩荣坊、八都坊、石拱桥、清真寺、清丰普

---

① 张相梅:《濮阳市文物保护单位通览》,北京:中国国际广播出版社,2004年,第30—37页。
② 张相梅:《濮阳市文物保护单位通览》,北京:中国国际广播出版社,2004年,第24—29页。
③ 张相梅:《濮阳市文物保护单位通览》,北京:中国国际广播出版社,2004年,第80—84页。

照寺、南乐文庙、台前古贤桥等。这些古建筑具有重要的历史、科学与艺术价值,有助于研究古代人们的居住生活、宗教艺术、建筑文化等。濮阳地区石刻众多,典型的有回銮碑、唐兀公碑、八里庙治黄碑等,它们详细记载了很多具有重大价值的历史事件,是极其珍贵的实物资料。

(二)历史文化状况

1. 五帝传说

颛顼是黄帝之孙、昌意之子,在五帝中位列第二。颛顼一生多在濮阳地区活动,并建都于帝丘,因此濮阳有"颛顼遗都"之称。颛顼一生功绩卓著,改革宗教,绝地通天,为华夏民族的统一以及文明时代的到来做出了巨大的贡献。相传颛顼死后,葬于今内黄。

帝舜也是五帝之一,濮阳有"帝舜故里"之称。相传帝舜年少时耕历山、渔雷泽、陶河滨、就时于负夏。

另外,黄帝史官仓颉在濮阳废除结绳记事,发明文字,使得人类文化得以快速传播,华夏文明化进程大大加快。史称仓颉造字,"天雨粟,鬼夜哭"。黄帝的弓正辉公因在濮阳发明弓箭,因而被赐以张姓,因此濮阳也有"张辉故里"之说。范县有帝尧之子丹朱陵、蚩尤墓等。

2. 夏代都邑与夷夏斗争

夏朝的早期都城,如阳城、斟寻、斟灌、帝丘、西河等都在濮阳及其附近地区,而东夷族是分布于我国山东及江淮地区的一个古老民族,①两者相互毗邻,因此经常发生争斗,其中的"后羿代夏""少康中兴"或与濮阳地区有关。

3. 卫国文化

春秋战国时期濮阳为卫国的畿内要地。卫国经济繁荣,文化发达,"郑卫新声"演绎着华夏大地最美的篇章,"桑间濮上"讲述着一个又一个的美丽传说。《诗经》中有很多著名篇章都发生在濮阳境内,如《氓》《木瓜》等,生动形象地再现了当时民间的生活状况。孔子周游列国十四年,十年居卫,方有《春秋》而成,儒学诞世。孔子弟子子路在卫国宫廷斗争中结缨赴难,悲壮如斯,可歌可泣。石蜡忠于国家,大义灭亲,万世敬仰。蘧伯玉、子鱼等兢兢业业,治国爱民,为万世楷模。商鞅、吕不韦等以卫始,横行天下,创立千秋伟业。

4. 澶渊之盟

宋真宗景德元年(1004年),辽萧太后与辽圣宗亲率大军南下,深入宋境。宋军在澶州城下射杀辽将萧挞览。辽害怕腹背受敌,提出和议。宋真宗派曹利用前往辽营谈判,于十二月间(1005年1月)与辽订立和约。因澶州在宋朝亦称澶渊郡,故史称"澶渊之盟"。此后宋、辽百余年间不再有大规模的战事,双方礼尚往来、和平共处,百姓安居乐业、国泰民安,呈现一派繁荣的盛世景象。

此外,历史上还有许多重大事件也发生于濮阳,如昆吾铸鼎、夏后相迁都帝丘、城濮之战、卫迁帝丘、戚城会盟、铁丘之战、百工暴动、王景治河、高超治河、盐民暴动等。这些历史大事,都一定程度上改变或影响了中国历史的进程。

---

① 袁广阔:《古河济地区与早期国家形成》,《中原文化研究》2013年5期。

三、濮阳历史文化资源价值分析

（一）濮阳丘类遗址是华夏文明起源的重要标志之一

濮阳一带分布有一些与早期文明相关的著名丘类遗址，这些遗址一般呈圆形土包状矗立在平原之上，当地居民多称之为"丘""堌堆""陵""冢""台岗""岗子"等。由于黄河河道经过的地区古文化遗址多被掩埋在黄河泛滥的淤沙之下，遗址须经过考古钻探才能被发现，如濮阳帝丘遗址尽管有高达10米的东周城墙，依然在3~4米黄沙之下，因此早期地面应在现今地表以下13米左右。① 目前经过考古发掘的典型丘类遗址濮阳有蒯聩台、马庄、金桥、戚城、程庄、丹朱等遗址等。② 它们多与古代历史传说有关系，如颛顼之帝丘、清丰仓吉陵、范县丹朱墓、蚩尤冢等，表明中国古代文明起源与濮阳关系较为密切。

（二）濮阳地区古城址、遗址传承、重叠式发展

濮阳地区的文化遗产资源大都经过科学的发掘或调查，保存较为完整，文化序列相对清晰。

戚城遗址位于濮阳市区，从遗址地层堆积来看裴李岗文化时期此地开始有人类居住，仰韶时代继续发展，龙山时代建立城址，总面积14.4万平方米，春秋时期修筑外城，扩大城市规模，并成为当时诸侯会盟的主要地点，并且在以后唐宋继续使用。③

高城遗址位于濮阳县东南部的五星乡高城村南，在黄河故道金堤河的南岸，距离县城约10公里。该遗址是一处面积约916万平方米的古城址，从仰韶文化开始，经历龙山文化、二里头文化以及殷墟、东周等多个时期。目前已知高城遗址下面叠压着"三座古城"，其中下层为龙山文化遗址，中层为卫国都城帝丘，上层为秦汉东郡城。该城在汉代被黄河洪水毁坏。④

澶州古城，该城始建于五代，宋王朝以澶州为京畿重地，对城池大加扩建，面积34平方公里，自宋至清，相继沿用，且历代皆有修整。至今古城的街道里巷布局、名称基本未变。澶州城从始建至今积淀了濮阳城市发展的全面历史信息，体现出历史与文化的整体性价值。在独特性和多样性方面，濮阳很好地体现了中国古代城市传承、重叠式发展的历史特点，传统的格局和建筑形式延续至今，形成其城市的风貌特色。⑤

（三）濮阳黄河故道的历史地理与文化资源丰富

黄河及其支流是流经濮阳地区最大的水系，濮阳地区的繁荣发展与黄河密切相关。《禹贡》所载黄河的河道主要流经濮阳，黄河两岸分布着大量龙山文化遗址，构成了庞大的龙山文化聚落群，为证明该地区为中华民族的发祥地之一提供了重要依据。

历史上黄河多次在濮阳地区决口、漫溢。自汉武帝时期黄河改道首次流经濮阳至今，

---

① 河南省文物考古研究所等：《河南濮阳高城遗址的发掘简报》，《考古》2008年第3期。
② 张相梅：《濮阳市文物保护单位通览》，北京：中国国际广播出版社，2004年，第2—10页。
③ 戚城文物景区管理处：《濮阳戚城遗址龙山文化灰坑清理简报》，《中原文物》2007年5期。
④ 河南省文物考古研究所等：《河南濮阳高城遗址的发掘简报》，《考古》2008年第3期。
⑤ 李忠义：《国家历史文化名城——濮阳》，郑州：中州古籍出版社，2012年，第14—18页。

其在濮阳境内大规模的改道迁徙就有8次,小规模的多达100余次。黄河改道迁徙为濮阳留下了多条故道、残堤与沙岗,构成了濮阳独具特色的历史图景,因此可以说濮阳的历史就是一部黄河文明史。

濮阳的文化遗产资源涵盖新石器时代到明清的遗存,其新石器时代中原仰韶文化、龙山文化,东周时期卫国文化遗存共同奠定了今天濮阳深厚的文化根基,无论是"中华第一龙"还是"澶渊之盟"旧址,都可以说是濮阳发展的历史见证。濮阳丰富的文化遗产资源可供考古学、历史学、人类学、社会学、民俗学、建筑学、环境学等多学科开展研究。除众多物质文化遗产外,濮阳也有丰富的非物质文化遗产,各种民间技艺、习俗、信仰、文学、饮食文化等,也都是富有历史、艺术与文化价值的值得研究的对象。

四、濮阳古代文化遗产规划保护与利用方案

(一)以戚城遗址为核心,打造"上古文化园"

濮阳市区已经科学发掘的龙山遗址有戚城、铁丘、蒯聩台、马庄,均分布于市区西南部,遗址距离都在2公里范围之内,并都经过考古发掘,出土有丰富的文物。龙山文化遗址密集分布于市区之内为全国罕见,因此科学地整合这些遗址资源,以戚城为中心建立龙山文化考古遗址公园片区,在区域内建立小型遗址博物馆并与将"颛顼遗都""帝舜故里""仓颉造字""张辉故里"及丹朱、蚩尤等传说结合,展示濮阳辉煌的古代文明。"上古文化园"既能保护遗址,也能改善居民的居住环境,进一步丰富当地居民的文化生活。

1. 戚城遗址公园

戚城遗址位于濮阳市开州路以东、古城路南、京开大道以西、石化路以北,1996年11月被国务院公布为全国重点文物保护单位。戚城也称"孔悝城",为春秋时期卫国的重要城邑。戚城遗址文化堆积丰富,包含有裴李岗、仰韶、龙山、春秋等时期的文化遗存。地面现存一座历经龙山、春秋两个时期的古城址,保存较为完整,平面略呈长方形,四角为圆形。城内总面积14.4万平方米。2007年在春秋城邑下又发现一座龙山时期的城址,极大地丰富了戚城遗址的文化内涵。① 濮阳市已依托戚城遗址建设了戚城文物景区,并成立了相应的文物保护管理机构,有效地保证了遗址的安全和健康发展。今后可以对戚城文物景区进行全方位、多角度的升级改造,融入本体文化因素,而戚城文物景区丰富的文化遗迹又为升级改造奠定了基础。

首先,要对春秋城墙进行维护与重建。戚城遗址春秋城墙是目前濮阳市保存最完好、结构最清楚的古城墙,是濮阳市区重要的历史文化标志之一。其次,对会盟台遗址进行深度开发。戚城被誉为春秋战国时期的"联合国",诸侯于此会盟多达8次,因此会盟文化是戚城遗址的核心文化。目前戚城文物景区已对会盟台遗址进行了复原,但是还缺乏深度开发的措施。可以参考《左传》等文献记载,定期举行诸侯会盟表演仪式,使会盟台真正发挥会盟文化的价值,也使游人能够目睹会盟震撼的盛大状况,对诸侯会盟有更加直观、深

---

① 戚城文物景区管理处:《濮阳戚城遗址龙山文化灰坑清理简报》,《中原文物》2007年5期。马学泽:《河南濮阳戚城遗址文物调查取得重要收获》,《中国文物报》2008年4月9日。

入的认识。再次,重新对戚城遗址博物馆进行陈列设计。将戚城出土的文物陈列其中,发挥春秋文化的作用。最后,以戚城考古发掘遗址为基础,建设遗址展览馆。目前戚城东城墙发掘基址保护完好,从中能够清楚地看到戚城双叠城的神奇景观。可在此建设遗址展览馆,向公众展示考古发掘的程序和成果,让人们体会戚城城址的发展过程、建造方式等。

由于戚城遗址和子路墓祠相互毗邻,而又同属春秋战国时代的文化遗存,因此可以将二者结合起来,共同打造春秋文化园区。子路墓祠属于重新修葺而成,虽然保存完好,但缺乏相应的文化内涵,可将子路墓祠的东西厢房改造成历史文化陈列馆,用实物与图片相结合的形式展示子路一生的传奇故事。

2. 铁丘考古遗址公园

铁丘遗址位于濮阳市西南约 5 公里的王助乡铁丘村东,因晋郑"铁之战"而得名。现今遗址地势呈慢坡状隆起,略高于周围地表 0.5 米。2012—2014 年,首都师范大学考古系和濮阳市文物保护管理所先后三次对遗址进行发掘,发现了一批重要的文化遗迹和遗物,尤其是发现了汉代时期的黄河故道,对了解濮阳地形地貌的变化具有重要的意义。[①] 历次的考古发掘表明,铁丘遗址是一处以龙山文化遗址为主,兼有仰韶文化、商周文化、汉代文化的遗址。

经过首都师范大学考古系近两年的努力,铁丘遗址发掘出土的遗物已经整理完毕,这为陈列展览奠定了基础。可以这些历史遗物为基础,在遗址公园内建立小型的展览馆,并配以丰富的图片说明,使人们对铁丘的历史文化内涵有更加直观、深入的了解。另外铁丘是晋郑"铁之战"的发生地,而"铁之战"是春秋时期的一场著名战役,其结果直接影响了晋国内部贵族士大夫的力量对比,为晋国以后历史的走势埋下了伏笔,同时也影响了卫国公室的格局,因此具有重要的历史意义。在距铁丘遗址不远的西水坡遗址,曾经发现有"铁之战"阵亡士卒的排葬墓,因此可以在遗址公园内建设"铁之战"文化景观区,以雕塑等形式模拟当时的战争场景,也可以通过歌舞、影视的形式展现战争的恢宏、惨烈状况,使人们深刻领略"铁之战"的历史文化价值。对于铁丘遗址的保护利用,可以遗址本体为基础,建设考古遗址公园,打造濮阳县西北部一处市民休闲娱乐的历史文化景观。

3. 蒯聩台考古遗址公园

蒯聩台遗址位于濮阳市建设路以东、帝丘路以西,因传春秋时卫灵公之子蒯聩在此避难而得名。遗址平面为长方形,面积约 2.8 万平方米,文化层厚约 4 米。1985 年,河南省文物考古研究所曾对遗址进行发掘,发现有仰韶、龙山、殷商、春秋和汉代等时期文化遗存。[②] 可以说蒯聩台遗址时间跨度长,文化内涵极其丰富。

目前,蒯聩台遗址南已建成了开放式的城市公园,成为市民休闲娱乐的重要场所。可将蒯聩台遗址的保护利用与南部的城市公园有机结合起来,为公园增加浓厚的文化信息,打造成濮阳靓丽的城市名片。第一,对土台进行加固维护,复原其上的宫殿建筑。春秋战

[①] 首都师范大学、濮阳市文物保管所:《河南省濮阳市铁丘遗址 2012 年发掘简报》,《中原文物》2013 年 6 期。

[②] 河南省文物考古研究所濮阳蒯聩台遗址发掘资料。张相梅:《濮阳市文物保护单位通览》,北京:中国国际广播出版社,2004 年,第 9—10 页。

国时期,重要的宫殿建筑都建在高大的台基上,如齐国都城临淄的"桓公台",由此观之,春秋战国时期蒯聩台上面也一定建造有宫殿建筑。因此在对土台进行加固维护的基础上,要参考相关文献记载,恢复其上的宫殿建筑,并把与蒯聩台遗址有关的历史故事以图片、影像的形式在宫殿建筑内展示。在土台的南部设置台阶,供游人登台参观。第二,在土台的北面建设小型遗址博物馆,将蒯聩台遗址发掘出土的所有文物陈列其中,供人们参观。第三,在土台西面、东面、东面的空地上种植草坪,以不同颜色、品种的草坪将蒯聩台发现的重要遗迹,如房址、灰坑、墓葬等形象地表现出来。

4. 马庄考古遗址公园

马庄遗址位于濮阳市西南4.5公里的马庄村西,东北距戚城遗址2.5公里。遗址面积3万余平方米。1983年,濮阳市文物保护管理委员会曾对遗址进行发掘,共清理灰坑492个、房址8座、墓葬84座、窑址4个,出土各类器物2000余件。这些遗迹和遗物分属龙山、晚商、汉代三个时期,尤以龙山文化和汉代遗存为典型。①

由于马庄遗址位于濮阳市郊区,因此保存状况相对较好,这就为接下来的保护利用工作奠定了良好的基础。在发掘资料整理完备的基础上,在其保护范围之内,建设考古遗址公园,将遗址的本体保护与文物展示有机结合起来。在遗址附近,建立小型博物馆,将马庄遗址出土的所有文物陈列于此,使人们能够直接参观马庄各个时期的文化遗物。

(二) 以澶州古城为核心,打造古城遗址公园片区

澶州古城建成以后,自宋至清,相继沿用,且历代皆有修葺。濮阳古城平面呈半圆形,东西长,南北短;街道呈棋盘式分布,中轴线偏西,形成了"四大街、八小街、二十四条布袋街"的布局。至今古城街道里巷布局、名称基本未变,尤其以中心阁(四牌楼)向四周辐射的东、西、南、北四条大街两侧,仍保留着清代以来的传统商业店铺。目前保留与城址相关的重要遗迹有德胜渡、回銮碑、御井、四牌楼、十字街、王崇庆墓以及著名的西水坡遗址等。

新旧城区的分离为进一步利用预留空间。濮阳文化遗产资源保护的一大优势是新旧城区的分离,现在的行政中心在濮阳市区,位于濮阳县北,新城区的大规模建设对旧城区影响较小,有利于旧城区的保护,尤其是澶(开)州城城墙以南、以西有较大空间,可操作性强,四牌楼中心区的传统格局和历史风貌保存完整,基础较好。澶州古城内的历史文化资源数量众多,分布集中,可以将这些历史文化资源按照位置、属性、年代等因素分成不同的片区,并采取相应的模式开展保护、利用工作。

1. 恢复澶州古城墙的原始风貌

古城墙是我国古代城市最靓丽的风景,与大多古城呈现方形的结构不同,澶州古城为半圆形,俗称"卧虎状",独具匠心,别具一格,因而具有极其重要的历史、科学和艺术价值。澶州古城墙虽然破坏严重,但是西南段保存较为完好。2013年,首都师范大学考古系和濮阳市文物保护管理所通过对澶州古城墙的解剖,已经全面了解了它的结构和建造程序;另外,清嘉庆《开州志》中有澶州古城详细的平面布局图,这就为复原工作奠定了良好的基础。在复原的过程中,可以借鉴西安、大同等城市古城墙修复的经验。具体而言,要参照《开州志》澶州古城的平面布局图,按照原真性、完整性的原则进行,不仅要恢复城墙的本

---

① 张相梅:《濮阳市文物保护单位通览》,北京:中国国际广播出版社,2004年,第7—9页。

来形状,更要恢复城墙附属建筑的原始风貌,包括城墙四门及其门楼、城墙东南角的文峰塔、西南角地配文塔等。古城墙复原后,可以科技、艺术等手段将澶州城中发生的历史大事、诞生的历史人物通过影视活动的形式生动形象展现出来,再现古城丰富的历史文化。

目前,回銮碑和御井处建有封闭式院落,并成立有专门的文物保护管理机构,有效地保证了文物的安全。但是这些措施并没有使得回銮碑和御井的历史文化价值充分发挥出来。究其原因,根源在于缺乏亮点和影响力。下一步首先要通过多种渠道和形式大力宣传回銮碑和御井,使广大公众对其历史文化价值有更深一步的了解。然后在此基础上,进行深度的包装升级。可将回銮碑和御井所在院落的北屋改造成小型博物馆,收集、征集所有与澶渊之盟有关的实物、图片,将其在博物馆中陈列出来,供人们参观学习。通过对回銮碑和御井的升级包装,使这里成为国内闻名的宋辽民族交流文化园。

以四牌楼和十字街为基础,打造明清"民俗文化步行街"。濮阳老城以四牌楼和十字街组成的明清街区,属于"国家历史文化名街",保存完好,在我国北方地区十分罕见,具有极高的历史、民俗、艺术、科学价值。但是由于街区现在仍以居住和商业为主,人流量较大,局部已经遭受到了破坏,加之缺乏卫生设施及绿化,显得破旧与脏乱。因此应对明清街区进行全方位的升级改造,要以打造"民俗文化步行街"为宗旨,按照"统一规划、整体开发"的原则进行改造,对于影响街区整体环境的现代建筑要给予拆除,不法商业行为要进行制止,使街区恢复原始风貌。在升级改造的过程中,一定要将濮阳特有的民俗文化融入其中,使人们身临其境,仿佛穿越到明清时期一样,体会到原汁原味的明清文化。同时,在保证不破坏街区整体风貌的情况下,可将街区作为影视拍摄的基地,以更好地发挥街区的社会经济效益,形成高附加值的文化产业集聚区。

2. 以西水坡遗址为基础,打造"中国龙文化景观园"

西水坡遗址位于澶州城内西南部,应当是该区域文化资源的一个整体。1987年西水坡遗址发掘出土了距今6400多年前的蚌塑龙图案,被誉为中国传统文化龙的鼻祖,被学术界形象地称为"中华第一龙"。濮阳"龙"与"虎"的组合出现,奠定了濮阳在中华文明形成中的核心历史地位。西水坡遗址在保护利用的过程中,一定要引入大遗址保护的理念以及考古遗址公园的模式。考古遗址公园,是指以重要考古遗址及其背景环境为主体,具有科研、教育、游憩等功能,在考古遗址保护和展示方面具有全国性示范意义的特定公共空间。可以西水坡遗址为核心,打造"中国龙文化景观园"。景观园不仅要包括西水坡遗址出土的三组蚌塑龙虎图,而且要将中国所有的龙形象以及与龙有关的传说故事以动静结合的形式融入其中,使人们在景观园中能深刻领略中国龙文化的起源及发展过程,体会龙文化的深层含义。同时,可以在景观园中建设"西水坡遗址考古博物馆"向公众展示西水坡遗址发掘出土的重要实物资料,使人们对西水坡遗址有一个更加深入的了解。

五、濮阳古代文化发展利用的展望

2019年9月18日习近平总书记在郑州主持召开的黄河流域生态保护和高质量发展座谈会上指出:"黄河文化是中华文明的重要组成部分,是中华民族的根和魂。要推进黄河文化遗产的系统保护,守好老祖宗留给我们的宝贵遗产。要深入挖掘黄河文化蕴含的时代价值,讲好'黄河故事',延续历史文脉,坚定文化自信,为实现中华民族伟大复兴的中国梦凝聚精神力量。"①我们应深入贯彻落实习近平总书记的重要讲话精神,要认真做好黄河文化保护、传承、弘扬这篇大文章。濮阳所处的河济地区,是中华民族的发祥地之一,这里氏族社会繁荣发展,早期城址、遗址众多,流传很多"三皇五帝"的传说,是颛顼、帝喾的主要活动地。同时也是夏朝早期建都之地,黄河文化不仅是中华文明的文化符号和文化象征,而且具有培根固本、凝心聚力的价值和功能。实现中华优秀传统文化的创造性转化和创新性发展,自然包括对黄河文化的创造性转化和创新性发展。

濮阳历史文化资源还有很多待开发,如黄河是流经濮阳地区最大的水系,濮阳的繁荣发展与黄河密切相关。近年来的考古发掘,我们发现了司马迁《史记》中的"禹河",在濮阳西部宣房宫遗址附近发现了汉代黄河决口的遗迹。②

古黄河两岸分布着大量龙山文化遗址,构成了庞大的龙山文化聚落群,它们与华夏文明起源与形成的关系密切。黄河故道贯穿整个濮阳大地,并将濮阳大部分的古代遗址有机地串联起来,形成了一个统一的整体。在这些考古发掘的基础上,对其进行深度开发,建设黄河古河道剖面,规划黄河文化展览馆,将历史时期黄河文明在濮阳地区的形成以及河道迁徙、改道过程,宣传中华儿女的治黄故事,以图片、声乐、实物的形式展示出来,使人们能够更加真实地体会古代先民百折不挠、艰苦奋斗、不怕困难、万众一心、众志成城的治黄精神。

此外,今后以高城遗址的发掘和研究,也将是濮阳展示古代文化的一个亮点。高城遗址位于濮阳县东南部的五星乡高城村南,在黄河故道金堤河的南岸。2018年以来河南省文物考古研究院又进行了联系发掘。文献记载,帝丘先后作为颛顼、阏伯、昆吾、夏后相之都,同时又是春秋战国时期卫国的都城以及秦汉东郡郡治所在地。帝丘作为卫国的都城,政治稳定,经济繁荣,文化发达,成为当时文人学士聚集的重要区域,史载孔子周游列国十四年,其中十年居卫。可复原卫国当时重要的宫殿、街道等建筑,将卫国历史上发生的重大历史事件、重要文人学士的传奇故事以及"卫风"记载的民间社会生活生产状况等以不同的手法、形式表现出来,再现卫文化的繁荣景象。

总之,我们相信,通过全体濮阳人民不懈的努力,濮阳历史文化资源的保护利用一定会焕发出勃勃生机,以历史文化资源为支撑的文化产业一定会成为助推濮阳经济快速发展的不竭动力,成为构建濮阳社会和谐的重要源泉,成为濮阳最璀璨、最辉煌、最具发展力的朝阳产业。

---

① 习近平:《在黄河流域生态保护和高质量发展座谈会上的讲话》,《求是》2020年第20期。
② 袁广阔:《〈禹贡〉黄河下游河道走向及改道原因》,《光明日报》2018年7月23日。

An Exploration of the Protection and Utilization of Ancient Cultural Resources on Both Banks of the Yellow River in Henan Province

Yuan Guangkuo

Abstract: Puyang is the main flow area of the Yellow River channel mentioned in *Yugong*, which has a long history, many ancient cultural sites and clear stratigraphic relations between ancient sites and clear cultural genealogy. It fully shows the historical characteristics of the orderly cultural heritage and overlapping development of the layers, and witnessed the change and development of the ancient civilization of the Yellow River Basin. These historical sites also provide a natural platform for us to effectively integrate cultural resources and make scientific use of historical relics. This paper suggests that in the future, according to local conditions, relying on archaeological hill remains, we can build a site park and a small museum to show the region's brilliant ancient civilization.

Keywords: *Yugong*; the Yellow River channel; Puyang; site park

试论濮阳卫城之名称

张立东

摘要：卫国是周代最重要的诸侯国之一。其都城曾由卫迁到曹、楚丘和帝丘。关于地处现代濮阳的最后一个卫都的具体名称，一般认为早期称"帝丘"，战国改称为濮阳；也有人主张自初迁之时就称濮阳。通过分析有关的文献，本文断定当时的正式名称是"卫"，"帝丘"只是古地名，是其雅称或别称，仅用于特定的语境。濮阳之"卫"来自今鹤壁市区的第一个卫都，楚丘也曾被称作"卫"。由"卫"改称"濮阳"的时间大约是战国早期。这种变化是当时的大势所趋，体现了各诸侯国由"类城市国家"到"类领土国家"的转变。

关键词：濮阳卫城；名称；城市国家；领土国家

作者简介：张立东（1964— ），男，山东德州人，河南大学历史文化学院教授，主要从事夏商周考古研究。

卫国是周代最重要的诸侯国之一。周公平定三监之乱后，原来被分封在康地的叔封被移封到卫地，占有原来邶、鄘、卫三监之地，亦即商代晚期的畿内之域。周初的卫国是封地最广、最有实力的诸侯国之一。

卫国最初的都城在今淇河两岸的鹤壁市区一带。卫懿公九年（公元前660年）狄人伐卫，入卫邑。卫之遗民男女七百有三十人，益之以共、滕之民为五千人，立戴公并庐于曹。戴公当年去世，文公立。文公二年，卫人徙于楚丘。公元前629年卫成公再次东迁，直至公元前239年秦国将卫君迁到河内的野王，卫国的都城一直位于现在的河南省濮阳市，长达390年。

关于濮阳卫城的具体名称，学术界有不同的见解。濮阳高城遗址的发掘者袁广阔、南海森先生的说法颇具代表性，他们认为"濮阳高城东周城址……应是历史上卫成公迁都的帝丘城……该城在战国为濮阳城"①。他们只是在讨论高城遗址的性质时顺便提到，并没有把濮阳卫城的名称作为一个独立的问题进行讨论。曲英杰先生在对卫都进行复原研究时，曾经专门探讨濮阳卫都的名称问题，明确指出"其地称濮阳当始于初迁之时"②。

笔者在探寻高城的郭门之时涉及这座卫都的名称问题，觉得以上两种说法都有可商

---

① 袁广阔、南海森：《试论濮阳高城东周城址的性质》，《中原文物》2009年第1期。
② 曲英杰：《先秦都城复原研究》，哈尔滨：黑龙江人民出版社，1991年，第341—344页。

之处,当时的官称应该还是"卫"。① 现将敝说申述如下,以就教于各位方家。

一、"帝丘"是古地名

将濮阳卫都称作"帝丘",似乎是多数学者的习惯。例如李学勤先生提到:"卫国……春秋时受狄人压迫,迁于今河南滑县东的楚丘,后又迁于今河南濮阳的帝丘。"②潘英先生对地名"帝丘"的解释为"古地,春秋卫都"③,称"卫都帝丘的规模可能不下于宋都"④。何光岳先生说:"六年冬,狄围卫,卫被迫又由楚丘迁都帝丘。"⑤陈昌远先生更是直称卫都为"帝丘"⑥。

把濮阳卫都称作"帝丘"是有一定文献依据的。《春秋·僖公三十一年》:"狄围卫。十有二月,卫迁于帝丘。"这段记载告诉我们卫国新迁之处名曰"帝丘"。杜预注的"帝丘,今东郡濮阳县,故帝颛顼之虚,故曰帝丘",显然也是这样理解的。

可是其他文献记载却透露了"帝丘"只是一个古地名的信息。《左传·昭公十七年》:"卫,颛顼之虚也,故为帝丘。"这段话的意思非常明确。当时的"卫"因为是颛顼之虚,所以它又被称作"帝丘"。关于先秦文献中的"丘",笔者曾做过一些讨论,"丘"与"墟"为古今字,因此"丘"就是"墟",而且"丘"是比"墟"更古老的说法。早在商代甲骨文里,"丘"就用于指称古代遗留下来的废墟。故此"帝丘"的本意应是"某帝所居的废墟",与"殷墟"类同。把我们对"丘"字的新理解加入之后,上引《左传》之语的意思就更明确了。

在当时卫国的语境之中,"卫"有两层含义:一是作为诸侯之一的卫国,一是卫国之都城。当时的卫国都城恰好位于颛顼之虚,所以又称作"帝丘"。"卫"是正式的官称,也是使用最普遍的称呼,"帝丘"只是卫都的旧称、雅称或者别称,仅在特殊的语境中使用。

类似的语言现象古今常见。战国时期郑州韩城的正式官称是"管",而在特殊的语境中则被称作"亳"或"亳丘"。之所以被称作"亳丘",就是因为当地曾是早商时期的亳都,甚至韩城就是直接在郑州商城之内城的基础上修补而成的。已经发现的压印有"亳""亳丘"的陶器,主要是陶豆,大都用在针对晋悼公十一年亳城之盟的纪念活动中,因此当时的"亳"与"亳丘"只是在特定语境下才使用。⑦"帝丘"之于卫、"亳丘"之于管,就像现代汉语中"燕京"之于北京、"长安"之于西安一样。

关于帝丘是卫都的旧称、别称,《汉书·地理志》说得比较清楚:"濮阳,卫成公自楚丘徙此,故帝丘,颛顼墟。"又说濮阳"本颛顼之虚,故谓之帝丘,夏后之世,昆吾氏居之"。前段话中的"故帝丘"说明帝丘只是一个旧地名,后段话中的"故"是推理,是解释帝丘之后的

---

① 张立东:《濮阳卫城郭门探寻》,《华夏考古》2019 年第 4 期。
② 李学勤:《东周与秦代文明》,上海:上海人民出版社,2007 年,第 55 页。
③ 潘英:《中国上古国名地名辞汇及索引》,台北:明文书局,1986 年,第 147 页。
④ 潘英:《中国上古史新探》,台北:明文书局,1985 年,第 266 页。
⑤ 何光岳:《周源流史》,南昌:江西教育出版社,1997 年,第 684 页。
⑥ 陈昌远:《卫都帝丘与戚邑》,《中国历史地理论丛》1994 年第 3 期。
⑦ 张立东:《郑州战国陶文"亳"、"十一年以来"再考》,载《考古学研究(六)——庆祝高明先生八十寿辰暨从事考古研究五十年论文集》,北京:科学出版社,2006 年,第 437—441 页。

由来。

二、"濮阳"是后世地名

学术界基本公认濮阳之称始见于战国。清代程恩泽指出"成公徙帝丘……战国时谓之濮阳"①。现代工具书也多持此说。例如《中国地名语源词典》"濮阳"条:"战国时始曰濮阳。"②前引袁广阔、南海森等先生的说法也是如此。

此说的文献依据比较坚实,作为地名的"濮阳"仅出现于战国及以后的文献中。《战国策·韩策二》:"韩傀相韩……严遂惧诛……求人可以报韩傀者……聂政……遂西至濮阳,见严仲子……聂政直入,上阶刺韩傀。韩傀走而抱哀侯,聂政刺之,兼中哀侯,左右大乱。聂政大呼,所杀者数十人。因自皮面抉眼,自屠出肠,遂以死。"据《史记·韩世家》,聂政刺杀韩傀是在列侯三年,即公元前397年。

《战国策·秦策五》:"濮阳人吕不韦贾于邯郸,见秦质子异人。"秦昭王四十年(公元前267年),悼太子死在魏国。两年后,第二子安国君被立为太子。安国君有二十多个儿子,其中之一就是在赵国为质的异人。吕不韦见异人当在公元前265年前后。

曲英杰先生之所以认定濮阳卫都一开始就叫濮阳,是因为他排比了上引的两条文献,认为"由此可知其地称濮阳并非始于秦徙卫君之后(其不可能是以后改称之名称旧地)。而在其地一直为卫都的情况下,亦不太可能发生中途改名之事,故其地称濮阳当始于初迁之时"。

至于是否改名、何时改名,我们可以从《史记·卫康叔世家》的叙事中寻得端倪。该篇可以确定为特指都城的"卫"字仅一见:"庄公……三年,庄公上城,见戎州。曰:'戎虏何为是?'戎州病之。十月,戎州告赵简子,简子围卫。十一月,庄公出奔。"赵简子所围之"卫"显然是卫都而非卫国,此事发生于公元前479年。濮阳最早出现在公元前320年的"更贬号曰君,独有濮阳"之事,此后的公元前239年,"秦拔魏东地,秦初置东郡,更徙卫野王县,而并濮阳为东郡"。由此可以断定,卫都由"卫"到"濮阳"的转变发生于公元前479年与公元前239年之间。

《史记·聂政传》也两次提到濮阳。假设聂政故事中的濮阳确是当时的地名,那么濮阳之名就可以追溯到公元前397年,而由卫到濮阳的转变就发生在公元前479与公元前397之间。

通过上面的排比,我们可以得出以下两条结论:第一,濮阳之名始于战国;第二,由"卫"到"濮阳"的转变可能发生于公元前479年与397年之间。

---

① 程恩泽:《国策地名考》卷15"卫"条,《续修四库全书》,上海:上海古籍出版社,2002年影印本,第422册,第98页。
② 史为乐:《中国地名语源词典》,上海:上海辞书出版社,1995年,第324页。

三、"卫"才是当时地名

关于濮阳卫都之称"卫",上两节所引的《左传·昭公十七年》和《史记·卫康叔世家》都已涉及,但我们还有更直接的证明材料。

《论语》是孔子的语录。孔子曾长期居于卫,因此《论语》中关于卫国都城的称呼应该比较接近历史真实。《论语·宪问》:"子击磬于卫,有荷蒉而过孔氏之门者,曰:'有心哉,击磬乎!'既而曰:'鄙哉!硁硁乎!莫己知也,斯己而已矣。深则厉,浅则揭。'子曰:'果哉!末之难矣。'"《论语·子路》:"子适卫,冉有仆。"这两条尤其是第一条中的"卫"明显是指卫都而非卫国。

《春秋》是鲁国的编年史,编成于孔子之手,而《左传》是其注释。杨伯峻先生说:"《左传》成书在公元前403年魏斯为侯之后,周安王十三年公元前389年以前。"①《春秋》《左传》关于卫都的记述应该比较接近史实。

《左传·襄公九年》:"公还,及卫,冠于成公之庙,假钟磬焉,礼也。"

《春秋·襄公二十六年》:"二十有六年春王二月辛卯,卫宁喜弑其君剽。卫孙林父入于戚以叛。甲午,卫侯衎复归于卫。"

《左传·昭公十七年》:"卫,颛顼之虚也,故为帝丘。"

《左传·定公六年》:"二月,公侵郑,取匡,为晋讨郑之伐胥靡也。往不假道于卫;及还,阳虎使季、孟自南门入,出自东门,舍于豚泽。卫侯怒,使弥子瑕追之。"

《左传·定公十年》:"晋赵鞅围卫,报夷仪也。初,卫侯伐邯郸午于寒氏,城其西北而守之,宵熸。及晋围卫,午以徒七十人门于卫西门,杀人于门中。"

《春秋·哀公十六年》:"十有六年春王正月己卯,卫世子蒯聩自戚入于卫,卫侯辄来奔。"

上引《春秋》《左传》中的"卫"均特指卫都,而非卫国。综合《论语》与《春秋》《左传》,我们可以比较肯定地说:春秋时期濮阳卫都的正式名称应该是"卫"。换言之,当时人提到濮阳卫都时,并非称之为"帝丘",而是称之为"卫"。

位于濮阳的卫都被称作"卫"并不是孤立的,此前的卫都也曾被称作"卫"。《春秋·闵公二年》:"十有二月,狄入卫。"此卫显然是指淇水附近的第一个卫都。《春秋·僖公三十一年》:"冬……狄围卫。十有二月,卫迁于帝丘。"这个卫都显然是指楚丘。钱穆《史记地名考》列有三条"卫",分别与淇滨、楚丘和濮水三地之"卫"相对应。所引文献虽不乏问题,但其总体格局是正确的,即作为卫国都城之称的"卫"随着都城的迁移而迁移。②

四、余 论

通过分析文献中关于濮阳卫都的记载,我们可以肯定当时的正式名称应是"卫"。"帝

---

① 杨伯峻:《春秋左传注》,北京:中华书局,1981年,第43页。
② 钱穆:《史记地名考》,北京:商务印书馆,2001年,第870—871页。

丘"是古地名,是其雅称、别称,仅用于特定的语境。濮阳的"帝丘"之名据说源自颛顼①,而濮阳之地在先商时期为"商丘"②,在商代晚期甲骨文中是"丘商"③,在周初为"鄘"④,因此在夏、商及西周时期"帝丘"之号似乎一直不是当地的正式名称。

武王克商之后,将商纣王的畿内之域划分为邶、鄘、卫三个诸侯国,分别令管、蔡、霍三叔监视仍在旧都继守商祀的纣子武庚。周公东征平定三监之乱后,将康叔迁封到"卫"。三监与康叔之卫的都城以往多指认为河南省淇县城所在的朝歌镇,但现代淇县城的朝歌故城始建于春秋中期,⑤应是晋国占有旧卫之后始建。西周至春秋前期的卫国都城应在今鹤壁市区一带的淇河南北。至于此地称"卫"的渊源,则或可追溯到夏代的"韦"或"豕韦"。⑥卫懿公在位期间狄人攻入卫都之后,卫遗民东迁,先后都于曹、楚丘和帝丘。由于"庐"于曹地仅仅两年时间,所以现存文献中不见曹地称"卫"的记载,卫人都于楚丘近30年,并在那里努力恢复元气,其后都于帝丘的时间更长,因此两地都按照当时的习惯被称作"卫"。

虽然最后一个"卫"转称濮阳的具体过程现在还不太清楚,但其大体时间为战国早期还是比较确定的。综观周代地名,西周时期国、都同称现象比较普遍,春秋依然如此,到了战国时期国、都分称才比较普遍,这应该是一个历史大势。

从国、都同名到国、都分称的变化,应该与政治体制的变化密切相关。关于中国古代国家的政体,学者们提出了多种模式,其中最著名的是"城市国家"与"领土国家"两种。⑦仅就周代诸侯国而言,确实发生过类似由"城市国家"到"领土国家"的转变。关于周代城市国家的结束,叶山先生定在战国中期。⑧实际上,这是一个漫长的过程。⑨若强行划一界限,似以春秋战国之际比较合适。过去将奴隶社会与封建社会的分野定于此,就是注意到这一阶段的社会巨变。"城市国家"阶段,国家规模不大,多是由一座城市连同周边地区组成的,因此其都城的名称自然可以代表国家的名称。到了"领土国家"阶段,国家规模变大,一个国家之内有很多座城市,都城的代表性减弱,国与都的区别就逐渐清楚了。

在这种大变革的背景之下,即便相对比较弱小的卫国,也会随着时代大潮有意识地将

---

① 王景莲:《颛顼遗都帝丘初探》,《中原文物》2016年第1期。
② 张立东:《钺在祭几之上:"商"字新释》,《民族艺术》2015年第6期。
③ 郑杰祥:《商代地理概论》,郑州:中州古籍出版社,1994年,第20—24页。
④ 参见刘起釪:《周初的"三监"与邶、鄘、卫三国及卫康叔封地问题》,载刘起釪:《古史续辨》,北京:中国社会科学出版社,1991年,第525—527页。
⑤ 张玉石:《淇县朝歌故城》,载杨育彬、袁广阔主编:《20世纪河南考古发现与研究》,郑州:中州古籍出版社,1997年,第438页。
⑥ 张立东:《论辉卫文化》,《考古学集刊》第10集,北京:地质出版社,1996年,第246—248页。何光岳:《楚源流史》,长沙:湖南人民出版社,1988年,第83—87页。
⑦ Li Liu & Xingcan Chen, *State Formation in Ancient China*. London: Duckworth, 2003, pp.15-25.
⑧ Yates, D. S. Robin, "The City State in Ancient China," in Deborah L. Nichols and Thomas H. Charlton(eds). *The Archaeology of City States: Cross-Cultural Approaches*, Washington, D. C.: Smithsonian Institution Press, 1997, pp. 71-90.
⑨ 杜正胜:《周代城邦》,台北:联经事业出版公司,1979年,第123—156页。

国、都的名称区分开来。濮阳之名很可能就是在这样的时代大潮中流行起来的。

On the Nomenclature of Puyang Wei City
Zhang Lidong

Abstract: The State of Wei was one of the most important vassal states of the Zhou Dynasty. Its capital successively moved from Wei to Cao, Chuqiu, and Diqiu. About the nomenclature of the last one at present day Puyang, most scholars tend to believe that in the early period it was called Diqiu, and changed to be Puyang during the Warring States period. By analyzing the textual records, this article concludes that its official name should be Wei, while Diqiu was just an alternative mostly used in special contexts. The change from Wei to Puyang took place in the early Warring States. Such a change was only one case of that time reflecting the transformation from city states to territorial states.

Keywords: Puyang Wei City; nomenclature; city states; territorial states

甲骨文中的商代晚期历法

叶正渤

摘要：文章从甲骨文中的时间词日、旬、月、祀的含义和用例进行分析论证，证明商代晚期的历法产生于人们对太阳运行的认识。文章研究认为，商代晚期施行的是太阳历，而不是太阴历。

关键词：甲骨文；商代晚期；太阳历

作者简介：叶正渤，江苏师范大学文学院教授。

历法，是人们根据天象（主要是日、月）的运行来推定年、月、日、时、节气，用来计算较长的时间的方法。主要有阳历、阴历和阴阳历三种。商代历法，史称殷历。本文所讨论的商代晚期历法，是指帝乙、帝辛时期的历法。商代晚期的历法状况，学术界很早就有人进行过探讨，大抵上有两种不同的说法。一是以刘朝阳为代表，他在《殷历质疑》一文中认为，殷用三百六十日为一太阳年，闰月二十日附于年终；一个月三旬，每旬十日，每旬第一日皆为甲日，每旬第十日皆为癸日；每月都是三十日，每月首日皆是甲日，每月末日皆是癸日。① 二是以董作宾为代表，他在《殷历谱》中按照古四分历来看待殷历，认为商代晚期实行的是太阴历，大月三十日，小月二十九日，并根据此观点编排殷历谱。② 其后又有一些学者对商代历法进行过探讨，大抵上未超出以上两种说法，尤其是赞同后者的人居多，只是说法略有差异而已。

例如，陈梦家在《殷虚卜辞综述》第七章中说："历法是根据天象以一定的单位对于长的时间间隔的计算。"又说："甲骨刻辞中所见到的殷代历法，其可确知者有以下各点：(1)它是一种阴阳历，所以有闰月。(2)闰月最初置于年终，称十三月；后来改置年中，一年只有正月至十二月。(3)月有大小，大月三十日，小月二十九日；一年之中大小月相错，有频大月的。(4)年有大小，平年十二个月，闰年十三个月。(5)它虽然利用祀周的甲子记日，但每年每月不一定始于甲日，朔日不一定逢甲。(6)武丁至殷末，历法是改易的。"陈梦家又补充了几条推测意见。陈梦家虽然也认为商代施行的是阴阳合历，但他对董作宾的《殷历谱》还提出了批评。③

---

① 刘朝阳：《殷历质疑》，《燕京学报》第17期。
② 董作宾：《殷历谱》，《董作宾先生全集甲编》，台湾：艺文印书馆，1979年。
③ 陈梦家：《殷虚卜辞综述》，北京：中华书局，1992年，第217—223页。

再后有许进雄《第五期五种祭祀祀谱的复原——兼谈晚商的历法》,常玉芝《殷商历法研究》,彭慧贤《商末纪年、祭祀类甲骨研究》,陈煜静《晚商第五期历制研究》等。①

叶正渤在《邲其卣三器铭文及晚殷历法研究》一文中认为,晚殷历法实行祀周年制度,属太阳历,一个月三十日,一个月三旬,一旬十日,一年三百六十日;闰月三十日置于年终,一年十三个月,三百八十日。每个月的月首、旬首皆为甲日,而月末、旬末皆为癸日。②

历法是人类根据对日、月和地球的运行长期观察而总结出来的运行规律,实际上是关于时间问题的看法。与人们日常生活有直接关系的就是日、旬、月、时和年五个时间概念。本文根据甲骨卜辞日、旬、月和年四个时间词,探讨商代晚期所施行的历法,以就教于方家。

(一) 日

日,顾名思义,本指太阳,古代称日。东汉许慎《说文解字》(以下简称《说文》)曰:"日,实也。太阳之精不亏。从口一。象形。""日"字甲骨文写作 ,与现代汉字写法基本相同。根据人们的长期观察,日每天从东方升起,从西方落下,久而久之便产生了日的时间概念。所以,日是人类根据太阳的运行而形成的一个时间概念。

班固《白虎通义》卷七"三正":"《尚书大传》曰'夏以孟春月为正,殷以季冬月为正,周以仲冬月为正。夏以十三月为正,色尚黑,以平旦为朔。殷以十二月为正,色尚白,以鸡鸣为朔。周以十一月为正,色尚赤,以夜半为朔'。"③商代人以正月(夏历十二月)朔日鸡鸣为一日之始,亦为一年之始,就是以日渐出为依据的。

古人最早用干支纪日。据古代文献《世本》"容成造历,大桡作甲子"的记载,容成和大桡是传说中黄帝时人,则黄帝时期先民就已经发明了干支。但干支至少在夏朝时期业已创造出来则是肯定的,商人的先祖王亥、上甲微、报乙、报丙、报丁、示壬、示癸都是夏朝时人,都用天干字做名字或庙号。十天干配十二地支用来纪日,六十日一循环,周而复始。这在甲骨刻辞和商代晚期的铜器铭文中很常见。例如,

《合集》第326片:丙午卜,贞:燎于河五牢,沉十牛,宜牢,业羌十业(又)……

《合集》第547片:辛酉卜,争贞:勿乎以多(寇?)伐舌方,弗其受业(有)又(佑)。

《合集》第903片正面:乙卯卜,殻贞:来乙亥酻下乙十伐业(又)五,卯十牢。二旬业(又)一日乙亥不酻,雨。五月。

四祀邲其卣铭文(《集成补》P3384—3385,5413):

乙巳,王曰:"尊文武帝乙宜。"在召大庭。遘乙翌日,丙午,洇。丁未,煮。己酉,王在梌,邲其赐贝,在三(四)月。唯王四祀,翌日。亚貘,父丁。

铭文记载商纣王在即位的第四祀(年)四月共计四日的祭祀活动,都是用干支纪日的。在我国古代干支最早是用来纪日的,秦汉时才始用来纪年,直至辛亥革命后改用公元纪

---

① 许进雄:《第五期五种祭祀祀谱的复原——兼谈晚商的历法》,《古文字研究》第十八辑。常玉芝:《殷商历法研究》,吉林文史出版社,1998年。彭慧贤:《商末纪年、祭祀类甲骨研究》,《元培学报》2009年12月。陈煜静:《晚商第五期历制研究》,硕士学位论文,台湾大学文学院,2009年。

② 叶正渤:《邲其卣三器铭文及晚殷历法研究》,《故宫博物院院刊》2003年第6期。

③ 陈立:《白虎通疏证》,北京:中华书局,1994年,第363页。

年。

（二）旬

旬，《说文》曰："徧也。十日为旬。从勹日。"段玉裁《说文解字注》曰："日之数十，自甲至癸而一徧。从勹日。勹日犹勹十也。""旬"字甲骨文写作 ![字]、![字]，或 ![字]，像展开的云气被截止形，后来演变为勹。由于旬指十日，与日有关，所以后来又加上"日"，写作"旬"，表示十日为一旬。可见旬的概念也与日有关，且一旬十日，从古至今无二说。商代晚期大量的卜旬卜辞表明，每旬都是从甲日开始，到癸日为止，无一例外。

旬的概念可能产生于上古时期有穷国国君后羿射日的神话传说。《淮南子·本经训》："逮至尧之时，十日并出，焦禾稼，杀草木，而民无所食。……尧乃使羿诛凿齿于畴华之野，杀九婴于凶水之上，缴大风于青丘之泽，上射十日而下杀猰貐，断修蛇于洞庭，禽封豨于桑林，万民皆喜，置尧以为天子。"①在上古乃至汉代，人们认为数概念到十就终止了，因而一旬十日。十天干的观念可能就与羿射十日的传说有关，因而先民创造了十天干字甲乙丙丁戊己庚辛壬癸，用来记录一旬中的具体日子，商代甲骨卜辞就是有力的证明。在商代，旬是个经常使用的时间概念，且商人迷信，每于上一旬末的癸日占卜下一旬的吉凶。大龟四版之四是公认的卜旬卜辞，详见下文。商代卜旬卜辞很多，不胜枚举。《合集》第36537片：

(1) 癸子（巳）卜，在矶，贞：王旬亡祸。在五月。王迟于上虞。
(2) 癸卯卜，在囗，贞：王旬亡祸。在六月。王迟于上虞。
(3) 癸丑卜，在![字]，贞：王旬亡祸。在六月。王迟于上虞。
(4) 癸亥卜，在向，贞：王旬亡祸。在六月。王迟于上虞。
(5) 癸酉卜，在上虞，贞：王旬亡祸。在七月。
(6) 癸未卜，贞：王旬亡祸。在七月，王正斝，戈（斩）商，在爵。
(7) 癸子（巳）卜，在上虞，贞：王旬亡祸。在七月。

又如《合补》第12820片：

(1) 癸巳卜，[在上]虞，[贞]，王[旬无祸]，在囗月。
(2) 癸卯卜，贞，王旬无祸，在二月。在上虞。
(3) 癸丑卜，在上虞。贞，王旬无祸，在二月。
(4) 癸亥卜，在上虞，贞王旬无祸，在囗月。

这些卜辞皆于旬末的癸日占卜下一旬的吉凶，无一例外。当然商代晚期也不是每旬都占卜，也有隔旬占卜的。例如《合集》第36848片：

(1) 癸卯卜，贞，王旬无祸，在上虞，在十月又二。
(2) 癸亥卜，贞，王旬无祸，在上虞，在十月又二。
(3) 癸未卜，在[上]虞，贞，王旬无祸，在正月。
(4) 癸卯卜，在虞，永贞，王旬无祸，在二月。

上例癸卯的干支序是(40)，癸亥的干秩序是(60)，癸未的干秩序是(20)，最后又是癸卯(40)，根据干支表，中间缺癸丑(50)、癸酉(10)、癸巳(30)三旬，该片属隔旬卜。

---

① 刘文典：《淮南鸿烈集解》，殷光熹点校，合肥：安徽大学出版社，1998年，第253页。

又如《合集》第 39018 片,癸巳(30)后接着是癸丑(50),中间缺癸卯(40);《合集》第 41225 片先后是癸酉(10)、癸丑(50)、癸卯(40)、癸酉(10)、癸丑(50)、癸未(20)卜,中间隔了几旬;《合集》第 39021—39024 几片也是的,还有《合集》第 36537、36638、36803、36807、36846、36848 片,以及《合补》第 11469、12869 片等,有的中间甚至隔了几旬。根据卜旬卜辞,结合干支表,就可以排出具体月份的起始日。

(三)月

月,本来指天上的月亮。《说文》:"月,阙也。大阴之精。象形。""月"字甲骨文写作 ▯,或 ▯,像新月或半月形。根据长期观察,人们发现月有阴晴圆缺,且总是恒定地发生变化,久而久之人们就形成了月的时间概念。然而,在商代晚期乃至后世,人们计算月的时长是以日为最短单位的,也即积日成月。商代晚期月又是和旬配合使用的,一个月有三旬,三十日。如果按照殷历有大小月之分的说法,那么在商代就会出现一旬只有九日的情况。这显然不符合常识,而且也不符合卜辞的实际。一旬十日,从古到今无异议。

商代一年有十二个月,从一月至十二月。一月也称正月,十一月卜辞有的称十月又一,十二月称十月又二。十一月和十二月有的是合书,分别写作 ▯、▯,以及 ▯。例如《合集》第 37975 片:

(1) 癸丑,〔王卜〕,贞:旬亡〔祸〕。王占曰:〔大吉〕。才(在)十月又▯。

(2) 癸亥,王卜,贞:旬亡祸。王占曰:大吉。才(在)十月又二。

商代晚期为了使历法尽可能地切合实际天象,于是设置了闰月,称十又三月,合书则写作 ▯。例如《合集》第 6543 片:

(1) 壬寅卜,争贞:今早王伐𢀛方,受屮(有)又(佑)。十三月。

(2) □午卜,㱿贞:王伐𢀛方,帝受(授)我又(佑)。十〔三〕月。

又如《合集》第 8516 片:

〔弗〕其〔受〕舌〔方〕又(佑)。十三月。

另见《合集》第 11113 片。就目前所公布的资料来看,称十三月的卜辞很少。参阅下文大龟四版之四(《合集》第 11546 片)。

卜辞某月,或称"才(在)某月",其实这是强调前文记的干支所在的月份。因为干支只有六十个,每日用一个来纪日,循环使用。这样,一年之中一个干支至少被重复使用六次,若遇闰月,有的则可能使用七次。若不注明某干支所在的月份,则不知道该干支所记的日辰属于哪个月的,所以干支所在的月份一定要写,加个"在"字就是这个目的和作用。如《合集》第 36537 片、第 36848 片和《合补》第 12820 片等。又如《合集》第 35706 片:

(1) 癸丑卜,贞:王旬亡祸。才(在)八月,甲寅夕羌甲。

(2) 癸亥卜,贞:王旬亡祸。才(在)八月。

(3) 癸酉卜,贞:王旬亡祸。才(在)八月。

(4) 癸未卜,贞:王旬亡祸。才(在)九月。

(5) 癸巳卜,贞:王旬亡祸。

(6) 癸卯卜,贞:王旬亡祸。才(在)九月。

(7) 癸〔丑〕卜,贞:王旬亡祸。

（四）祀

祀，本来指祭祀。《说文》："祭无已也。从示巳声。"甲骨文写作🔲，或🔲，结构与《说文》小篆相同。上古时期的先民，尤其是商代人很迷信，每事都要占卜，询问鬼神或祖先的神灵某事未来的趋势、结果，是否可以做，等。这样，就逐渐形成了各种内容以及各种形式的祭祀制度。在商代晚期逐渐形成了一种特殊的祭祀制度，即所谓的周祭制度。这种祭祀制度引起后世学人的极大关注，并予以深入探讨。最早加以研究、用力颇勤且收获颇丰的是董作宾，他据卜辞撰写了影响很大的《殷历谱》。学者根据甲骨卜辞所记录的情况，逐渐整理出一套周祭的规律和形式，其情形大致如下。

商代晚期的周祭，初见于文丁时期，完备于帝乙、帝辛二王世。周祭有五种形式，或曰从工典开始，经翌祭、祭祭、🔲祭、劦祭，至彡（肜）祭结束，每旬一祭，共六旬为一祭祀周期。即工典（冒祭）→翌祭→祭祭→🔲祭→劦祭→肜祭。（周祭起始也有不同说法）具体来说，分别是：工典（或释作贡典：冒祭）、舞羽之祭、献肉之祭、进黍稷之祭、大合祭、伐鼓之祭等五种形式。参阅下文所引《合补》第 10943 片（合集 37840＋合集 35529）。

又以周祭之始的某旬首日即某甲日祭祀庙号曰某甲的先祖先王，如上甲（先祖）、大甲、小甲、戋甲（河亶甲）、羌甲（沃甲）、象甲（阳甲）、祖甲等，而劦祭其他先王，同时以直系先王的配偶作陪祭，至肜祭而终，形成一整套制度和形式，称为祀典。由于一祀祭是六旬共六十日，祀祭的周期是六祀祭，即三十六旬三百六十日，与太阳回归年的长度约三百六十五又四分之一日几乎相等，于是商代晚期（帝乙、帝辛时期）就把这样的祀周作为年的名称，称作"祀"。商代甲骨文中已有"年"字，卜辞常称"某方受年"，但这个"年"是谷熟的意思，也就是有收成。《说文》："年，谷熟也。从禾千声。《春秋传》曰：'大有季。'"所以卜辞的"年"不表示时间概念。商代晚期用"祀"表示后世"年"的意义，毫无疑问其基础在于祀周制度的施行，而祀周的时间长度又与太阳回归的长度几乎相等，这就导致了商代晚期用"祀"而不用"年"的结果。"年"作为时间词来施行，是西周初期以后才有的事。根据上文的分析，商代晚期形成的周祭，只在正常月份的一至十二月进行，闰月不进行，轮空。

我国从夏代开始就形成了家天下的观念，而祭祀属于国家的大事，因此只有在位的君王才有资格代表王室举行。这种观念一直被后世继承下来，至今未变。这样，商代晚期形成的纪年形式就称为"唯某祀"，或"唯王某祀"。祀者，年也。《尔雅·释天》"夏曰岁，商曰祀，周曰年，唐虞曰载"。甲骨卜辞所记与传世文献的记载完全符合。这种"唯某祀"或"唯王某祀"，表示的是某王即位的第几年，起着纪年的作用。它是由在位君王举行的第几次祀周祭演变而来，可以说"唯某祀"纪年是随着祀周制度的完善而形成的，是帝乙、帝辛时期才产生的纪年形式。所以，"唯王某祀"就是唯王某年。商代称年为"祀"的用法一直沿用到周初，如成王时的何尊铭文，甚至西周中期某些铭文仍称祀，如共王时的五祀卫鼎等。

太阳年，也称回归年，指地球围绕太阳旋转一周所需要的时间。现代测定一太阳年平均为 365 天 5 小时 48 分 46 秒。所以商代晚期一周祀六旬六十日，一年六周祀三百六十日，比一太阳年的三百六十五又四分之一日还少五又四分之一日。为了调整周祭祀年与实际天象的误差，于是人们设置了闰月。在商代闰月称十月又三，也就是十三月。故殷历以日的运行为依据，属于太阳历。闰月若按正常月份一个月三旬三十日来安排，大约经五至六年才会设置一个闰月。这样一来，历法与实际天象之间的误差反而会很大，所以需要灵活安排。

闰月的十又三月究竟是多少日？从理论上来讲，它是为了调节历法与实际天象之间的误差的，目的是使历法与实际天象尽可能保持一致。所以，尽可能缩小误差而规定闰月的天数是理所当然的。本文开头引刘朝阳"闰月二十日附于年终"之说，看来是有一定道理的。而本文开头所引陈梦家的六点说法，可能要重新审视。参阅下文关于大龟四版之四的分析。

下面略举商代晚期施行周祭和用"唯王某祀"纪年的卜辞和铭文的例子，以资佐证。

《合集》第 37836 片：

癸未，王卜，贞：酉（肜），彡（肜）日，自上甲至于多毓（后），衣，亡𡆥（害），自歔，在四月，唯王二祀。

《合补》第 10943 片（合集 37840＋合集 35529）：

（1）癸酉，王卜，贞：旬亡祸。王占曰：吉，在十月又一。甲戌，妹工典其彡（肜）。唯王三祀。

（2）癸未，王卜，贞：旬亡祸。王占曰：吉。在十月又二。甲申，彡（肜），酌，祭上甲。

（3）癸巳，王卜，贞：旬亡祸。王占曰：吉，在十月又二。甲午，当上甲。

（4）癸卯，王卜，贞：旬亡祸。王占曰：吉。在十二月。甲辰，祭大甲、劦上甲。

（5）癸丑，王卜，贞：旬亡祸。王占曰：吉。在正月。甲寅，祭小甲、当大甲。

（6）[癸亥，王卜，贞：旬]亡祸。王占曰：吉，在囗囗。甲子，劦……。

《合补》第 10958 片（花东 41704＋花东 41723）：

（1）癸酉，王卜，贞：旬亡祸。王占曰：弘吉，在二月。甲戌，祭小甲，当大甲，唯王八祀。

（2）癸未，王卜，贞：旬亡祸，王占曰：吉，在三月。甲申，当小甲，劦（劦）大甲。

（3）癸巳，王卜，贞：旬亡祸。王占曰：吉，在三月。甲午，祭戋甲（河亶甲），劦小甲。

（4）癸卯，王卜，贞：旬亡祸。王占曰：吉。在三月。甲辰，祭羌甲（沃甲），当戋甲。

（5）癸丑，王卜，贞：旬亡祸。王占曰：吉，在四月。甲寅，祭昜（阳）甲，当羌甲，劦戋甲。

（6）癸亥，王卜，贞：旬亡祸。王占曰：吉，在四月。甲子，当昜（阳）甲，劦羌甲。

（7）[癸酉]，王卜，贞：旬亡祸，王占曰：吉，在四月。甲戌，当祖甲，劦昜[甲]。

《合集》第 36856 片：

（1）癸未卜，在上虞，贞：王旬亡祸。在九月。王廿司（祀）。

（2）癸卯卜，在上虞，贞：王旬亡祸，在十月。

宰椃角（集成补：P4840、9105）

庚申，王在阑（阑），王各，宰椃从，易（赐）贝五朋，用作父丁奠彝，在六月，唯王廿祀翌又五。

据研究商代晚期可能只有春、秋二季，四季的概念不十分明确，故对"时"略而不论。

（五）关于大龟四版之四的十三月

那种认为商代晚期历法分大小月的根据就是《甲》2122＋2106 片的卜旬卜辞（即大龟

四版之四,合集 11546)。现将持大小月之说的董作宾、陈梦家排比的晦日干支移录于下①:

十 月			癸酉
十一月	(癸未)	癸巳	癸卯
十二月	癸丑	(癸亥)	癸酉
十三月	(癸未)	癸巳	[癸卯]
(一月)	[癸卯]	(癸丑)	(癸亥)
二 月	癸酉	癸未	(癸巳)
三 月	(癸卯)	(癸丑)	(癸亥)
四 月	癸酉	(癸未)	癸巳
五 月	癸卯	癸丑	癸亥(《殷虚卜辞综述》P219)

从上列九个月每月三旬旬末的干支可以清楚地看到,十三月第三旬旬末是癸卯,而据下一年二月份的干支以及干支表,逆推一月第一旬的旬末也是癸卯。董作宾、陈梦家遂以为十三月和一月必须是三十日和二十九日的分配,而郭沫若称董作宾殷历有小月说为"一重要之发现,其说无可易"②。本文以为,仅据此片卜辞就说殷历有大小月之分,大月三十日,小月二十九日,这是有问题的。

首先,大龟四版之四属于卜旬卜辞,这是无争议的,是大前提。既然是卜旬卜辞,那么每旬的日数就应该是固定的十日,而不可能出现一旬九日的现象。这是基本常识,故董作宾、陈梦家说殷历有小月二十九日,与旬的概念严重不符,令人怀疑。

其次,从方法论的角度看,商代卜旬卜辞不胜枚举,且皆于旬末的癸日占卜下一旬的吉凶,毫无例外。仅据大龟四版之四一片卜辞就断言殷历有小月,这是以偏概全。月分大小是太阴历的做法,是根据月亮的运行变化而制定的历法,是西周立国后才开始施行的,最明显的证据就是西周早期开始用月相词语纪时,如保卣铭文等。商代及商代晚期从来不用月相词语纪时,这是有定论的。③

最后,关于大龟四版之四的十三月。上表中十三月最后一旬旬末应该是癸卯,根据卜辞所记二月份干支推算出下一年一月上旬旬末也应是癸卯。这是董作宾、陈梦家的排法。在他们看来,根据干支表,既然十三月月末是癸卯,那么一月上旬之末就不可能是癸卯,因而得出其中必有一旬只有九日的看法。由此可见他们立论的基点是十三月是三旬,一月也是三旬的观念,因发现卜辞所记与干支表不一致,从而提出其中之一必定是小月二十九日的见解。

商代晚期闰月是几旬?根据干支表和其他月份的干支,大龟四版之四的十三月和一月只能有一个癸卯。本文以为,一月属于正常月份,应该是三旬三十日,那么十三月就只有二旬二十日,无癸卯日。刘朝阳在《再论殷历》一文中就是这样推测的。他认为:殷朝的历法,以一年为三百六十日,每月都有三十日。一月三旬,一旬十日。每旬第一日皆为甲,

---

① 董作宾:《大龟四版考释》,《董作宾先生全集甲编》,台湾:艺文印书馆,1977年,第599页。
② 郭沫若:《卜辞通纂》,北京:科学出版社,1983年,第572页。
③ 叶正渤:《金文月相纪时法研究》,北京:学苑出版社,2005年。

每旬最末一日皆为癸,则每月月初也皆为甲,每月月终也皆为癸日。(殷历)无闰月,只在某些月后加上十日或二十日。十三月为下一年的正月。周初同殷历,一个天文年(地球绕太阳一周)等于三六五又四分之一日。一个历法年等于三百六十天,用闰月的办法使之与天文年相协调。① 我们觉得刘朝阳的说法是有道理有根据的。据有关资料介绍,格里高利历施行时,把儒略历1582年10月4日星期四的次日,改为格里历1582年10月15日星期五。有十天时间被删除,目的是使历法符合实际天象。但刘说"十三月为下一年的正月"则是需要更正的,十三月应该属于上一年的年终,即年终置闰。一旬十日,这是常识。周代实行太阴历,月分大小,故周代不用旬这个时间概念纪时,改用月相词语纪时。西周铭文用旬的仅有一例,周初成王时期的新邑鼎铭文"癸卯,王来奠新邑,〔二〕旬又四日丁卯,〔往〕自新邑,于柬王赏贝十朋,用乍宝彝"。从癸卯的次日甲辰至丁卯,正是二旬又四日,也证明一旬是十日。以上是大龟四版之四卜辞中十三月比较合理的解释。大龟四版之四残缺太多,若能缀合则为幸甚。

结语:商代晚期甲骨卜辞和铜器铭文用日、旬、月、祀四个时间词纪时,是根据日的运行而创造的语词,所以商代晚期施行的是太阳历。商代晚期是否施行阴阳合历,甲骨卜辞和铜器铭文看不到施行太阴历的痕迹。商代晚期才出现用"祀"纪年,那是随着商代晚期逐渐完善的周祭制度而形成的。"唯王某祀"或"唯某祀"表示某王即位的第几年,别无他意。

The Calendar of the Late Shang Dynasty in Oracle Bones
Ye Zhengbo

Abstract: This paper analyzes the meanings and usages of the time words *ri*, *xun*, *yue* and *si* in oracle bone inscriptions, proving that the calendar of the late Shang Dynasty originated from people's understanding of the movement of the sun. According to the research, the solar calendar was adopted in the late Shang Dynasty, not the lunar calendar.

Key words: oracle bone inscriptions; late Shang Dynasty; solar calendar

---

① 刘朝阳:《再论殷历》,《燕京学报》第13期。

韩伯丰鼎铭与西周时期王命记录的变化

佐藤信弥

摘要：本文对新出西周金文韩伯丰鼎铭的内容理解与性格进行议论。该铭的"宕"字读为"居"，是占有某个土地之意，该铭很可能记述王朝命令付给韩伯土地。该铭的内容与土地转让金文师永盂、吴虎鼎类似，但是该铭不需要记述土地境界、有关官员等详细的情况。该铭与师永盂、吴虎鼎的不同之处是反映西周早中期与中晚期金文的性格变化。整理研究西周金文成熟化的过程，韩伯丰鼎铭是很重要的资料之一。

关键词：韩伯丰鼎；西周金文；土地付与；宕；王命

作者简介：佐藤信弥(1976—)，男，日本兵库县人，立命馆白川静记念东洋文字文化研究所客员研究员，主要研究方向为商周历史、西周金文。

一、引　言

西周金文韩伯丰鼎铭著录于吴镇烽先生《商周青铜器铭文暨图像集成》第02426号[1]，沈培先生与陈剑先生[2]、谢明文先生[3]、李学勤先生[4]、单育辰先生[5]、王宁先生[6]、董珊先生[7]、刘源先生[8]等发表有关研究（下文引用这些研究，不再一一注明）。参考诸家

---

[1] 吴镇烽：《商周青铜器铭文暨图像集成》第5册，上海：上海古籍出版社，2012年，第247—248页。
[2] 沈培：《西周金文"宕"字释义重探》，李宗焜主编《"中央"研究院第四届国际汉学会议论文集——出土材料与新视野》，台北："中央"研究院，2013年，第381—417页。本铭的释读与审查人陈剑先生的看法都见于该文的"补记"。
[3] 谢明文：《释西周金文中的"垣"字》，《中国文字学报》第6辑，商务印书馆，2015年，第69—72页。后收入谢明文《商周文字论集》，上海：上海古籍出版社，2017年，第265—270页。
[4] 李学勤：《一篇记述土地转让的西周金文论》，《故宫博物院院刊》2015年第5期。
[5] 单育辰：《韩伯丰鼎考》，《历史语言学研究》第10辑，北京：商务印书馆，2016年，第217—220页。
[6] 王宁：《韩伯丰鼎铭文再读》，简帛论坛，http://www.bsm.org.cn/forum/forum.php?mod=viewthread&tid=3450，2017年3月15日。
[7] 董珊：《韩伯丰鼎铭文新论》，杨荣祥、胡敕瑞主编：《源远长流——汉字国际学术研讨会暨AEARU第三届汉字文化研讨会论文集》，北京：北京大学出版社，2017年，第46—64页。
[8] 刘源：《从韩伯丰鼎铭文看西周贵族政体运作机制》，《史学集刊》2018年第3期。

释读,释文如下:

隹(唯)十月既生霸甲辰,才(在)成周,寋(御)史至,以兹令(命)曰:"内史曰:'告䵣(韓)白(伯),叔(嗟),白(伯)氏宕(居)。'卿㫋(事—士)䌛(司)曰:'侖(論)。'今我既即令(命),曰:'先王令(命)尚付。'"䵣(韓)白(伯)豐(豊)乍(作)寶鼎(肆)彝。

器铭的年代,《铭图》为西周早期,但是董珊先生认为从器形、纹饰与铭文内容来看,属西周早中期之际,也就是昭、穆之际。刘源先生的看法也大略同样。

因为铭文中出现王朝的官员御史、内史、卿士,还存在如"先王令(命)"那样的文辞,所以很容易看出来此铭是与王朝的命令有关。铭文字数51字,并不长,但是如单育辰先生指出,御史发言中还引用内史与卿士的发言等等,铭文的结构很复杂,对铭文的详细内容诸家理解不同。于是本文首先讨论铭中关键"伯氏宕"的释读弄清铭文的内容,然后讨论铭中出现"以兹令(命)曰""今我既即令(命)"与"先王令(命)尚付"的三个"令(命)",对作为王命记录的此铭的性格,提出笔者的看法。

二、"伯氏宕"

对铭文的内容诸家看法有歧异,梳理一下。

(一)把该铭作为记述度量土地的看法。沈培先生对西周金文中"宕"字的辞例进行分析,整理三种用法:1."忖度""度量"的"度";2.读为表示登录土地与登记人口的"书";3."格斗"的"格"。但是由于韩伯丰鼎铭的出现与审查人陈剑先生的意见,于该文"补记"对第二种用法重新讨论,参照李学勤先生的研究[①],改变为"度地计众"的"度"。沈先生认为韩伯做过"度地计众"之后,经过上司依法论决,然后能得到"地"和"众"。李学勤先生读"宕"字为"度量"的"度",认为该铭是记述周王将土地转让韩伯。刘源先生也"宕"字为"度",判断为该铭是与度量土地有关,但是刘先生认为"寋"字是地名,韩伯与叔伯各自度量寋地之后,分别得到土田。

(二)其他的看法。单育辰先生认为该铭记述周王或者某位高官的命令。王宁先生认为记述韩伯跟伯氏打官司。董珊先生认为记述册命韩伯为周王卿士。

关键是"宕"字的释读。单育辰先生读为"託",训为寄托、交付之意,释"白(伯)氏宕(託)卿㫋(事)䌛(辭)"为高官伯氏把某些话交付给卿士。王宁先生从这个看法。但是除了该铭以外,目前西周金文中"宕"字的辞例还没有可以读为"託"的。董珊先生根据清华简《金縢》"周公石东三年"的"石"字,读从"石"声的"宕"字为"居",训为占据、占有之意,释"白(伯)氏宕(居)卿㫋(事)"为韩伯居卿士之位。

陈剑先生与沈培先生分析"宕"字的辞例,认为该铭与琱生诸器之"宕"字属同一类用法。

五年琱生簋(集成4292 西周晚期)

公宕其参,女(汝)则宕其贰,公宕其贰,女(汝)则宕其一。

---

① 李学勤:《琱生诸器铭文联读研究》,《文物》2007年第8期。

五年琱生尊(铭图11816—11817　西周晚期)

余宕其参,女(汝)宕其贰。

琱生诸器记述大宗召伯与小宗琱生之间分割仆庸土田。读"宕"字为"度"的话,五年琱生簋的辞例意思是,如果公室(召伯)度量三份的话,琱生就度量两份,公室度量两份的话,琱生就度量一份。琱生诸器,董珊先生根据林沄先生的看法①,释为占据土田。那么,对韩伯丰鼎铭的"宕"字,也可以释为占据土田之意。该铭的"白(伯)氏宕(居)",意思是内史允许伯氏(韩伯)占有某个土地。该铭很可能记述王朝付给器主韩伯土地。

三、"即命"与"以兹命曰"

如上文所述,韩伯丰鼎铭里出现三个"令(命)"字,其中第二是"今我既即令(命)",李学勤认为"即令(命)"就是"就命",意思是内史已经从周王那里受命。西周金文中"即令(命)"的辞例有免簋(集成4240　西周中期)、趞簋(集成4266　西周中期)、蔡簋(集成4340　西周晚期)和师永盂(集成10322　西周中期)。张玉金先生分析甲骨金文中的"即令(命)",主张意思是走近命令,也就是接受命令、听候命令。② 西周金文的辞例中,与韩伯丰鼎铭情况类似的是师永盂铭:

隹(唯)十又二年初吉丁卯,益公内(入)即令(命)于天子。公廼出氒(厥)令(命),易(赐)畀师永氒(厥)田陰易(阳)洛,彊(疆)眔师俗父田。氒(厥)眔公出氒(厥)令(命),井白(伯)、燓(荣)白(伯)、尹氏、师俗父、趞(遣)中(仲)。公廼令(命)酉(郑)嗣(司)社(徒)㽙父、周人嗣(司)工(空)眉、致史、师氏、邑人奎父、毕人师同,付永氒(厥)田。氒(厥)逹(率)履氒(厥)彊(疆)宋句。……

此铭也记述王朝付给器主土地,首先"益公内(入)即令(命)于天子",也就是大臣益公到周王那里接受命令,然后"公廼出氒(厥)令(命)",也就是跟井伯、荣伯、尹氏、师俗父、遣仲等高级官员一起发布命令,然后付给器主师永。

师永盂铭的"益公内(入)即令(命)于天子"相当于韩伯丰鼎铭的"今我既即令(命)",那么,"今我既即令(命)"的"我"是谁?李学勤先生说"我"是内史,单育辰先生说高官伯氏,董珊先生说韩伯与其家族徒属,刘源先生说窐史(窐地的史官)。笔者认为是御史。师永盂铭当中进行"内(入)即令(命)于天子"与"廼出氒(厥)令(命)"的都是益公。师永盂铭的"公廼出氒(厥)令(命)"相当于韩伯丰鼎铭的"窐(御)史至,以兹令(命)曰","以兹令(命)曰"也就是发布给韩伯王朝的命令,所以"今我既即令(命)"的"我"是王朝的使臣御史。他带来的"兹令(命)"是包括内史允许韩伯占有某个土地与卿士论决此事在内的。

---

① 林沄:《琱生三器新释(中)》,复旦大学出土文献与古文字研究中心网,http://www.gwz.fudan.edu.cn/Web/Show/285,2008年1月1日。

② 张玉金:《殷墟甲骨文"即"字补释》,《古文字研究》第32辑,北京:中华书局,2018年,第61页。

四、"先王命尚付"

如果"今我既即令（命）"的"我"是御史，"先王令（命）尚付"自然是御史的发言，意思是先王的命令依然有效，可以执行。付给韩伯某个土地本来是先王的决定，到时王时期，由于韩伯向王朝申请执行命令等的缘故，内史、卿士等王朝的官员裁决了。吴虎鼎铭（铭图 2446　西周晚期）记述与该铭类似的情况：

> 隹（唯）十又八年十又三月既生霸丙戌，王才（在）周康宫𥄢（夷）宫，道入右吴虎。王令（命）善（膳）夫豐生、嗣（司）工（空）雝（雍）毅，䚄（申）剌（厲）王令（命），取吴𥂴旧彊（疆），付吴虎。厥北彊（疆）涵人眔彊（疆），厥東彊（疆）官人眔彊（疆），厥南彊（疆）毕人眔彊（疆），厥西彊（疆），薈姜眔彊（疆）。厥盟（俱）履封，豐生、雝（雍）毅、伯道、內（芮）嗣（司）土（徒）寺寸桒。……

该铭记述时王（应是宣王①）命令付给吴虎吴𥂴的旧地。据"䚄（申）剌（厲）王令（命）"，这件事情厉王已经决定，由于某些原因，还没执行。"䚄（申）剌（厲）王令（命）"相当于韩伯丰鼎铭的"先王令（命）尚付"。但是这两铭中，"付"字的用法不同，吴虎鼎铭"付"字的宾语是"吴𥂴旧彊（疆）"，也就是土地，但是韩伯丰鼎铭的是"先王令（命）"。

还有，吴虎鼎铭与师永盂铭都详细地记述了土地的所在与境界、有关官员的名字，具有土地登录证书的功能，反之韩伯丰鼎铭没那么详细。也许韩伯丰鼎铭里出现的卿士相当于师永盂铭的益公，或者包括井伯、荣伯等官员在内。总之，记述韩伯丰鼎铭的主要目的是显示"先王令（命）尚付"，不需要如吴虎鼎铭那样记述详细的情况。记述铭文之目的不同，表示西周早中期与中晚期金文的性格改变。松井嘉德说金文的性格本来是青铜器的制作缘起（比如"某某作祖某宝尊彝"那样的短文），到西周中期改变为具有大量言辞的文件。② 韩伯丰鼎铭是金文变化过渡时期的王命记录。

五、结　语

本文对韩伯丰鼎铭的内容理解与性格进行讨论。该铭的"白（伯）氏宕"，"宕"字读为"居"，意思是内史允许韩伯占有某个土地，该铭很可能记述王朝付给韩伯土地。铭中"今我既即令（命）"与"以兹令（命）曰"相当于师永盂铭的"益公内（入）即令（命）于天子"与"公迺出厥（厥）令（命）"，"今我既即令（命）"的"我"是御史。"先王令（命）尚付"是御史的发言，而且显示这句话是记述该铭的目的。该铭的情况与师永盂、吴虎鼎类似，但是该铭不需要记述土地境界、有关官员等详细的情况。该铭与师永盂、吴虎鼎的不同之处反映西周

---

① 夏商周断代工程把吴虎鼎铭排在宣王十八年，参看夏商周断代工程专家组：《夏商周断代工程 1996—2000 年阶段成果报告·简本》，北京：世界图书出版公司，2000 年，第 22、35 页。

② 松井嘉德：《鳴り響く文字—青铜礼器の銘文と声》，冨谷至编《漢字の中国文化》，日本京都：昭和堂，2009 年。后收入松井嘉德：《記憶される西周史》，日本京都：朋友书店，2019 年，第 233 页。

早中期与中晚期金文的性格变化。

到西周中期,除了与土地付与有关的铭文以外,册命铭文的表现也进行成熟化。① 西周早中期之际出现几个表现不成熟的册命铭文,比如猌盤/盉(铭图 14531/14799 西周中期前段):

唯四月初吉丁亥,王各(格)于师再父宫。猌曰:"朕光尹(君)周师右告猌于王。王赐(赐)猌佩、弋(缁)市、丝亢(衡)、金车、金旟(旟),曰:'用夙(夙)夕事。'"……

此铭采用自述形式,器主猌的发言中引用周王的发言"用夙(夙)夕事",与韩伯丰鼎铭里御史的发言中引用内史、卿士的发言类似。

整理研究西周金文成熟化的过程,韩伯丰鼎铭是很重要的资料之一。

金文著录简称

集成——中国社会科学院考古研究所:《殷周金文集成》,北京:中华书局,2007 年,修订增补本。

铭图——吴镇烽:《商周青铜器铭文暨图像集成》,上海:上海古籍出版社,2012 年。

Hanbo Feng Ding Inscription and the Change of the Documents Recording the King's Order in Westen Zhou Period

Sato Shinya

Abstract: This article studies the content and the property of the newly discovered Western Zhou bronze inscription *Hanbo Feng Ding*. The character of "宕" in this inscription can be interpreted as the character of "居", which means possession of the land, and the inscription probably records the dynasty government orders to grant Hanbo the land. The content of this inscription is similar to the inscriptions about the transfer of land on *Shi Yong Yu* and *Wu Hu Ding*, but this inscription need not record the details, such as the land boundary and the government officials concerned. The difference between this inscription and *Shi Yong Yu*, *Wu Hu Ding*, reflects the change of the bronze inscription's property of the early-middle and mid-late Western Zhou Dynasty. *Hanbo Feng Ding* inscription is an important source for the study on the maturation of the Western Zhou bronze inscriptions.

Key words: *Hanbo Feng Ding* inscription, the bronze inscriptions in Western Zhou period, grant the land, Dang(宕), the King's order

---

① 韩巍:《䚄簋年代及相关问题》,载朱凤瀚主编《新出金文与西周历史》,上海:上海古籍出版社,第 58—62 页。

古代兵学"兵阴阳"探析*
——以《孙膑兵法·地葆》为核心

洪德荣 袁婉怡

摘要：《孙膑兵法·地葆》记载了兵家作战时对于地理的认识，如"五胜之地""五败之地"等对于地形胜败的描述，对于兵家作战具有一定程度的指导意义。就目前所见的兵学文献，关于地理的认识与运用又涉及了兵阴阳与兵形势不同学派的特征，《地葆》是属于兵阴阳家的地理观文献，对研究兵学思想有重要的意义。

关键词：《地葆》；地理观；兵阴阳

作者简介：洪德荣（1986— ），男，台湾基隆人，海南师范大学文学院副教授。袁婉怡（1997— ），女，河南洛阳人，郑州大学文学院汉字文明研究中心研究生。

中国兵学发展的历史过程悠久丰富，自汉代即将兵家分为四个思想派别，其中为人熟知的《孙子兵法》就属于"兵权谋"。而除了思想派别的分类，地理观亦是探究兵学思想的重要组成部分，但以往因为材料的限制所以受到关注较少。《银雀山汉墓竹简》中收录了大量兵学相关文献，其中《孙膑兵法》有《地葆》，正是涉及地理观的材料，另如佚籍残丛中的《地典》已被认为是隶属于"兵阴阳"的佚籍。《雄牝城》则是和兵形势有关的材料，都与地理地势有关。②《孙子兵法》中有《地形》《九地》，说明了地形与作战胜负的关系，针对出土文献中有关地理的兵学材料进行梳理，对于先秦两汉的兵学思想的研究能带来不少帮助，本文就针对《地葆》中的兵学地理观进行讨论，必要时也论及其他有关材料引为佐证。

一、《地葆》简述及考论

《地葆》为《孙膑兵法》中的一篇，兹将《地葆》简文全录于下：

---

* 本文为"古文字与中华文明传承发展工程"资助项目"简帛及传世文献中的兵家学派研究"（G3454）的阶段性研究成果。

② 《地典》的考论可参洪德荣：《〈银雀山汉墓竹简〔贰〕·地典〉研究》，载饶宗颐研究院主办、《华学》编辑委员会编：《华学》第十二辑《饶宗颐教授百岁华诞庆贺专号》，广州：中山大学出版社，2017年，第217—226页。关于《雄牝城》的讨论另有专文。

古代兵学"兵阴阳"探析——以《孙膑兵法·地葆》为核心

孙子曰:凡地之道,阳为表,阴为里,直者为刚(纲),术者为纪=(纪。纪)刚则得,陈(阵)乃不惑。直者毛产,术三四三者半死。凡战地也,日其精也。八风将来,必勿忘也。绝水、迎陵、逆溜(流)、居杀地、迎众树者,钩举三四四也。五者皆不胜。南陈(阵)之山,生山也;东陈(阵)之山,死山也。东注之水,生水也;北注之水死水。不留(流)死水也。三四五五地之胜,曰:山胜陵=(陵,陵)胜阜=(阜,阜)胜陈=(陈,陈)胜丘=(丘,丘)胜林平地。五草之胜,曰:藩、棘、椐、茅、莎。五壤之胜:青三四六胜黄=(黄,黄)胜黑=(黑,黑)胜赤=(赤,赤)胜白=(白,白)胜青。五败之地,曰:溪、川、泽、斥(斥)。五地之杀,曰:天井、天宛、天离、天墱(隙)、天三四七柖。五墓杀地,勿居也,勿□也。春毋降,秋毋登,军与陈(阵)皆毋政前右=(右,右)周毋左周。●地葆 二百三四八

《地葆》全篇共六简,二百字,篇幅不长,但其中对于地势的讨论十分重要,关于篇名的释义,张震泽认为《篡卒》篇"葆"借为"宝",本篇"葆"当通"保",马王堆帛书《战国纵横家书》"保"作"葆",《庄子·田子方》"葆真",《释文》:"本作保。"《八阵》云:"知道者,上知天之道,下知地之理。"《月战》讲天道,本篇即讲地理也。文中言地有生地死地,山壤草木相胜,以生死克胜相对而言,辨其善恶取舍,多言不可居以反证可居,则葆字乃取保有、保守之义,犹言其地可保,故题"地葆"。李传明认为"葆"即"宝"。地葆:地形是获得胜利的法宝。张妍认为《篡卒》中整理者认为"葆"通"宝","泰武之葆"疑当读为"大武之宝"。此篇"葆"也应读为"宝"。"葆"通"宝"常见,《史记·乐书》:"青黑绿者,天子之葆龟也。"索隐:"葆与宝同,《史记》多作此字。"本篇论述地形条件的重要性,将"地葆"理解为"地形获胜的法宝",文意通畅。①

笔者认为"葆"不论是通读为"宝"或读为"保",都各有例证可通,但如上述将"地葆"之意释为"地形是获得胜利的法宝"或"地形获胜的法宝",其意恐有未安,全篇虽仅两百字,但大致可分为"凡地之道""五者不胜之地""五地之胜""五草之胜""五壤之胜""五地之败""五地之杀"等要点,也可说是作战地势胜败之道的指引,因此,掌握地势的特点是获胜的关键,而"保"有养护、守卫、不使受损之意,是"地葆"即"地保",又或可理解为"保地",意为守卫对我方有利的地势,面对不利的地势则不使受损。

以下就对《地葆》中的字词略做讨论:

1. 直者为刚(纲),术者为纪

本句中"术者为纪"之"术",原整理者认为疑当读为"屈",并引蒋礼鸿《义府续貂》指出,"术"通"遹",谓迂回,不能读为"屈"。张震泽认为直者,盖指平正之地。"术"是道路。多指两旁高中间低的道路。此四句盖谓相视地形以阵军,以平正之地为主(网),旁有道路相通为纪,如此则进退自如,阵乃不惑。骈宇骞认为直者为刚:笔直的大道为纲。直,正,指平坦笔直的地形。刚,借为"纲",本义为大绳,这里引申指平坦大道或平坦的地形。下文同。术,道路。这里可能指起伏错杂的道路。张妍认为"纲"当为主,"纪"当为次,"直者

---

① 张震泽:《孙膑兵法校理》,北京:中华书局,1984年,第73页。李传明:《孙庞斗智演义》附《〈孙膑兵法〉注释》,济南:山东大学出版社,1985年,第173页。张妍:《〈银雀山汉墓竹简[壹]·孙膑兵法〉集释》,硕士学位论文,吉林大学,2012年,第174-175页。

为刚(纲),术者为纪"应译为"大路是首要的选择,小路是第二选择"。①

谨按:对于本句的思考应从行军时所重视的地形、地貌来思考,"直"确实应如上引诸家所言指较大的道路,而"术",《说文》:"邑中道也。"指错综的小路,至于言其"两旁高中间低""起伏错杂"等形容,恐有过度推测的意味。而"刚(纲)""纪"合称本指国家社会的秩序与规律,《汉书》卷二十二《礼乐志》:"夫立君臣,等上下,使纲纪有序,……人之所设也。"但也能引申为规律、原则之意,因此亦有"大者为纲,小者为纪"之说,②往来道路的形貌是作战必须掌握的基本条件,由大道为主,衍生出了小路,构筑出整个地形的样貌,这正是兵家认识地形的基础。《地典》简一一〇六"夫东西为纪,南北为经",也应是相近的概念。

2. 南陈(阵)之山,生山也;东陈(阵)之山,死山也。东注之水,生水也;北注之水,死水。不留(流),死水也。

原整理者言"南陈"当指东西走向。"东陈"当指南北走向。张震泽言假如南列之山是生山,则东列、西列、北列之山皆为死山。假如东注之水是生水,则北注、南注、西注之水皆为死水。死水之地,不能停留。此文盖言东陈,则包西陈、北陈;言北注,则包南注、西注。③

谨按:查考兵书对于地形的死生吉凶说解,多有对形貌和方位的认定以及主动对地形的观察,如《孙子兵法·虚实》"形之而知死生之地",《孙子兵法·行军》"平陆处易,右背高,前死后生,此处平陆之军也""凡处军、相敌:绝山依谷,视生处高,战隆无登,此处山之军也"。虽然作战时讲求临机应变,但仍要掌握基本的作战观念和原则才能获得胜利,因此简文所说的"南陈(阵)为生山,东陈(阵)为死山"应该是孙膑一系的兵学观点,而"东注之水,生水也;北注之水,死水"的说法,从地理特征的观念来看仍有理可说,整个中国地理的地势基本而言西高东低,虽然各地区基本的地理形势不同,但大原则还是存在的,而上文也提到"逆溜(流)"为不胜,"不留(流),死水也"。水流的方向和作战的胜败有极大的关系,但这也不能排除其中有方位数术的思想,以方位及历日定生杀吉凶。

3. 五胜之地,曰:山胜陵=(陵,陵)胜阜=(阜,阜)胜陈=(陈,陈)胜丘=(丘,丘)胜林平地。

上述五种都是有高度的地形,彼此间相胜是按高低排序,可和《地典》简一一一〇至简一一一二的十二种地形对照,其内容作:

一曰□……【四】曰林胜城,五曰城胜薮,六曰薮【胜□】,七曰□胜□,八……【十日】□胜系(溪),十一曰系(溪)胜沟。

《地典》中列举了十二种地形,但其中七种因为简文的残损亡佚,如再对比本篇的"五

---

① 银雀山汉墓竹简整理小组编:《银雀山汉墓竹简〔壹〕》,北京:文物出版社,1985年,第61页注释一。张震泽:《孙膑兵法校理》,北京:中华书局,1984年,第73页。骈宇骞、王建宁、牟虹等:《孙子兵法·孙膑兵法》,北京:中华书局,2006年,第162—163页。张妍:《〈银雀山汉墓竹简〔壹〕·孙膑兵法〉集释》,硕士学位论文,吉林大学,2012年,第176页。

② 宗福邦、陈世铙、萧海波:《故训汇纂》,北京:商务印书馆,2003年,第1713页。

③ 银雀山汉墓竹简整理小组编:《银雀山汉墓竹简〔壹〕》,北京:文物出版社,1985年,第62页注释七。张震泽:《孙膑兵法校理》,北京:中华书局,1984年,第75页。

胜之地",则"一曰"至"三曰"更可能是山、陵与阜、丘其中之一,《释名·释山》:"山,产也。产,生物也。土山曰阜。阜,厚也,言高厚也。大阜曰陵。陵,隆也,体高隆也。"① 地形之间的高低大小排序亦和简文相合。② 简文以高为五胜之地正是兵家习见的作战观念,如《孙子兵法·行军》:"凡军好高而恶下,贵阳而贱阴,养生处实,军无百疾,是谓必胜。"但《地葆》并未如《地典》以比较相对低地称为"六下",而是以"五地之败"表示。

4. 五壤之胜:青胜黄=(黄,黄)胜黑=(黑,黑)胜赤=(赤,赤)胜白=(白,白)胜青。

本段的解释原整理者无说。张震泽认为五色和五行相当,古以青、黄、黑、赤、白为东、中、北、南、西五方色,相当于木、土、水、火、金,并引《淮南子·地形》"木胜土,土胜水,水胜火,火胜金,金胜木"推之为简文的五壤相胜,青、黄、黑、赤、白代表五种土壤相生相胜的性质,非指五壤之颜色。③

谨按:张震泽以五色应对五行的思考十分适切,但是否"非指五壤之颜色",还可再另做考虑。首先,简文要表达的若是五行之色的相胜,标题应为"五行之胜"或"五色之胜","五壤相胜"要说的应是在不同方位土地类型之间的相胜关系,并引入五行的观念,因此以青、黄、黑、赤、白为名,叙述其相胜。在传世兵书中也有以土壤之色判断作战吉凶的内容,与此相近的是《六韬·犬韬·战车》"圯下渐泽、黑土黏埴者,车之劳地也",但主要因其地低下并有泽地,不利车战,并非只以土壤之色判别吉凶,而又有地貌形态的认识。以云朵、军气之色判断作战成败的例子较多,如《六韬·龙韬·兵征》:"凡攻城围邑,城之气色如死灰,城可屠。"若将五壤的相胜以方位表示,则可整理为:"东胜中,中胜北,北胜南,南胜西,西胜东。"

5. 五败之地,曰:溪、川、泽、澝(斥)

本段原整理者无详论,仅言简文于五地之败下仅列举四地,抄漏一字。沈阳部队指出溪,山涧。川,河流。泽,沼泽地。斥,盐碱地。上文提到五地之败,这里仅举四地,可能漏抄一地。张震泽疑溪下脱谷字。泽下一字,原简残存右旁,当是澝字,澝即㡿,今作斥。《禹贡》:"海滨广斥。"郑注:"谓地咸卤。"即盐碱地。《史记》作舄,《货殖传》:"地舄卤。"《孙子·九地》:"绝斥泽,惟亟去勿留。"陈皡曰:"斥,碱卤之地;水草恶,渐洳,不可处军。"本文言溪、谷、川、泽、斥五地,不可处军,处军必败也。④

谨按:溪,《说文》:"山隫无所通者。从谷,奚声。"即山谷之意,张震泽疑"溪"下脱"谷"字有待商榷,"谷"的规模大于"溪",不应抄于其下,再者简文图版中"溪"字下的留白为编绳处,非缺字的空白,五地中漏抄的一字在何处仍有可商,但从目前所见的四个地形的排序来看,是由低下到平易但难行的地势。"川"指河流,可说是介于低下的谷地和平坦不易

---

① 刘熙著,毕沅疏证,王先谦补:《释名疏证补》,北京:中华书局,1998年,第27—28页。
② 关于兵家地势相胜的问题,另可参洪德荣:《北大汉简〈节〉篇"十二胜"再论》,清华大学出土文献研究与保护中心主办,李学勤主编:《出土文献》第十二辑,上海:中西书局,2018年,第234—241页。
③ 张震泽:《孙膑兵法校理》,北京:中华书局,1984年,第76页。
④ 沈阳部队《孙膑兵法》注释组:《〈孙膑兵法〉注释》,沈阳:辽宁人民出版社,1975年,第66页;张震泽:《孙膑兵法校理》,北京:中华书局,1984年,第76—77页。

行走的泽地之间的过渡;"泽"为水流汇聚的地方,也是兵家认为不可停留、接近的险地;"澙"即斥字,指咸卤之地,不宜处军,如《六韬·豹韬·鸟云泽兵》:"吾居斥卤之地,四旁无邑又无草木。三军无所掠取,牛马无所刍牧。为之奈何?"此五败之地可和《地典》简一一一一的"六下"比对:

六日薛【胜□】,七日□胜□,八……【十日】□胜系(溪),十一日系(溪)胜沟。

"六下"虽仅存薛、溪、沟,但上文已做过讨论,①可知《地典》的地势排序从低地至有水的地方,因此残缺的部分最可能是"谷""泽""斥""江""河"一类的地势。至于"五败之地"中漏抄的一字很可能是"谷",谷地也为兵家作战时所忌,如《吴子·治兵》:"无当天灶,无当龙头。天灶者,大谷之口。龙头者,大山之端。"

6. 五墓杀地,勿居也,勿□也。

原整理者言五墓,疑指天井、天宛等五种杀地。

谨按:原整理者之说甚确,杀地不利作战又有很大的危险性,故以"墓"称之,其下"勿居也,勿□也"有一字不识,霍印章认为此处简文残损一字,模糊不清,两边略存残画,似为进字或停字。李京认为此处有"勿居也"之文,"勿近也"之句缺一"近"字,今据此而补。荣挺进、李丹认为缺文处原简字迹漶漫,疑为"阵"。② 缺字其形如表1,其字应是"往",《银雀山汉简》"往"字作下列等形:

表1 《银雀山汉简》"往"字字形

	字形	徃	徃	徃	徃
	出处	简116	简765	简801	简995

字形的左旁仍残存"彳"的笔画,右旁虽仅残存三个点画,但与右旁"主"的笔画相类,最末一笔收笔较粗。"勿居也,勿往也"意即部队勿驻扎,也勿前往。

7. 军与陈(阵)皆毋政前右=(右,右)周毋左周。

原整理者引《太平御览》卷三二八引《孙子占》言风之占候,亦有"右周"之语。沈阳部队认为政,通"正",这里是改正、改变的意思。周,环绕的意思。古代兵家多认为军阵宜"右背之",以右背山陵为有利。这里疑即此意。张震泽言"周"当为回旋之意,此盖言五墓杀地既不宜当军阵前右,则军阵移动宜右旋,而不宜左旋矣。邓泽宗认为政通正,面向。右,古人以右为上,故有"上"的意思,也有"好"的意思。周,周匝环绕。右周,疑指围绕在高地的上部。左周,指围绕高地的下部。刘心健认为"毋政前右":政,读正,正面、相迎之意。意谓驻军或布阵,不要让山陵高地位于自己的右前方。"右周毋左周",周:周匝环境。

---

① "薛"简文原整理者无说,笔者曾有一说认为可读为"塞",指险要之地,具有一定的地形高度。参洪德荣:《〈银雀山汉墓竹简〔贰〕·地典〉研究》,载饶宗颐研究院主办,《华学》编辑委员会编:《华学》第十二辑(饶宗颐教授百岁华诞庆贺专号),广州:中山大学出版社,2017年,第221页。

② 霍印章:《孙膑兵法浅说》,北京:解放军出版社,1986年,第102页。李京:《齐孙子兵法解》,北京:中国书店,1990年,第149页。荣挺进、李丹:《〈孙膑兵法〉白话今译》,北京:中国书店,1994年,第43页。

意谓右后方要有山陵高地环绕;左前方则不宜有高地环绕。①

谨按:本句应读为"军与陈(阵)皆毋政(征),前、右,右周毋左周。""政"应通读为"征",古书常见其例,"军与阵皆毋征"是指部队不出征。上文说的五杀之地,"前、右"非指方位,而是指军阵的前、后、中、左、右军或队列,如《尉缭子·分塞令》:"中军、左、右、前、后军,皆有地分,方之以行垣,而无通其交往。"《尉缭子·兵令上》:"出卒陈兵有常令,行伍疏数有常法,先后之次有适宜。常令者,非追北袭邑修用也。前后不次则失也。乱先后斩之。""右周毋左周"之"周"有环绕之意,《白虎通·天地》:"天道所以左旋、地道右周何?以为天地动而不别,行而不离。所以左旋、右周者,犹君臣、阴阳相对之义。""右周"即向右环绕,其词除原整理者引《太平御览》卷三二八《兵部五十九·占候》引《孙子占》言风之占候:"三军方行,大风飘起于军前,右周绝军,其将亡。右周中,其师得粮。"又《六韬·犬韬·武骑士》太公曰:"选骑士之法:取年四十已下,长七尺五寸以上,壮健捷疾,超绝伦等,能驰骑彀射,前后左右,周旋进退。"简文言需右周而毋左周,可能和阴阳数术的作战观念有关。

二、《地葆》简文内涵析论

《地葆》全篇的主旨正如开篇所说:"凡地之道,阳为表,阴为里,直者为刚(纲),术者为纪=(纪。纪)刚则得,陈(阵)乃不惑。"主要以地势的定义与举例为主,列举各种归类的名称,再列出属于此类的项目,比如"绝水、迎陵、逆溜(流)、居杀地、迎众树者,钧举也。五者皆不胜""五草之胜,曰:藩、棘、椐、茅、莎"。此类行文是具有可供警示及指导的性质,通过列举的方式,将"五胜之地""五壤之胜""五败之地"等内容举出。此外,《地葆》全篇也与兵阴阳思想有关,如"八风将来,必勿忘也",八风之内容原整理者引《天地八风五行客主五音之居》有大刚风、暂风、刚风、凶风、暂周风、溑风、生风、弱风等八风之名。"五壤之胜"的青、黄、黑、赤、白都为兵阴阳家思想运用的状况。

值得注意的是,《地葆》的内容不仅止于地势上,对多种地表上的状况都做了列举,如表2所示:

表2 《地葆》对多种地表上的状况列举

类型	地势	备注说明
五者皆不胜	绝水、迎陵、逆溜(流)、居杀地、迎众树者	地势(包括水、陵等五种地势的举例)
生山、死山、生水、死水	南陈(阵)之山、东陈(阵)之山、东注之水、北注之水	地势(山与水)
五胜之地	山、陵、阜、陈、丘、林平地	地势(由高到低举例排序)
五草之胜	藩、棘、椐、茅、莎	植物(用于防守)

---

① 银雀山汉墓竹简整理小组编:《银雀山汉墓竹简〔壹〕》,北京:文物出版社,1985年,第62页注释一三。张震泽:《孙膑兵法校理》,北京:中华书局,1984年,第78页。沈阳部队《孙膑兵法》注释组:《〈孙膑兵法〉注释》,沈阳:辽宁人民出版社,1975年,第67页。邓泽宗:《孙膑兵法注译》,北京:解放军出版社,1986年,第36页。刘心健:《孙膑兵法新编注译》,开封:河南大学出版社,1989年,第62页。

续表

类型	地势	备注说明
五壤之胜	青、黄、黑、赤、白	土壤(应与五行有关)
五败之地	溪、川、泽、潟(斥)	水势(皆为低地)
五地之杀	天井、天宛、天离、天陒(隙)、天招	地势(皆为受困不易出入)
五墓		未细说

从表2中可知,《地葆》讨论的范围广泛,包括地表上所能见的多种现象,也表现了兵家对于作战地理情况的全面掌握,此篇收录于《孙膑兵法》之中,也显现了孙膑兵学一如孙子兵学重视地理条件的承袭与传统。

三、与兵学地理有关文献综论

考察现有的兵学地理相关文献,虽然内容都涉及地理地势,但各有思想偏重的不同。首先是关于兵阴阳的思想,阴阳数术的思想在先秦诸子中并不罕见,同样收录于《银雀山汉简》中的《地典》是属于兵阴阳的文献,而《地葆》中也显现一小部分的数术思想,盖因地理方位的观念与数术本身就有比较紧密的关系,如以地势高为阳,以地势低为阴。《雄牝城》则纯以城所在的地理条件比喻雄、牝,而无涉阴阳观念,应是属于兵形势的材料。因此可见地理观在兵家思想中普遍被使用,但不同兵家学派对其仍有不同的偏重。在传世文献里,和兵学地理有关的讨论,有《孙子兵法》的《军争》《九变》《九地》等篇;《六韬》的《虎韬·绝道》《虎韬·略地》《豹韬·林战》等。《汉书·艺文志·兵书略》中和兵学地理最相关的,便是《地典》六篇,可惜今天已经亡佚。而在出土文献中,《银雀山汉墓竹简〔贰〕》收录的《地典》残篇,应即失传的《地典》六篇。① 收录在《北大汉简·节》篇中的"十二胜",也反映了古代兵家地形相胜的思想。②

在简文内容的论述形式上,《地典》是黄帝与其大臣地典的对话,原整理者认为本篇当为《地典》六篇,但简本残缺,不足六篇之数并非全帙。又本篇内容几乎全与地形有关,疑地典乃黄帝辅佐中之地主者,其命名与职掌有关。③ 因此,《地典》是以对话形式表达,但依然有对于各种地势的列举,从现存的简文上看虽然残损,但对于地形高低相胜的论述,

---

① 与《地典》六篇有关的研究专文另可参苏晓威:《出土文献〈地典〉〈盖卢〉的研究》,《九州》第五辑,2014年,第129—152页。参石井真美子:《银雀山汉墓竹简〈地典〉译补注》,富嘉吟译,华东师范大中国文字研究与应用中心主办《中国文字研究》第二十七辑,2018年,第169—179页。

② "节"篇有数个段落组成,此提到的地形相胜,应该也与兵阴阳有关,简文的原整理者分析本篇的第一、二章即以二分二至四立为节点,将全年分为八个时节,每节四十六日。其余第二、三、四、八、九、十等章,也大致是讲阴阳、刑德在各节日的运行出入,以及相应的人事宜忌。第五、六、七章的情况较为特殊,专门谈行军作战的法则。这些法则仍以阴阳、五行为基本原理,据之来讲如何因时因地制宜,选择有利战机。它们可以归入《汉书·艺文志》所谓的"兵阴阳家",与时令之说有共同之处,因而合抄在一起。参北京大学出土文献研究所:《北京大学藏西汉竹书〔伍〕》,上海:上海古籍出版社,2014年,第37页。

③ 银雀山汉墓竹简整理小组编:《银雀山汉墓竹简〔贰〕》,北京:文物出版社,2010年,第147—149页注释一。

仍可见其形貌。《地葆》的叙述主要对地理形式做出定义,并列举归属的地势名称,上文已举例。在叙述的形式上属于能背诵记忆的形式,记得各种地理形式的定义,以为作战的参考依据。而《雄牝城》则是以雄、牝分类为主,列举归类的地形状况,简文语言简约,本篇亦有便于记忆的特点,作为与敌对战的指引。

Study on the Bingyinyang(document of geograph) of "Dibao" from *the Art of War by Sun Bin*

Hong Derong　Yuan Wanyi

Abstract: The "Dibao" from *the Art of War by Sun Bin* has documented the understanding of geography in the military operations, such as "Wushengzhidi" "Wubaizhidi", terrain description for the military victory, which has certain guiding significance for the battles between military commanders. About the current military literature, the understanding and application of geography also involve the characteristics between the different schools of Bingyinyang and Bingxingshi. "Dibao", a document of the geographic ideas of the strategist of Bingyingyang, has great significance to the study of military thoughts.

Key words: Dibao; geographical research; Bingyinyang

谈《五十二病方》中的病名"白虎（瘕）"

方 勇

摘要：文中讨论了马王堆汉墓帛书《五十二病方》中"白瘕"方的命名问题，从词源方面考证了"瘕"字本身就有成片或者底子之义，"白瘕"即指白色成片或者白色底子的皮肤病，它是"白癜风"名称的前身。

关键词：马王堆帛书；虎；白瘕

作者简介：方勇（1977— ），男，吉林省长春市人，历史文献学博士，吉林外国语大学国际传媒学院教授，从事古文字、古文献研究。

裘锡圭先生主编的《长沙马王堆汉墓简帛集成》（下文简称《马集》）全面整理并完整公布了20世纪70年代马王堆汉墓出土的全部简帛资料。这次重新整理，《马集》择善吸收了近几十年来学术界对于马王堆简帛材料研究的各种优秀成果，它是一部集大成的佳作。笔者在阅读学习过程中，对帛书《五十二病方》中"白瘕"病名的命名问题有些自己的考释意见，敬请学术界批评指正。

一

马王堆帛书《五十二病方》有如下内容：

白【虎（瘕）】方：取灌青，其一名灌曾，取如□【□】鹽〈盐〉廿（二十）分斗一，窀（灶）黄土十分升一，皆冶，并【□□】115/115□□先食歙（饮）之。不巳（已），有（又）复之，而□灌青，再歙（饮）而巳（已）。●令。116/116

【一，□□】其在【□□□□】与其○真【□□】╰。治之：【以】鸟卵勿毁半斗╰，甘盐【□□□□】117/117【□□□□□□□□】者□【□□□□】其中，卵次之，以□【□□□□】118/118翼（幂）罋（瓮）以布四□【□□□□□□□】□□【□□□】119/119蔡。巳（已）涂之，即县（悬）阴燥所。【□□□□】□□□□□【□□□□□】120/120厚蔽肉，扁（遍）施（瘕）所而止。●巳（已）【□□□】之于【□□】之，热弗能支而＝止＝（而止，而止）施（瘕）【□□】

---

* 本文系国家社科基金项目"汉代简帛医学文献的综合整理与研究"（16BZS012）研究成果。

121/121 虽俞(愈)而毋去其药＝(药,药)○自【□】尽而自□殹,施(瘛)即巳(已)□
└。灸之＝(之之)时,养(痒)甚难禁【毋】122/122 搜(搔),及毋手傅之。以旦未食傅
药。巳(已)傅药,即歙(饮)善酒,极厌而止└,即灸矣。巳(已)灸 123/123 之而起,
欲食即食,出入歙(饮)食自次(恣)。且服药,先毋食荤└二└三日;及药时,毋食
124/124 鱼。病巳(已)如故└。治病毋(无)时。●以三月十五日到十七日取鸟卵,
巳(已)【□】即用之。□【□】125/125 鸟殹,其卵虽有人(仁),酞(犹)可用殹。此药巳
(已)成,居唯十【余】岁到【□】岁,俞(逾)良。【□】126/126 而干,不可以涂身,少取
药,足以涂施(瘛)者└,以美醯渍之于瓦䊈中,渍之□127/127 可河,稠如恒,煮胶,即
置其䊈于橤火上,令药巳(已)成而发＝之＝(发之。发之)□□□涂,128/128 冥(幂)
以布,盖以䊈,县(悬)之阴燥所。十岁以前药乃干。129/129

一,白＝瘛＝(白瘛:白瘛)者,白毋(无)奏(腠),取丹沙与鳝鱼血,若以鸡血,皆可。
鸡涅居二【□】者(煮)之,□130/130 以蚤(爪)挈(契)虎(瘛)令赤,以傅之。二日,洒
(洗),以新布孰(熟)暨(溉)之,【复】傅,如此数,卅(三十)日而止。●令。131/131

按上举 115 行中的病名"白【虎(瘛)】",马王堆汉墓帛书整理小组(以下简称"整理小
组")释为"白处",并解释说:"应为有皮肤色素消失症状的皮肤病,如白癜风之类。"对
117—129 行中的"施"注释曰:"下方作瘛、虐,应为白处的别名。"对 130 行中的"白瘛"注
曰:"帛书《周易》禠作摅,故瘛字从虎声。"①《马王堆医书考注》一书认为:"白处:病名,从
本节条文中有'白毋腠'的症状看,应是一种皮肤发白的病症,可能是后世的白癜风。"②马
继兴先生的观点与以上意见相同。③《马王堆汉墓医书校释(一)·五十二病方》一书认
为:"白处读为白肤,肤与处古韵同属鱼部,肤的声母另有来母一读,与处声昌母可通转,帛
书中不乏例证。"④该书在"白瘛"下注解:"此字下文作虐,历代字书未收。按帛书中多见
'也'和'殹'通用,此字当从黳字得声取义,为皮肤上的阴影斑纹症状。当即白癜风。一
说,虐疑为虎。"严健民先生编著的《〈五十二病方〉注补译》一书也是同意整理小组的意
见。⑤《马王堆医方释义》一书亦是采用"白处"的释文。⑥ 陈剑先生引施谢捷先生的意见
将"处"释为"虎",同时陈先生文中改释"盐"为"盬"字。⑦ 后来,广濑薰雄先生又进一步对
此处的"虎"字进行集中考释和说明。⑧ 随即《马集》释文采用施谢捷、陈剑、广濑薰雄等先

---

① 马王堆汉墓帛书整理小组编:《马王堆汉墓帛书[肆]》,北京:文物出版社,1985 年,"释文注释"第 41、42 页。
② 周一谋、肖佐桃主编:《马王堆医书考注》,天津:天津科学技术出版社,1988 年,第 107 页注释①。
③ 马继兴:《马王堆古医书考释》,长沙:湖南科学技术出版社,1992 年,第 429 页。
④ 魏启鹏、胡翔骅:《马王堆汉墓医书校释(一)·五十二病方》,成都:成都出版社,1992 年,第 77 页注释①。
⑤ 严健民编著:《〈五十二病方〉注补译》,北京:中医古籍出版社,2005 年,第 68—74 页。
⑥ 周德清、何清湖主编:《马王堆医方释义》,北京:人民军医出版社,2015 年,第 9 页。
⑦ 陈剑:《马王堆帛书〈五十二病方〉、〈养生方〉释文校读札记》,2010 年初稿,刊于复旦大学出土文献与古文字研究中心编《出土文献与古文字研究》第 5 辑,上海:上海古籍出版社,2013 年,第 472—473 页。
⑧ 广濑薰雄:《〈五十二病方〉的重新整理与研究》,《文史》2012 年第 2 期。

生的意见。《简帛医药文献校释》一书仍采用"白处"的释文意见,即采纳了整理小组的解释。① 方成慧、周祖亮编著的《简帛医药词典》一书采纳"白瘊"释文,但遵从了整理小组的解释。②

我们认为将 115 行中原被释为"处"之字释读为"虒(瘊)"字是可从的。阜阳汉简《万物》篇第 22 简中有"已疟也"的内容,整理者将其与上举"白虒(瘊)方"整理者隶定的"虘"字进行联系,③应该是可从的。按此字可能也应是"虒"字,因没见到竹简照片,我们怀疑此字也可能是"疟"。

其实从上引众家的意见可以看出"白虒(瘊)"病名应该是指白癜风或者相当于白癜风之类的疾病,但是众家的解释或是根据帛书文辞描述的具体病候及治疗方法来进行判断,或通过文字通假来说明问题,都没有从文字的本义入手来进行研究。此外,从构词的角度来讲"白虒(瘊)"若是白癜风一类的疾病,则应分析为形容词修饰名词的"偏正式"关系。另外上举的病方二中其自身也提供了"施"通假为"瘊"的现象。施谢捷先生在讨论天水放马滩秦简《日书》甲种第二八简"庚亡,其盗丈夫殹,其室在北方,其庀(序)扁匼,其室有黑塈犞男子,不得。"中的"匼"字时,也曾对"施""虒"通假现象进行过论述,他说:

"'扁匼'应读为'區匾','匼'通'匾',犹地名'肤施'战国货币文作'肤虒'、复姓'公施'秦汉印中作'公虒',计时的'日施'秦汉简帛中或作'日昳''日虒',均其证。'區匾'是叠韵连语,玄应《一切经音义》卷六:'《篆文》云:區匾,薄也。今俗呼广薄为區匾,关中呼䙀虒。'亦写作'㮴㰙''㰙槭'等,有卑下之义。'其庀(序)扁(區)也(匼)'指厢房低矮窄小。"④

按,施先生所论甚是。《说文》曰:"施,旗貌。从㫃,也声。"王筠《句读》:"旗貌,谓旖施也。"其义为旗帜飘动的样子。查《汉语大词典》可知,"施"字读音及词义较丰富,如读"shī"音,义有"铺陈""设置""用""实行、施展""附着、加上""教""判罪、劾捕(逃犯)""陈尸示众""繁殖""助词""姓""恩惠、仁慈""散布""给予"等。读"yí"音,义有"延续、延伸""通'移':变化、改易"等。读"shǐ"音,可通"弛",指遗忘、忘却、解除等义;通"侈",夸耀。读"yì"音,义指斜、斜曲;太阳西斜;逶迤斜行;大尺名。⑤

由以上可知"施"的词性以动词为主,用为病名的用法很难见到,故从"瘊""施"通假的角度来分析"瘊"字本义似乎也不好立说。

另外,上引魏启鹏、胡翔骅二位先生的意见认为"也"和"殹"可相通,"瘊"读为"翳",表示皮肤上的阴影斑纹症状。按"瘊"字的隶定有误,虽然"虒"与"殹"的读音确实相近,但其释义还有一定问题(阴影斑纹和白癜风症候有很大区别),且考虑到上举病方中几次出现

---

① 周祖亮、方懿林:《简帛医药文献校释》,北京:学苑出版社,2014 年,第 96 页。
② 方成慧、周祖亮编著:《简帛医药词典》,上海:上海科学技术出版社,2018 年,第 9 页。
③ 阜阳汉简整理组:《阜阳汉简〈万物〉》,《文物》1988 年第 4 期。
④ 施谢捷:《简帛文字考释札记》,载《简帛研究》第 3 辑,南宁:广西教育出版社,1998 年,第 173 页。
⑤ 罗竹风主编,中国汉语大词典编辑委员会、汉语大词典编纂处编纂:《汉语大词典》,上海:汉语大词典出版社,1986 年,第 2332、2333 页。

从疒旁的"瘧"字,我们认为还应以"瘧"字为表示"白虒(瘧)"病名的本字,不宜通假。①

二

下面我们试图从"瘧"字的本义入手来解释一下病名"白虒(瘧)"。

"瘧"字不见于许慎的《说文》,但"瘧"应从"虒"得声。"瘧"指痠瘧,即是酸痛、疼痛之义。余云岫先生认为:

> 《广雅·释诂》:"瘧,病也。"王念孙《疏证》曰:"瘧者,《玉篇》:瘧,痠瘧也。《广韵》:痠瘧,疼痛也。《周礼·疾医》'春时有痟首疾',郑注云:'痟,酸削也。''酸削'犹'痠瘧',语之转耳。"盖酸削之痛,别是一种,与凡痛不同。竭力劳苦之后,手足骨节愈困已甚,常发一种非痛非热之特别感觉,此即酸也。流行性感冒病人亦常有此种感觉。鼻中遇刺戟时,亦往往发一种非痛非热之特别感觉,甚至流泪,此亦酸也。宋玉《高唐赋》所谓"寒心酸鼻"者是也。此种现象,患僂麻质斯者常有之,患神经炎者亦有之。②

按,从余先生所引《广雅》的解释可以看出,"瘧"义为"病也",是因为《广雅》采用同训的缘故,这通常是一种较为笼统的解释方法,故王念孙将其进一步解释为"痠瘧"。显而易见,将"痠瘧"义搬回到"白瘧"医方里面,其难以顺畅地解释帛书文辞,所以"瘧"义只能另求他解。

王宁先生主编的《训诂学》一书曾说:"推源和系源,以及破除假借、考求连绵词的意义,都需要'因声求义','因声求义'是根据古音的线索考求词义。""因声求义是一种利用语音线索来明假借、系同源、考证古书词义的方法。"③按此言甚是。"白虒(瘧)"一名,我们认为还要从分析"虒"和从"虒"得声的文字及相关诸字的含义入手,寻踪觅迹,进行解释。

古文字形中尤其是金文"虒"字的考证历史颇为丰富,陈志向先生曾著专文进行较为全面的总结,我们认为陈先生的归纳和总结公允可信,尤其指出"虒"字造字本义当如裘锡圭先生所言,是为"唬(嗁)"所造的表意字,象虎口中出气之形。④ 这是正确的认识。

《说文·虎部》:"虒,委虒,虎之有角者也。从虎厂声。"段《注》:"委虒,叠韵。虎之有角者也,虎无角,故言者以别之。《广韵》曰:'虒,似虎,有角,能行水中。'"桂馥《说文解字义证》:"《集韵》:'委虒,兽名,似虎而角,出广阳。'《广韵》:'虒似虎有角能行水中。'邵君晋涵曰:'《释兽》威夷即委虒,声相近。《诗》周道倭迟,《韩诗》作威夷是也。'"《说文解字诂

---

① 我们原本考虑"瘧"字或可通假为"疵"或者"癣",因"疵"上古音是从母支部,与"瘧"同为齿音,且韵部相同,故关系密切。同时"癣"字上古音为心母元部,其异体字"瘯"字所从声符"徙"为心母支部字,故"瘧""癣"字音关系也很密切。但因《诸病源候论》《医心方》等典籍均将"赤疵"与"白癜"并列为两种症候。同时《医心方》引《刘涓子方》治白癜方有"疗颈及面上白驳,侵淫渐长,有似癣但无疮方",故"白癜"与"癣"有一定区别,即白癜不痒痛且无疮,"癣"有痛痒。所以,我们认为"瘧"是表示白癜风的专用字,不需通假为"疵"或"癣"。

② 余云岫:《古代疾病名候疏义》,北京:学苑出版社,2012年,第246页。

③ 王宁主编:《训诂学》,北京:高等教育出版社,2004年,第165、182页。

④ 陈志向:《"虒"字补说》,《文史》2018年第1期。

林》引《斠诠》曰:"《韵会》引作'虒虎,虎之有角者'。《尔雅》'威夷长脊而泥',夷即虒字。"另查《辞源》可知:"委蛇,也作委佗、委虵、逶迤、委移、逶迟、威迟、威夷、委维等。"其有雍容自得貌、随顺貌、绵延曲折貌、曲折而进貌、传说中的大蛇、泥鳅的别名、寓言中的怪物等含义。① 而"委虒"也应和"委佗、委虵、逶迤、委移、逶迟、威迟、威夷、委维"一样,均是互为异体的叠韵联绵词。上提陈志向先生文引黄永年先生的解释认为,这些联绵词其实都由蛇这种动物的声音而来,均由蛇的形象引申为曼长而曲折之义。按此说可从。

我们注意到,从"虒"得声之字有扁平之义,此应从其漫长曲折之意引申而来。如从"虒"得声的"榹",本义是承盘,指浅而敞口的扁平盛物器。《说文》:"榹,盘也。从木虒声。"段《注》:"榹,盘也。《急就篇》:'榑梓榹。'榹当与许训同。《释木》以为榹桃字。《夏小正》作柂桃。"

又如"匾"字,《方言》:"物之薄者曰匾匽。"《玉篇》:"匾,匾匽,薄也。"《广韵·齐韵》:"匾,匾匽,薄也。玄应《一切经音义》卷六'匾匽'注引《纂文》'匾匽,薄也。今俗呼广薄为匾匽,关中呼䙉匽。'""匾匽"是联绵词,其义为薄。按照马季月、方礼武等学者的研究,联绵词成因可分为两种情况:一是语音造词形成的原生态联绵词;二是单音词基础上形成的联绵词。其中第二种原因中有一种情况是本为合成词,后来词形变化才成了联绵词。② 我们认为"匾匽"应属于第二种情况的例子。《说文》:"扁,署也。"指在扁平的木板上题字,悬挂于门上方。后分化出"匾"字。③《集韵》:"匾,器之薄者曰匾榹"。《类篇》:"器之薄者曰匾。"关中方言说"扁,面阔而体薄"之义为"薄匾"。④ 可见,"匾"可单独表意成词,或者和相关词语联合使用,且与"匾匽"薄之词义关联度强。另外,朱德熙先生在考证马王堆一号汉墓遣策中的"卑虒"时也曾说:

> 与此音近的连绵词还有"椑榹",《广雅·释木》"下支谓之椑榹",王念孙《疏证》:"支与枝同。……椑之言卑也,以其卑下也。""斯""虒"皆支部心母字,椑榹、䙉匽、匾椑、椑榹,显然都是一语之转。䙉匽训广薄,椑榹为下枝,以椑榹命名的器皿也必然有卑下浅平的特点。……"题""虒"古音亦极近。椑榹和榹、题应该是同类的器皿。对照出土实物,可以肯定椑榹是一种较浅的盆盘类器皿的名称。⑤

按,朱德熙先生所论甚是。"卑虒、椑榹、䙉匽、匾匽、椑榹"显然是"匾匽"一词的异体形式,也包括上引施谢捷先生所论"扁匼"。此外,海昏侯墓出土的木楬上有"编匾"一语,⑥其也应读为"匾匽"。上文我们所论"榹"指扁平状承盘义,其和"匾"匾榹或薄义明显接近。由此可见,"卑虒、椑榹、䙉匽、匾匽、椑榹"这些词属于同义联合形成的词汇,后来固定化为"匾匽",并最终成为联绵词。

---

① 何九盈、王宁、董琨主编,商务印书馆编辑部编:《辞源》,3 版,北京:商务印书馆,2015 年,第 1016 页。
② 马季月、方礼武:《试论联绵词成因》,《淮南师范学院学报》2009 年第 1 期。
③ 李学勤主编:《字源》上册,天津:天津古籍出版社,2012 年,第 159-160 页。
④ 程瑛:《关中方言大词典》,西安:陕西人民出版社,2015 年,第 507 页。
⑤ 朱德熙:《马王堆一号汉墓遣策考释补正》,《朱德熙文集》(第五卷),北京:商务印书馆,1999 年,第 123 页。
⑥ 朱凤瀚主编:《海昏简牍初论》,北京:北京大学出版社,2020 年,第 344 页。

此外,还有"帻"字,见于"幠帻"一词,表示薄小纸、红纸。《广雅·释器》:"幠帻谓之炸。"王念孙《疏证》:"《汉书·外戚传》'赫蹏书'应劭注云:'赫蹏,薄小纸也。'颜师古注:'……赫蹏、击蹏、系繵与幠帻同。'"此外,《联绵词大词典》还搜集了同于"幠帻"的"赫蹄""赪蹄""赪绨""炸帻"诸形。① 《关中方言大词典》收录"遍遞"一词,同"匾匮",指薄气各啬。② 上提的"赫蹏",《辞源》的解释较为具体:

西汉末年流行的一种小幅薄绢。……清赵翼《陔余丛考·十九·造笔不始于蒙恬》:"《前汉书》所谓赫蹏小纸,盖亦缣帛麻头所造也。"后亦指纸。明王世贞《弇山堂别集序》:"其他有所闻见,偶书之赫蹏,以数甓贮藏。"③

《玉篇·巾部》:"幠,幠帻",赤纸也。"《正字通》:"幠",音赫,幠帻,赤纸。《汉成赵后传》:'发箧中药二枚,赫蹏书。'孟康曰:'蹏犹地也。染纸令赤。'应劭曰:'薄小纸也。'《西京杂记》作'薄蹏',义同,别作炸绨泥。"④《字汇》:"幠,音赫,幠帻,赤纸也。应劭曰:'薄小纸也。'亦作赫蹏。晋灼曰:'今谓薄小物为赫蹏。'"⑤

按,上引孟康所说"蹏犹地也"的内容说明东汉末期的学者早已注意到了"蹏"字义近之于地,此地义即指底。《释名·释地》:"地,底也。其体底下载万物也。"此外,"赫、赪、赪、炸"等也能说明孟康所言"染纸令赤"之义。对"系繵"的解释,陆宗达先生曾说:

古代也常用系繵造纸。十三卷《糸部》:"系繵,丝之结也。一曰恶絮。"《广韵·先韵》作"纤繵",解曰:"恶絮也。""系繵""纤繵"都是连绵词,就是现代汉语的"纥繵"。所谓丝结、恶絮,就是不能纺绩的丝纥繵。用系繵所造成的纸叫"赫蹏",和现在的"高丽茧纸"相似。《汉书·外戚传》:"武发箧中有裹药二枚,赫蹏书,曰:'告伟能:努力饮此药,不可复入,女自知之。'"应劭注:"赫蹏,薄小纸也。"邓展注:"赫音兄弟阋墙之阋。"师古注:"赫字或作系。"以此知"赫蹏"即"系繵",用"系繵"作的纸也叫"系繵"。⑥

此"系繵",王筠《说文释例》:"《玉篇》'一曰絓繵也',然则是'絓'讹作'维',而又敚'繵'字也。'一曰'犹云'一名',谓系繵又名絓繵也,仍是叠韵字。'絓'下云'茧滓絓头也',是知絓繵仍是恶絮,特呼之者不同词耳。"此外,《广韵》:"纤繵,恶絮也。"朱骏声《说文通训定声》:"亦谓之牵离。"因"纸"原指漂洗丝絮时附着于漂器上的絮渣,后指以丝为原料的缣帛,故"系繵"即是指打结的恶絮,也作"絓繵""纤繵""牵离",此乃以打结恶絮的造纸

---

① 徐振邦编著:《联绵词大词典》,北京:商务印书馆,2013年,第161页。其中的"赪",据《关中方言大词典》载其义为"大赤色"。(程瑛:《关中方言大词典》,西安:陕西人民出版社,2015,第689页。)
② 程瑛:《关中方言大词典》,西安:陕西人民出版社,2015年,第23页。
③ 何九盈、王宁、董琨主编.商务印书馆编辑部编:《辞源》,北京:商务印书馆,2015年,3版,第3924页。
④ 张自烈:《正字通》,续修四库全书编委会编《续修四库全书·经部·小学类》,上海:上海古籍出版社,2002年,第348页。
⑤ 梅膺祚编纂:《字汇》,续修四库全书编委会编《续修四库全书·经部·小学类》,上海:上海古籍出版社,2002年,第540页。
⑥ 陆宗达:《说文解字通论》,北京:中华书局,2015年,第155-156页。

原材料名物；而"幭幰"①是指薄小纸或小块缣帛，这是以造纸成品命名，其被染成红色，故又名赤纸。《方言》："楚人谓惭曰幭幰。"《玉篇》："幭，心不安也。幰，同上。""幭"又作"怵"，与"幰"又作"赫、䞓、𧹑、怍"同理。可见，形容人惭愧之色即指红脸，形容小块的红色绢帛即指赤纸。综上，"幰"应指绢帛（纸），上引《西京杂记》的"薄蹠"一词也可证明。其和表示薄小、赤色义的"幭""赫、䞓、𧹑、怍"等组成偏正结构的合成词，后固化为"幭幰"等联绵词。

综上，通过对"虍"及诸多从"虍"得声的汉字词义的追根溯源，我们可以发现从"虍"得声的字形可以表示逶迤曲折、广薄或小块成片等含义。甄别以上诸多从"虍"得声的汉字字义，可以发现马王堆医书中病名"白瘕"之"瘕"如果按照小块成片（或者表示底子）的含义来理解应该十分熨帖。"白瘕"应该就是对白癜风白色扁薄成片（或白底皮肤）病灶的具体描述。《诸病源候论》卷三十一《白癜候》曰："面及颈项身体皮肤色变白，与肉色不同，亦不痛痒，谓之白癜。此亦风邪搏于皮肤，血气不和所生也。"②《本草纲目·风瘙疹痱瘢疡癜风》曰："癜风是白斑片。"③此"白斑片"正可和我们对"白瘕"的解释相应和。在隋朝巢元方等编纂的《诸病源候论》之前，几乎看不见"白癜风"之命名，而马王堆帛书医方中提供的"白瘕"一名应该就是"白癜风"名称的前身。

至于"白癜风"的发病原理，除了《诸病源候论》所论之外，据《中国大百科全书·中医卷》载："清代《医宗金鉴》称为白驳风，指出其病因是风邪使气血失和。清代《医林改错》中有此病因血瘀皮里的说法。现多认为白癜风乃是情志内伤、肝气郁结、复受风邪、夹湿蕴积皮内，致使气血失和或气滞血瘀，不能滋养皮肤而成。白癜风初起常于无意中发现，或在精神刺激后发生，部分患者伴发斑秃或神经性皮炎。皮损初为圆形、椭圆形或不规则形的色素脱失斑，边界相当清楚，周围皮色较暗，表面光滑，无萎缩或脱屑。……白癜风内治宜祛风利湿，理气活血，用豨莶丸、消风散合逍遥丸加减。"④

此外，在《医心方》中记载了不少我国古代治疗"白癜风"的医方。⑤ 另《太平圣惠方·治白驳风诸方》也记载了许多治疗"白癜风"的医方。⑥ 同时，上引《本草纲目》对"白癜风"药物及医方进行了集中整理。

按，上提《太平圣惠方》中的"白駮"即"白驳"，《说文》："駮，兽。如马，倨牙，食虎豹。从马，交声。"《汉语大字典》引清朱珔《说文叚借义证·马部》："驳、駮声同，形尤近；故駮可为驳之叚借。"通过比较可以看出《本草纲目》是药物药方的集大成者，它几乎囊括了《医心方》《太平圣惠方》中治疗"白癜风"的所有药物。而马王堆帛书中治疗"白瘕"方共有三个方子，很明显这是一组复方。其中方一中有"灌青、鹽〈盐〉、竈（灶）黄土"等药物，方二中药物有"鸟卵、甘盐、善酒、美醯"，方三中有"丹沙、鳣鱼血、鸡血、鸡涅居、新布"等药物或用品。

---

① "幭"从"𡰪"声，而"𡰪"从儿声，《说文》："儿，孺子。"故从"儿"声的"幭"字有薄小义。
② 巢元方：《诸病源候论校注》，丁光迪校注，北京：人民卫生出版社，2013年，第572页。
③ 李时珍：《本草纲目》，刘衡如、刘山永校注，北京：华夏出版社，2011年，4版，第223页。
④ 傅世垣主编：《中国大百科全书·中医卷》，北京：中国大百科全书出版社，2000年，第11页。
⑤ 丹波康赖：《医心方》，高文柱校注，北京：华夏出版社，2011年，第112、113页。
⑥ 王怀隐等编：《太平圣惠方》，北京：人民卫生出版社，1958年，第686、687页。

对于方一,上引周德清、何清湖二位先生的意见认为:

  白癜风病位在皮肤属肺,病机在血热化毒、肝风阴毒、虚风挟毒。治疗白癜风主要应用补骨脂素及其衍生物,皮质激素、铜和锌制剂、免疫调节剂等。曾青主要为碱式碳酸铜,另外含有铅、锌、铜、镍、钴、钼、锰、钇、镱、钙、铍、铁、铝、镁、硅、锶、钡等元素。曾青味酸,小寒,无毒,归肝经。功能明目,镇惊,杀虫。治风热目赤,疼痛,涩痒,眵目赤烂,头风,惊痫,风痹。《神农本草经》记载:曾青"主目痛,止泪出,风痹。利关节,通九窍,破症瘕积聚"。《名医别录》补充:"养肝胆,除寒热,杀白虫,疗头风,脑中寒,止烦渴,补不足,盛阴气。"盐的主要化学成分氯化钠,在甘盐中含量为99%。甘盐咸,寒,具有清火、凉血、解毒、稳固牙齿的作用。灶心土辛,微温,归脾,胃经。含二氧化硅、氧化钙、氧化镁等。《本草便读》说:"伏龙肝即灶心土,须对釜脐下经火久炼而成形者,具土之质,得火之性,化柔为刚,味兼辛苦。其功专入脾胃,其扶阳退阴散结除邪之意。凡诸血病,由脾胃阳虚而不能统摄者,皆可用之。"曾青味酸,甘盐味咸,灶黄土味辛苦,三药配伍,正好针对白癜风的病机,入营血而泻热解毒,治肝风而兼顾脾肾。

  按,以上的理解可从。通过和上举《医心方》及《太平圣惠方》《本草纲目》等古医书的对比,可以发现马王堆帛书医方中药物有的与《本草纲目》归纳的药物暗合,有些则不见于《本草纲目》。

  方三中的"鸡涅居",其中"涅"字原被释为"湮",其形作▆(黑白图版)、▆(彩色图版),可见彩色图版的字迹较为清晰,故此字应该不是"湮"。《马集(伍)》编著者将之改释为"涅",认为"鸡涅居"是对"鸡血"的说明,并说"鸡血"要用"涅居"鸡的血,同时认为这个词的具体词义待考。同时又注明"涅"字有学者释为"淫"。① 其实认真对比帛书中的"淫"字▆、▆诸形以及"涅"字的▆、▆、▆等形,② 可见在帛书中"淫"和"涅"字形互讹程度很高。我们倾向于释"涅"的意见,但"涅居"究竟是不是用来说明"鸡血"的词语,则是值得商榷的。

三

以上解决了"白癜"的命名问题,下面我们来看一下相关的问题。

上引关沮周家台秦简"医方"简376有如下内容:

  北乡(向),禹步三步,曰:嘑(呼)! 我智(知)令某疟、令某疟者某也。若苟(苟)令某疟已,□已□已。一□言若

整理者:"令""某""疟"三字下均有重文符号,全句应读作:"我智(知)令某疟、令某疟者某也。"《秦简牍合集》编著者认为简文恐当改如今读,用于多人同时患病时。

---

① 裘锡圭主编:《长沙马王堆汉墓简帛集成》,北京:中华书局,2014,年"册贰图版"第74页、"册伍释文"第239页。黑白图版见马王堆汉墓帛书整理小组编:《马王堆汉墓帛书[肆]》,北京:文物出版社,1985年,第20页。
② 陈松长编著《马王堆简帛文字编》,北京:文物出版社,2001年,第445、442页。

"□已",整理者注:二字下均有重文符号。《秦简牍合集》编著者认为"已"前一字为"下"。

"一□言若",原释文无"一",《秦简牍合集》编著者释出。

关沮周家台秦简"医方"第 376 简的"疟"字作❑形,张雷先生释为"痎",为"瘧"字异体,指疲瘧,为疼痛之义。同时简文中的"□已□已",张雷释为"不已,不已";"一□言若"释为"吾言若☐"。①

我们认为以上张雷的考释意见可从,但是指酸痛之义似乎值得商榷。此处"痎"恐怕应该还是"疟"字。据《汉语大字典》记载:

痎,同"疟"。疟疾。《墨子·经说下》:"且有损而后益智者,若痎病之人于痎也。"毕沅注:"痎即疟省文……今经典省几,此省巨,一也,巨即爪字。"于省吾新证:"按宝历本,两'痎'字正作'疟'。"②

按上引文"之人",原作"之之",章太炎认为:"上'之'字训者。"③孙诒让认为:"《广雅·释诂》云:'痎,病也。'此'痎'或当为'瘧'之省文。下'之'字当作'人',言人患疟者,以病损为益也。"④

按,虽然孙诒让指出《墨子》中的"痎"或当为"瘧"之省文,但是其下文依然解释为"患疟",故学术界往往皆以疟疾来解释"痎"。我们认为,虽然张雷先生将"痎"字正确释出,但是字义可以维持原注的解释,或者考虑将疲瘧与疟疾两种解释同时存疑,以俟后观。

An Investigation of the Disease Name *Bai Si* (vitiligo) in *Recipes for Fifty-Two Ailments*

Fang Yong

Abstract: The name of *Bai Si* (vitiligo) is investigated in this paper. From a perspective of etymology, the Chinese character 虒(Si) has a semantic meaning of "patch" or "unpigmented". The term 白虒(Bai Si) refers to a skin condition characterized by patches of white or unpigmented skin, which is the old name for *Bai Dian Feng* (vitiligo).

Key words: *Mawangdui silk texts*; *Si* (vitiligo), *Bai Xi* (vitiligo)

---

① 张雷编著:《秦汉简牍医方集注》,北京:中华书局,2018 年,第 102—103 页。
② 汉语大字典编辑委员会编纂:《汉语大字典》第 4 卷,武汉:湖北辞书出版社,1988 年,第 2679 页。
③ 吴毓江:《墨子校注》上册,孙启治点校,北京:中华书局,2006 年,第 574 页。
④ 孙诒让:《墨子闲诂》上册,孙启治点校,北京:中华书局,2001 年,第 378 页。

"奢延水"与"奢延泽"新考

安介生

摘要：历史时期"奢延水"与"奢延泽"的研究,不仅与陕蒙边界地区自然环境的变迁过程相关,而且也与历史时期人们对于无定河水系的认知过程直接相关。从清代到民国前期,长城南北的统一与和睦,为边陲地区地理环境的认知创造了新的条件。无定河上游水系复杂,"奢延水"与"奢延泽"的命名,代表了对于无定河认知的最初阶段。历史时期"奢延水""奢延泽",更多的是指今天无定河的主要支流之一——芦河,即所谓额图浑河、淲忽都河等,而不是流经统万城(白城子)的红柳河主脉。古人之所以将龙州堡一带作为"奢延水"及"奢延泽"(即芦河)发源地所在,更多的是因为其地处陕西省靖边县丹霞地貌地区,正好与古文献所记之"赤沙阜"相印证。

关键词：奢延水；奢延泽；红柳河；芦河；龙洲堡；丹霞地貌

作者简介：安介生(1966—),男,祖籍北京市,生于山西介休,上海市复旦大学历史地理研究中心教授,博士生导师。

一、导　言

关于"奢延水"与"奢延泽"的研究,对于揭示陕北及鄂尔多斯地区历史时期自然环境变迁影响重大,价值很高。然而,关于古代文献中"奢延水"与"奢延泽"的方位考订,却是一个学术界长期争论不休的问题,古今不少学者参与了其中的讨论,成果丰富。目前较为通行的观点便是,"奢延水"即是无定河,蒙古语称之为萨拉乌素(苏)河。① 而"奢延泽"则在内蒙古鄂尔多斯南缘城川古城东西一带的沼泽及古湖残迹。② 然而,如果我们用心梳理一下历史文献资料,即可得知历史时期无定河上游(又称为红柳河,包括"奢延水"与"奢延泽")水系变化极为复杂,已有的认知有进一步深入探究与分辨的必要。

---

① 参见王北辰：《公元六世纪初期鄂尔多斯沙漠图图说——南北朝、北魏夏州境内沙漠》,《中国沙漠》1986年第6卷第3期。武沐、王希隆：《"吐延"、"奢延"为匈奴语南北考》,《中国边疆史地研究》2002年第4期。等。
② 参见侯仁之：《从红柳河上的古城废墟看毛乌素沙漠的变迁》,《文物》1973年第1期。朱士光：《内蒙城川地区湖泊的古今变迁及其与农垦之关系》,《农业考古》1982年第1期。等。

笔者以为:历史时期对"奢延水"与"奢延泽"的研究,不仅与陕蒙边界地区自然环境的变迁过程相关,而且也与历史时期人们对于无定河水系的认知过程直接相关。历史时期对于无定河上游水系的认知经历了一个相当复杂而曲折的过程,很难用正确与否一概而论,这一认知过程理应也是无定河流域历史地理研究的重要组成部分之一。近年来,笔者结合史料文献与实地考察见闻,对于统万城周边环境及无定河水系问题进行了一番较为系统的梳理与分析,对于无定河上游水系演变过程以及人们对于无定河的认知等问题提出了自己的看法。① 在本文中,笔者想在以往研究的基础上,对于古文献中"奢延泽"与"奢延水"的地理方位、古奢延县治,以及其与无定河上游另一条重要支流——芦河水系变迁之间的关系做一番梳理与分析,说明个人粗浅的心得和认识,以就正于高明。

二、清代以前有关"奢延水"与"奢延泽"的记载与定位

"奢延水"与"奢延泽"的记载出现于两汉时期,在唐代之前,中国古文献中关于"奢延水"与"奢延泽"的相关记载是相当有限的。这在很大程度上说明出人们对于"奢延水"与"奢延泽"的认知,在相当漫长的时期里停留在一个较为简单及模糊的层面上。

我们知道,"无定河"之名出现较晚,而其前身便是古文献中所记之"奢延水"。而"奢延水"之名,又出于两汉时期的上郡奢延县。两汉时期,"上郡"下均置有"奢延县",然而,《汉书·地理志》与《续汉书·郡国志》关于此县情况并没有任何特殊注释。"奢延泽"同样与奢延县有关,最早记载出现于《后汉书·段颎传》中:

> (建宁元年,公元168年)拜颎破羌将军。夏,颎复追羌出桥门,至走马水上。寻闻虏在奢延泽,乃将轻兵兼行,一日一夜二百余里。晨及贼,击破之。余虏走向落川……②

对于这个"奢延泽",唐代李贤注文仅云:"即上郡奢延县界也。"③意谓"奢延泽"在奢延县境内,确定了"奢延泽"与奢延县之间的从属关系。而对于《后汉书·段颎传》的相关内容,司马光所撰之《资治通鉴》的记述则稍有不同:"段颎将轻兵追羌,出桥门。晨夜兼行,与战于奢延泽、落川、令鲜水上……"④元代学者胡三省对于"奢延泽"的注解也只是重复了李贤的意见,并以郦道元《水经注》中的相关内容为旁证:"贤曰:即上郡奢延县界也。《水经注》:'奢延水出奢延县西南赤沙阜,东流入于河。'洛川,在奢延水南。"⑤关于"奢延

---

① 参见安介生:《统万城下的"广泽"与"清流"——历史时期红柳河(无定河上游)谷地环境变迁新探》,《历史地理》第23辑,上海:上海人民出版社,2008年。安介生:《从古今图籍看历史时期无定河(红柳河)之河道变迁——兼论古今河道编绘原则》,载侯甬坚、刑福来、邓辉等编《统万城建城一千六百年国际学术研讨会文集》,西安:陕西师范大学出版社,2015年。等。
② 《后汉书》卷65,李贤注,北京:中华书局,2012年,第2149—2150页。
③ 《后汉书》卷65,北京:中华书局,2012年,第2150页注文[二]。
④ 《资治通鉴》卷56《汉纪四十八》,胡三省音注,北京:中华书局,1997年,第1806页。
⑤ 《资治通鉴》卷56,胡三省音注,北京:中华书局,1997年,第1806页释文。

泽"的方位,胡三省还在《通鉴释文辩误》卷3着重指出:"奢延泽,在上郡奢延县西南。"①这些考证可以说明,在早期文献记载及相关考订中,唯一可以形成共识的,就是两汉时期上郡奢延县、奢延泽与奢延水之间的联结关系。同时也为我们留下了更多的疑问:两汉时期上郡奢延县治在哪里?其地域范围如何?《水经注》所云"奢延县",是否就是两汉时期奢延县的故治?

奢延县既然属于上郡,那么确定秦汉时期上郡的治所与地域范围,对于"奢延泽"的方位考订就十分重要了。《元和郡县图志》"绥州"下考释云:"按秦上郡城在今州理东南五十里上郡故城是也。自后汉末已来,荒废年久,俗是稽胡。及赫连勃勃都于统万,上郡之地,又为赫连部落所居。"②又据《史记正义》释云:"《括地志》云:'上郡故城,在绥州上县东南五十里,秦之上郡城也。'"③据此可知,由于周边民族的大举内迁,秦汉时代的奢延县至东汉末年已被废弃,而成为非汉民族部众的聚居之地。到北朝前期,该地又为赫连勃勃所占据。唐代绥州治所多次迁徙,最后定治于上县(即龙泉市),即今陕西绥德县。然而,目前更多的现代学者对于《元和郡县图志》及《括地志》关于上郡故城的定位并不能认同,提出了所谓"榆林说",即汉代上郡治于肤施县,治所就在今榆林市东南鱼河堡之地。④ 上郡治所的确定,并不能解决奢延县治的方位,而古今学者对于奢延县治的确定,其根据均来自郦道元的《水经注》。

清代以前,关于"奢延水"情况最翔实的文字记载,应出自北魏郦道元《水经注》卷3"河水"下的释文。《水经》原文有曰:"(黄河)又南过离石县西。"下有注文云:"……奢延水注之。水西出奢延县西南赤沙阜,东北流。《山海经》所谓生水出孟山者也。郭景纯曰:孟或作明。汉破羌将军段颎破羌于奢延泽,虏走洛川。洛川在南,俗因县土,谓之奢延水,又谓之朔方水矣。东北流,径其县故城南,王莽之奢节也。赫连龙升七年(公元413年),于是水之北,黑水之南,遣将作大匠梁公叱干阿利改筑大城,名曰统万城……则今夏州治也。"⑤这段记载的核心是"奢延县故城",即统万城,俗称"白城子"。清代以来,对于统万城的研究出现重大进展,确认赫连勃勃所筑统万城为今天陕西靖边县西北之白城子遗址。⑥

笔者以为:在这段最重要的记载中,有几点内容值得高度关注:首先,文献中提到"俗因县土,谓之奢延水,又谓之朔方水矣"。奢延水之得名,就是因为其在奢延县。这已为研究者之共识。其次,古今学者在这段记载的分析中,却大多忽略了一个重要的差异之处。统万城乃是"奢延县故城",而不是当时的奢延县,王莽时期(即新莽时期)改称为"奢节",

---

① 胡三省:《通鉴释文辩误》卷3,《景印文渊阁四库全书》"史部·编年类70",第312册,台北:台湾商务印书馆,1986年,第244页b。
② 李吉甫:《元和郡县图志》卷5,北京:中华书局,1983年,第102页。
③ 《史记》卷6《秦始皇本纪》,北京:中华书局,1997年"廿四史合订本",第259页注释。
④ 参见普慧:《秦汉上郡治所小考》,《唐都学刊》2008年第1期。
⑤ 郦道元注,杨守敬、熊会贞疏:《水经注疏》卷3《河水三》,南京:江苏古籍出版社,1989年,第255—259页。
⑥ 参见侯甬坚:《道光年间夏州城故址(统万城)的调查事由》,《陕西师大学报》(哲学社会科学版)2003年第4期。

后来成为北魏时期夏州之治所,而与郦道元所在北魏时期的奢延县已有一定的距离。又根据魏收《魏书·地形志》记载,赫连勃勃所都之夏州,为统万镇,治所称为"大夏",下领四郡九县,而首郡为化政郡,下领革融、岩绿二县,均非"奢延县"。① 清代学者张穆所撰《魏延昌地形志》"夏州"目录为何秋涛所补辑,他也没有注意到这个问题,只是沿用了《魏书·地形志》以及《隋书·地理志》的相关内容,也没有加入"奢延县"的记载。② 唐代的夏州直接承继赫连勃勃之夏州,治于统万城,也就是"奢延县故城",而非郦道元时期的奢延县。再次,也是最为关键的,奢延水的发源地是"赤沙阜",位于当时奢延县之西南,是一处具有独特地理风貌特征的景观。这也成为后人辨识"奢延水"及"奢延泽"最主要的依据之一,而古今学者在考证中很少提到这一点。

因此,笔者以为,上述文献十分明确地指出统万城的治所"大夏"为"奢延故城",而并非当时北魏时期奢延县的治所——奢延水之发源地"赤沙阜"西北一带,即事实上已存在着两个"奢延县城":一是位于统万城的"奢延县故城",一是郦道元时期的奢延县城。这一重要差异被大多数研究者所忽略了。③ 如果已经确定"奢延县故城"的方位,那么北朝时期的奢延县治所及"赤沙阜"又在哪里?这显然为一大疑点。魏收所撰《魏书·地形志》实为东魏之地理志,无法正确反映北魏时期的政区地理状况,故而没有"奢延县"的记载,也属正常。④

为了更好地了解北魏时期这一地区的地理环境,以及明确两个"奢延城"的差异,我们有必要对于周边水系及相关县治进行更细致的观察与分析。同样根据《水经注》记载,当时已知有多条支流注入奢延水。这些支流有温泉水、黑水、交兰水、镜波水等。"奢延水又东北,与温泉合。源西北出沙溪,而东南流,注奢延水。奢延水又东,黑水入焉。水出奢延县黑涧,东南历沙陵,注奢延水。奢延水又东合交兰水。水出龟兹县交兰谷,东南流,注奢延水。奢延水又东北流,与镜波水合。水源出南邪山南谷,东北流,注于奢延水。奢延水又东,径肤施县。帝原水西北出龟兹县,东南流。县因处龟兹降胡著称。又东南,注奢延水。又东,径肤施县南。秦昭王三年置,上郡治。"⑤ 首先,我们看到,与当时奢延县治、奢延水、奢延泽关系最密切的支流,无过于黑水。"黑水"一名,在中国古文献中记载甚多。而上述这条黑水,源出于当时奢延县境内之黑涧。这又是一条判定北魏时期奢延县治所的重要依据。清代学者胡渭曾云:"雍州自《禹贡》黑水而外,有十黑水焉。一在今榆林卫西北,废夏州界。《水经注》云:黑水出奢延县之黑涧,东流,合奢延水入河。赫连勃勃筑统万城于黑水之南是也。"⑥ 首先,明清榆林卫,治今榆林市。那么,这一"黑水"正是《水经注》所记"黑水",与榆林卫相接近。其次,当时与奢延水系最为密切的县治,除了奢延县,

---

① 《魏书》卷106《地形志下》,北京:中华书局,1974年,第2628页。
② 参见张穆原著,安介生辑校:《〈魏延昌地形志〉存稿辑校》,济南:齐鲁书社,2011年,第27页。
③ 现已有学者注意到这一点,参见王乃昂、何彤慧、黄银洲:《〈水经注〉所记无定河上游湖泽水系与古城址研究——兼论统万城与朔方郡的关系》,载侯甬坚、刑福来、邓辉等编:《统万城建城一千六百年国际学术研讨会文集》,西安:陕西师范大学出版社,2015年,第26页。
④ 参见张穆:《魏延昌地形志·自序》,《〈魏延昌地形志〉存稿辑校》,第5页。
⑤ 《水经注疏》卷3《河水三》,南京:江苏古籍出版社,1989年,第259—260页。
⑥ 胡渭著,邹逸麟整理:《禹贡锥指》卷12,上海:上海古籍出版社,2006年,第407页。

还有龟兹与肤施两县。龟兹县治所在今榆林市西北,而肤施县正是秦代上郡之附郭县,县治在今榆林市东南无定河北岸。因此,那么,根据今天实际地望推测,《水经注》所记之当时的奢延县治,应该是北魏废弃统万城之后所建新城,大致处于废夏州治所(即统万城)与龟兹县、肤施县(今榆林市)相邻不远的地域。

时至南北朝后期,"奢延水"之名也逐渐为无定河所替代,可以说,"奢延县""奢延水"之名,成为历史名词,大多仅仅出现于古籍注释文字之中,已不是正式的政区名称。如《元和郡县图志》"夏州朔方县"下释文就提及无定河(即奢延水)及乌水(即黑水):"无定河,一名朔水,一名奢延水。源出县南百步,赫连勃勃于此水之北,黑水之南,改筑大城,名统万城。今按州南无奢延水,唯无定河,即奢延水也,古今异名耳。乌水,出县黑涧,东注奢延水,本名黑水,避周太祖讳,改名乌水。"①正如作者所坦言:之所以将"无定河"又定名为"奢延水",是因为当时夏州之南面,只有无定河,并无一个名为"奢延水"的河流,因此推定为"古今异名"。笔者以为:正是在这些并不明确的文字为后世学者广泛引用之后,奢延水的方位问题更引发了混淆。通过简单对比可知,李吉甫所指"无定河",与郦道元所称"奢延水"存在很大的差异,难以简单混同。②《元和郡县图志》的这一定位引发了长久的认知问题,后来《太平寰宇记》等重要舆地著作的相关记载,基本上是以往记载的重复,没有呈现更多的细节,仅在引述中删去了"百步"二字。③

隋、唐两代在今天榆林市及靖边县设置了朔方郡及夏州。笔者以为:当时朔方郡及夏州境内的"宁朔县"值得特别关注,与北魏时代的奢延县方位相接近。《隋书·地理志》载明:朔方郡即北魏之夏州所在,而将"岩绿县"作为附郭县。"宁朔"下仅注云:"后周置。"④唐代夏州治于统万城,而宁朔县与朔方县关联密切,有多次兼并与置废的记载。如《旧唐书·地理志》载云:"夏州都督府,隋朔方郡。贞观二年(628年),讨平梁师都,改为夏州都督府,领夏、绥、银三州。其夏州,领德静、岩绿⑤、宁朔、长泽四县。其年,改岩绿为朔方县。"⑥"朔方县"下记云:"朔方,隋岩绿县,贞观二年(628年),改为朔方县。永徽五年(654年),分置宁朔县。长安二年(702年)废,开元四年(716年)又置,九年(721年)又废,还并入朔方。"⑦可见,宁朔县由朔方县中分出而置。"宁朔"下又记云:"隋县。武德六年

---

① 《元和郡县图志》卷4,北京:中华书局,1983年,第100页。
② 笔者注:《水经注》称当时奢延水"水西出奢延县西南赤沙阜,东北流",与当时奢延县治所之间存在一定的距离。同样,《水经注》载明统万城建造于奢延水之北,应该两者之间也存在一定的距离。而李吉甫所指"无定河"源出县城以南百步之处,也没有类似"赤沙阜"的标志性景观。笔者在以往的研究中已经指出:统万城前的"广泽清流"景观是影响无定河源定位的重要因素。清代以前,研究者并没有确认无定河与其正源——红柳河的关系。
③ 参见乐史:《太平寰宇记》(二)卷37"夏州朔方县"下"无定河"条,王文楚等校注,北京:中华书局,2007年,第786页。
④ 《隋书》卷29《地理志上》,北京:中华书局,1973年,第812页。
⑤ 笔者注:根据中华书局校勘记,各本"绿"大多作"银"。参见《旧唐书》卷38,第1461页校勘记
⑥ 《旧唐书》卷38《地理志一》,北京:中华书局,1975年,第1413页。
⑦ 《旧唐书》卷38《地理志一》,北京:中华书局,1975年,第1414页。

(623年),于此置南夏州。贞观二年(628年)废。"①很显然,"南夏州"就是要区别于"夏州",正如北魏"奢延县"区别于奢延县故城。既然宁朔县在唐朝初年设置为"南夏州",就应该与"夏州"有着相关密切的关系。那么,宁朔县方位又在哪里呢? 又《元和郡县图志》记云:"宁朔县(中下,西北至州一百二十里),本汉朔方地。周于此置宁朔县,属化政郡。隋罢郡,以县属夏州,皇朝因之。贺兰山,在县东北三十里。秦长城,在县北十里。"②《元和郡县图志》的这段记载,为我们判定宁朔县治所的方位提供了重要坐标,一是贺兰山,一是秦长城。据此记载推定,宁朔县治应在夏州的治所统万城西南120里之地,在秦长城以南10里。

而根据清代学者们的考定,他们大多将北朝时期的岩绿县、宁朔县及北魏时期奢延县治所确定于今天榆林府怀远县(即今横山县)的范围内。③ 如雍正《陕西通志》卷4、卷5均有按语称:"按岩绿在今怀远县界(即今榆林市横山县)。"④又"按宁朔在今榆林县界(即今榆林市界)"⑤。清代学者毕沅所撰《关中胜迹图志》卷24"地理"又指出:"谨按:德静废县,在榆林县西。宁朔废县,在榆林县南。唐李益《登长城诗》:汉家今上郡,秦塞古长城。有日云长惨,无风沙自惊。当今圣天子,不战四夷平。"⑥如果他们的考释成立的话,古文献中所谓"奢延水"与"奢延泽"也应更靠近今陕西榆林市境内,与统万城遗址存在一定的距离。更为重要的是,乾隆《钦定大清一统志》记载有两处"奢延故城",分别在"内蒙古鄂尔多斯"条与"陕西榆林府"条,与笔者所谓"奢延故城"有两处的认知结论正相吻合。"内蒙古鄂尔多斯"下"奢延故城"释云:"奢延故城,在右翼前旗西南,汉置属上郡,后汉因之,晋省。《水经注》:奢延水出奢延县西南赤水('沙'字之误——笔者注)阜,东北流,径其县故城南。按奢延水,即今榆林之无定河及石窑川河,旗西南哈柳图河、额图浑河,即古奢延县也。"⑦按作者这样的解释,榆林地区无定河、石窑川,以及内蒙古鄂尔多斯右翼前旗西南哈柳图河、额图浑等河流覆盖的范围,即今无定河及其支流所覆盖的上游地区,都应属于"古奢延县"的地域范围,其治所即为统万城(白城子),在鄂尔多斯右翼前旗西南。

又乾隆《钦定大清一统志》"榆林府"下将"奢延故城"与"夏州故城"并列,其释文云:"奢延故城,在怀远县。西汉置属上郡,晋省。《水经注》:奢延水出奢延县西南,东北流,径

---

① 《旧唐书》卷38《地理志一》,北京:中华书局,1975年,第1414页。
② 《元和郡县图县》卷4《关内道四》,北京:中华书局,1983年,第101—102页。
③ 参见李兆洛:《历代地理志韵编今释》,南京:江苏广陵古籍刻印社,1992年,第109页。
④ 雍正《陕西通志》卷4"岩绿县"下注释,《景印文渊阁四库全书》"史部309·地理类",第551册,第162页a。
⑤ 雍正《陕西通志》卷4"宁朔县"下注释,《景印文渊阁四库全书》"史部309·地理类",第551册,第184页b。
⑥ 毕沅:《关中胜迹图志》卷24"古迹(郊邑)秦长城"下注释,《景印文渊阁四库全书》"史部346·地理类",第588册,第785页b。
⑦ 乾隆《钦定大清一统志》卷408"鄂尔多斯古迹"下,《景印文渊阁四库全书》"史部241·地理类",第483册,第487页a。

其县故城南。"①这一考释进一步将后来的奢延县故城放在了怀远县(即今横山县)境内,是奢延水之发源地所在之地。又"夏州故城"下云:"在怀远县西,本汉奢延故地。"②显然,"奢延故城"有两个,难以合二为一。一为两汉时期的奢延县治,两晋时期省并,即《水经注》所云"奢延故城",后来被改建为统万城,成为夏州之治所,即"夏州故城",位置在清代榆林府怀远县以西;另一个"奢延故城"则在隋唐时期的宁朔等县境内,很可能就是由北魏奢延县之旧治所改置,其方位在清代榆林府怀远县境内,大约在今榆林市横山县西南的芦河沿岸。③

可以看出:不少清代学者已明确意识到,《水经注》中两个"奢延"区别是十分明确的,即北魏奢延县治与秦汉奢延故城。上述文献无一例外都可证实,统万城(即秦汉奢延县治)建于奢延水之北,而其发源之地附近的"奢延县治"有一定的距离。如果没有分清这一点,那么,对于"奢延水"与"奢延泽"的考定则不免陷于混淆之地。如清代学者胡渭在注释"奢延水"时又云:"水西出奢延县西南赤沙阜,东流合黑水,又东合走马水,又东入于河。离石,今永宁州。奢延故城,在废夏州西南。"④奢延故城与废夏州,显然不是同一地方。其判定奢延故城在废夏州西南,正是因为《水经注》有奢延水"东北流"经起万城的记载。又如雍正《陕西通志》卷3载云:"奢延,奢延水,出奢延县西南,东北流,径其县故城南,王莽之奢节也(原注:《水经注》)。奢延故城,在废夏州西南(原注:《禹贡锥指》。按在今榆林府怀远县)。"⑤按《水经注》之本文,统万城为两汉时期奢延县之故城,而胡渭等清代学者所指的"奢延故城",即在废夏州西南,应是北魏时期的奢延县城所在,接近奢延水之发源地"赤沙阜"附近,在清代榆林府之怀远县(治今横山县)境内。而《水经注》中所记"黑水"则被清代学者们认定为怀远县境内的石窑川河。如乾隆《钦定大清一统志》记云:"石窑川河,在怀远县北,即黑水也。……《通志》:黑水,今名石窑川河。在威武堡北塞外,东南流。径怀远,为乱窑川河。又有打浪河,自于塞外,南流,径怀远入焉。又东南,径波罗堡,入溮忽都河。按此水在边外名哈柳图河,会数派入边,为石窑川,即黑水,无定河之别源也。"⑥《钦定大清一统志》的记载来源于雍正《陕西通志》,而雍正《陕西通志》又主要根据了当时《县图》与《县册》的记载。⑦

毋庸讳言,无定河上游横穿长城内外,长城的阻隔以及长城南北战争的持续不断,极

---

① 乾隆《钦定大清一统志》卷187《榆林府古迹下》,《景印文渊阁四库全书》"史部236·地理类",第487册,第260页a。
② 乾隆《钦定大清一统志》卷187《榆林府古迹下》,《景印文渊阁四库全书》"史部236·地理类",第478册,第260页a。
③ 参见《中国历史地图集》第5册《关陇诸郡》,北京:地图出版社,1987年,第7—8页。
④ 胡渭著,邹逸麟整理:《禹贡锥指》卷13,上海:上海古籍出版社,2006,第419页注释。
⑤ 雍正《陕西通志》卷3《建置三》"汉奢延"条下注释,《景印文渊阁四库全书》"史部309·地理类",第551册,第131页b。
⑥ 《钦定大清一统志》卷187《榆林府山川石窑川河下》,《景印文渊阁四库全书》"史部236·地理类",第478册,第258页b。
⑦ 雍正《陕西通志》卷11《山川四·榆林府怀远县石窑川下》,《景印文渊阁四库全书》"史部309·地理类",第551册,第603页a。

大地影响到历史时期对于长城沿线地区地理状况的认知。从唐代以后直到明朝时期,人们对于塞外的无定河及相关区域的记载出现了事实上的"空档期",认知相当模糊简单,并没有超过《水经注》的水准。以明代图籍为证。《广舆图》是明代著名的地图集之一,由朱思本、罗洪先、胡松等多位著者完成。其中所编《延绥镇图》为我们提供了相当丰富的边外情况。① 但是,由于塞外记载与地点标记大多不甚清晰与随意,很难简单地与今天陕西北部的水系与地点对应起来,缺少考证的价值。如在靖边堡西北方向的塞外地区存在着一组古城与水泊景观,分别标注着"古夏州""匝把湖""红柳河""忻都城"等等。而这组古城与水泊景观并没有与任何水系相互连接,以及进入塞内,没有展示出无定水系的完整性与连续性。陈组绶编绘的《皇明职方地图》是明代最重要的地图集之一,编绘水平与价值也非同一般,受到学者们的高度评价。其中所绘《榆林边镇图》②标注无定河系的内容较为丰富(参见图1)。榆林镇一带的无定河分为南、北两个支流,均源自于边墙之外。北面支流自榆林镇附近进入,其源头分别指向长盐池与红盐池。西向一条支流标注甚为复杂。源头水之一标有"吃那水"(即黑水)、"里水"。源头之二标注有"奢延水""红柳河"等。两个源头水之间标注有"奢延故城"。两股源头水在匝把湖附近合流,合流处以北标注有"唐夏州",其水东流,在龙州堡以北地方入塞。我们可以清楚地看到,怀远堡以外地区标注有"白城子",即统万城,与这两条水系均没有关联。

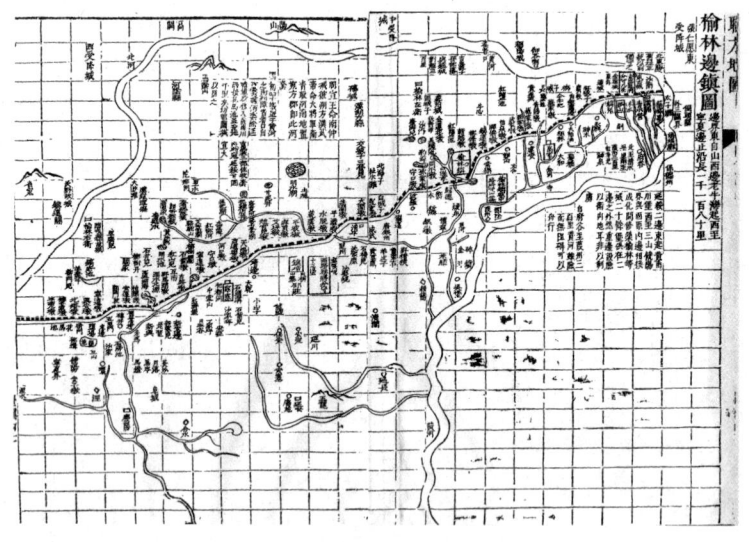

图 1 榆林边镇图

上述明代图籍资料为我们提供了十分珍贵的佐证,这些图籍资料为我们呈现出当时的山川水系、故城遗址等情况,但是,塞外情况大多应该是大多源自口耳相传,不是实地考察与勘验的结果,形成特殊的文化现象,与客观真实的情况有着不小的差距,难以考实,无

---

① 朱思本撰,罗洪先、胡松增:《广舆图》,北京:国家图书馆出版社,2012年,第74页。
② 陈组绶编:《皇明职方地图》卷中《边镇四七》,复旦大学图书馆藏明刻本。

法简单地与古籍中相关的记载对应起来。

三、清代至民国前期有关"奢延水"与"奢延泽"的记载与定位

从清代到民国前期,长城南北的统一与和睦,为边陲地区地理环境的认知创造了新的条件。而陕蒙边界地区大量开发性移民的到来,不仅促进了农业及粮食生产,也必然在一定程度上推进了区域地理认知的进步。与此同时,西方测绘技术的输入,又在较大程度上提高了地图河系标注的精确度。因此,清代至民国时期关于无定河(包括奢延水)水系情况的认知,出现了一个质的飞跃。然而,由于缺乏统一标准的地理测绘技术,以及缺乏对于已有河流水系知识的普及推广工作,清代至民国时期对于无定河的认知过程仍然是复杂而曲折的。学者们的认知不仅存在时段性的差异,而且在同一时段也有着不同的解释与判定。

笔者在研究中发现,早在清代前期,对于无定河上游水系的研究与判定,曾经出现过两种或两类并不完全一致的叙述及解释系统,一是"塞外派"的解释,以齐召南《水道提纲》及康熙、乾隆两朝《内府舆图》为代表,另一种则可称之为"本地派"或"内地派"的解释,以《延绥镇志》、雍正《陕西通志》、乾隆《钦定大清一统志》及其他地方志为代表。

齐召南《水道提纲》为塞外派的代表,其特点便是以源头及水系构成整体出发,来梳理无定河水系的脉络。如《水道提纲》卷5《黄河》条关于"奢延水"释云:"榆林无定河有二源,西源曰额图泽(应为'浑'之误——笔者注)河,古奢延水也,出河套右翼前旗贺通图山,东南流,有一水自西来,一水西南自苏海阿鲁山来,俱会,东入怀远堡边城,为潢呼都河。又折东北,至波罗营,与北来海留图河会。海留图,即东源,古黑水也,亦名齐纳河,出前旗呼喇呼之地,东南流,与西北来之纳林河,出托里泉,及西喇乌苏河,出磨呼喇呼平地者会,东南入榆林边,于波罗营北,而西源来会……"①齐召南所云,可以说是康熙、乾隆两朝《内府舆图》内容的解说词。齐召南认为额图浑(即塞内潢呼都河)为古奢延水,为无定河之西源。而今天我们认定无定河上游经过统万城之水,则是文中所提"西喇乌苏河"。又对照康熙《内府舆地全图》陕北长城部分(图2),可以看出:清代前期榆林府下与无定河相关的河流水系分为三个部分或三支,与《广舆图》等明朝地图还是较为接近的。最北一支是自榆林府城以北之地流入塞内,河源标有"清必拉"及"清河口""三岔河"等。中间一支最为复杂,又由三股水流组成,中间一股为"西拉乌苏必拉""纳领必拉"及"哈柳图必拉"合流而成。北面一股水流为"他克拉必拉",南面一股为"额图浑必拉",三股水源在清河水合流入塞。最南一支为从宁塞堡发源,经过"把都河口",最终潴于通哈拉克鄂谟,实为今天无定河真正的上源——红柳河。

---

① 齐召南:《水道提纲》卷5《黄河下》注文,《景印文渊阁四库全书》"史部341·地理类",第583册,第58页a。

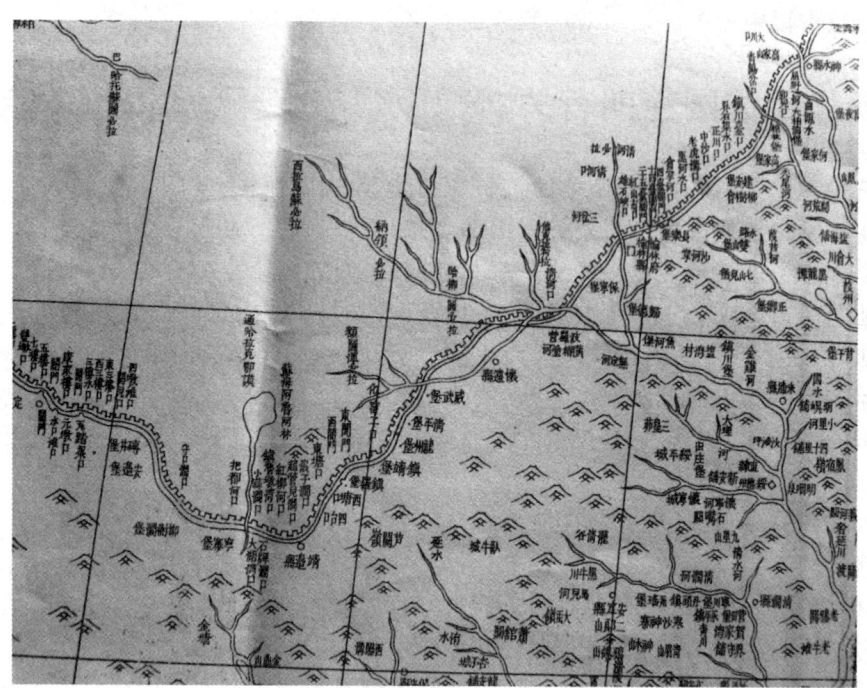

(图片来自《内府舆地全图》，北京：国家图书馆出版社，2009 年《中华再造善本》据国家图书馆藏清康熙刻本影印，第 5 册）

另外，清代的一些官方典籍对无定河的记述，也与齐召南所述大同小异。如《钦定大清会典图》释文云："无定河上流，曰额图浑河，一曰奢延河，又名溇忽都河。自鄂尔多斯右翼前旗东流，入界，经怀远县北，东流，右纳子坊沟水、波罗堡水、左纳硬地梁水，折东南，右纳黑木头河、柿子河水，经府治南鱼河堡，清水河（一名西河，即榆林河）自边墙流入，经府治西北，合三岔河、芹河，经治南，合驼山水、冯家沟、张家沟、小沙河、董家湾、白家沟水，东南流，注之。又东合数小水，经镇川堡东南，流入米脂县界。"①又如《陕西水道图说会典》记云："无定河上源，曰额图浑河，自鄂尔多斯右翼前旗东流，经榆林府边外，合西拉乌苏河、纳领河、哈柳图河、他克拉布河，入边，合榆林河，又经绥德州，合怀宁河，入黄河。"②《清史稿·地理志》"鄂尔多斯右翼前旗"下也记云："西南：金河，蒙名西喇乌素，源出磨虎喇虎地，南流，会哈柳图河，东南流，合细河、金河二水，入榆林边，至波罗营，会西来之额图浑，为无定河。细河，蒙名纳林河，源出托里泉，南流，亦会哈柳图河。石窑川河，蒙名额图浑，源出贺佟图山北平地，东南流，合数小水，入怀远边，为溇忽都河，又折而东北，至波罗营，会海克图河，为无定河。"③"塞外派"解释系统的最大特点是从塞外到塞内，统观长城内外，视野开阔，以边墙之外的额图浑为无定河（即古奢延水）的正源，其出于河套右翼前

---

① 昆冈、刘启瑞等：《钦定大清会典图》卷 207《舆地六九》，北京：中华书局，1991 年，影印本，第 715 页 a。
② 贺长龄、魏源等编：《清经世文编》卷 114《工政二十》，北京：中华书局，1992 年，第 2763 页 a。
③ 赵尔巽等撰：《清史稿》卷 77《志五十二·地理二十四·内蒙古》，北京：中华书局，1977 年，第 2420 页。

旗,东流,与海留(流)图河、西拉乌苏河、纳林河等水合流后入塞。

另一派解释系统"内地派"或"本地派"则以塞内地方情况为主导。如关于无定河上游的源流状况,乾隆《钦定大清一统志》载云:"无定河,自边外流入怀远县北,又东南,径榆林县西南,流入米脂县界,即奢延河。……无定河,俗名滉忽都河,源出龙家堡南宜家畔,合静(靖)边城西之红柳河,城东之莜麦河,东流出塞,至怀远县之清平堡东北,又入边墙,右合清平水、柳儿、狄青原诸支水。又东径威武堡北,合海棠水,又东径怀远县北,复出塞,合塞外之圁水及打狼河、石窑川水,至波罗堡,复入,而东南流,黑木头沟水东流,会之。又径响水堡东,东南入榆林界。"①上述文字对于无定河的水系的描述分为两个部分:一为古文献记载的引述,一为当时河道状况的阐释。第二部分的价值无疑代表了清代前期对于无定河河道状况的最新认知。当时对于无定河干流的认定为"滉忽都河(即《水道提纲》之潢呼都河——笔者注)",源出于龙家堡(龙洲堡)宜家畔。然后与靖边城西之红柳河、城东之莜麦河合流,东流出塞。(参见图3)这里,我们必须注意到,这里并没有提到塞外的白城子,即统万城。也就是说,无定河的起源并还没有与统万城挂起钩来。关于"黑水",乾隆《钦定大清一统志》也作了相当详尽的解释:"石窑川河,在怀远县北,即黑水也。……黑水,今名石窑川河,在威武堡北塞外,东南流,径怀远,为乱窑川河。又有打浪河自于塞外南流,径怀远入焉。又东南,径波罗堡,入滉忽都河。按此水在边外名哈柳图河,会数派入边,为石窑川,即黑水,亦无定河之别源也。《延绥镇志》谓之圁水,误,辨见神木县。"雍正《陕西通志》卷8"榆林府"下、卷11"怀远县下"都有无定河水系的记载,与乾隆《钦定大清一统志》的记载大同小异,应来自同一资料源(即《县册》)。

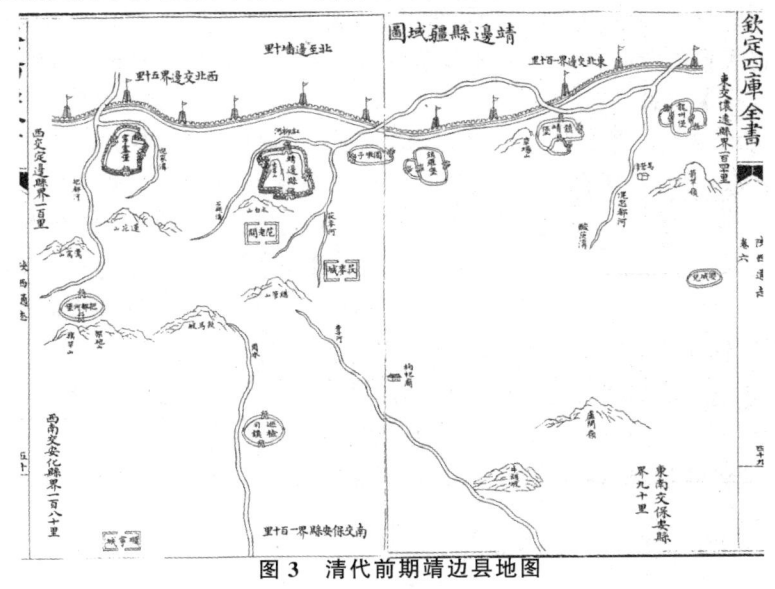

图3 清代前期靖边县地图

(图片来自雍正《陕西通志》卷6,《景印文渊阁四库全书》"史部309·地理类",第551册,第297—298页)

---

① 乾隆《钦定大清一统志》卷187《榆林府下》,《景印文渊阁四库全书》"史部236·地理类",第478册,第258页a—b。

根据雍正《陕西通志》的附注,以及毕沅《关中胜迹图志》的解释,上述关于无定河上游水系情况的记载,均来自《延绥镇志》。而今本《延绥镇志》关于无定河的记载相当简略,如云:"无定河,河源出清平堡塞外白城儿,东流,合夏河儿,白波罗(应为'自波罗堡')入边,合漒忽都河,南折,自米脂县历绥德州东关外,流入清涧县界,又东八十里,入黄河。"①毕沅等人应该另有所本。《关中胜迹图志》卷24"地理"记云:"无定河,在怀远县北,《通志》:即生水,俗名漒忽都河……《延绥志》:漒忽都河,出龙州堡南宜家畔,合城北乌龙洞泉,及城西水,东流四十里,清平水北注之。又东,柳泉儿水北注之。又东,狄青原水北注之。又过响铃塔威武堡,暗门水出其东,又海棠河及东西二河,俱出镇靖堡塞外,东流注之,又东,过怀远堡,苦水川合圁川会之,为无定河。至波罗堡,北折而南流,黑木头水、鲍家寺水东注之。又过响水堡,东入榆林界。其圁水出清平堡外白城儿,东流,合夏河儿,入波罗堡,与漒忽都河会。"②上述数则文献可以说明清朝前期对于无定河上游水系情况的认知程度。有以下几点值得关注:

首先,当时大多数著作认定无定河俗名为"漒忽都河",源出于龙州堡宜家畔。漒忽都河,又称为恍忽都河、慌忽都河、黄糊涂河、潢呼都河等,其名应起于明朝后期。如明代茅大方有《塞门至银州关道中》一诗云:

银州③西下忽都河,戍卒东来唱旧歌。星散诸营连斥堠,云屯万里蔽沙陀。

自嗟出塞春光少,谁道临关月色多。顾我鹤形非燕颔,立功万里定如何?④

其次,文中又提出了"圁水"的问题。"圁水"在古文献中经常出现,实为今天陕西北部之秃尾河。将奢延水称为"圁水",正如这里将无定河(奢延水)称为"漒忽都河",都曾经是学界的主流意见,尽管与今天的认知不同,但是,这正是无定河认知史的真实状况。如《明一统志》即称:"无定河,即古圁水,以溃沙急流,深浅不定,故名。"而雍正《陕西通志》在"秃尾河"下专门进行了考释:"按《唐志》云:银州东北无定河。即圁水,而后人遂皆谓奢延水为圁水。然考《水经注》,圁水在东北,奢延水在西南,各自入河。源流迥别,故有谓秃尾河即圁水者,揆之汉魏地里、郡邑、方位,皆相吻合,当非臆断,从之。"⑤《关中胜迹图志》的作者毕沅也曾专门考订云:"臣谨按:圁水在葭州,今名秃尾河。其以奢延水为圁水,误自欧阳忞《舆地广记》始。前明人地志往往承之。近时谭吉璁撰《延绥镇志》亦不知辨,但此出清平堡外之水,本无他名,今仍其文而辨正之如此。"而"此出清平堡外之圁水",正是我们今天所知的无定河正源——红柳河,而当时连正式名称都没有。

将"圁水"称为"无定河"正源,正是在无定河水系的认知历史上不得不提的"插曲"。从宋代到清朝中期不少学者坚持的观点。如清代学者梁份在《秦边纪略》"龙洲堡"的注文中称:"圁水出塞外之白城儿,至此于堡之荒忽都河水合,南流益大,谓之无定河。水中之

---

① 郑汝璧等纂修,陕西省榆林市地方志办公室整理:《延绥镇志》卷2《山川下》,上海:上海古籍出版社,2011年,第116页。
② 毕沅:《关中胜迹图志》卷24《地理》,《景印文渊阁四库全书》,第588册,第782页a—b。
③ 银州,治今榆林市东南。
④ 朱彝尊编:《明诗综》卷18,北京:中华书局,2007年,第759页。
⑤ 雍正《陕西通志》卷13《山川六》"葭州"下,《景印文渊阁四库全书》"史部309·地理类",第551册,第719页b。

沙人马践之,如行幕上,多陷没之患,浅深不一,故名无定。且水急流之际,时或逆上如海潮然,唐人诗中皆指也。延绥西路止于此堡。堡有把总,兵五十名。明制:兵五百六十名。"①又如光绪年间县人高增巽曾经撰写《无定河源流考》一文,也坚持认为圁水就是无定河,其文中云:"惟按《榆林府志》:清平堡塞外白城儿,即古白土县地,圁水出焉,东流入塞内乌龙口,又东至砖场口,北流,出塞外,径塞地梁,三岔河与夏河合,入无定,复入塞内,此圁水之源流也。《延安府志》:无定河源出靖边县,俗名淲忽都河。《榆林府志》:淲忽都河出龙州南宜家畔,东北流,出长城,至三岔河,合圁水、夏河,东至塞内,入怀远境,又东南流,入榆林米脂县、绥德、清涧境,即纳诸州县各小水,入黄河。此无定河之源流也。三岔河以上名圁水,名淲忽都河,三岔河以下名无定河,并无奢延水之名。又按《禹贡锥指》:今米脂县有汉圁阴故城。《榆林府志》:鱼河堡、响水,皆古圁阴县地。水北为阳,则其地当在无定河西南岸,今之白土儿城,即古之白土县,与《水经注》所载亦相符合,是今之无定河,即古之圁水,无可疑议……古今异名,不能臆定,姑存阙疑,以俟后之考古者。"②应该说,明末清初,因为人们无法确定今天的红柳河是无定河之正源,因此当时的人们对于无定河的源流还倾向于两种说法:一是将无定河之正源,确定在统万城(即白城子)下,似与古代圁水相接近,作为无定河的一个源头;二是更多的学者靖边县境内的淲忽都河作为无定河的真正源头,而淲忽都河出自龙州南宜家畔。圁水与"淲忽都河"汇集之后,才形成完整的无定河。

清代中期以后对于奢延水的认知情况,可以道光《榆林府志》为代表。如道光《榆林府志》卷4载云:"无定河,俗名淲忽都河。一名朔水,一名奢延水,一名生水。《县册》:在怀远县北。……《(延绥)镇志》:淲忽都河,出龙州堡南宜家畔。又《延安府志》:无定河,源出靖边县东酸茨沟,俗名淲忽都河,疑即生水之源,水东箭竿岭,或即孟山。其水东北流,莜麦、红柳二河水,东流,注之。按箭竿岭在龙州堡南,由龙州东北流,出长城,至怀境塞外,黑河、打狼河、石窑川诸水入之。至三岔河,合圁水、夏河,东至塞内波罗堡西,大川口水入之。……入清涧县境,又东南,径两河口,入黄河。按无定河、奢延水、圁水,各志俱未确互,详圁水注。"又"圁水,在怀远县西北,《水经注》:圁水出上郡白土县圁谷,径其县南,又东径圁阴县南,流注于河。按白土,即今白儿城,一作白城儿。圁水源出清平堡塞外白城儿,东流,入塞内乌龙口,又东流,清水河、柳泉儿、狄青河诸水注之。又东,至砖场沟,北流出塞外,径寨城梁,至三岔河,与夏河合,入无定河,流入塞内。按圁水与无定河,异源同流,未合时名,不可混,合流后,俱可互称,并可名奢延水"③。据相关记载,道光《榆林府志》中《怀道水道图》为何丙勋所编绘。关于奢延各水的编绘,李熙龄曾与何丙勋进行过讨论,讨论内容正与《府志》内容相印证。如李熙龄《与怀远令何保如书》指出:"承绘《怀远水道图》,甚为明晰,但以无定河为怀境北条水,圁水为怀远南条水,又以无定河不得为奢延水。细考之,俱未确。盖圁水源出白儿城,入塞内乌龙口,固在怀境西北,而无定河源出龙

---

① 梁份:《秦边纪略》卷5,赵盛世、王子贞、陈希夷等校注,西宁:青海人民出版社,2016年,第448—449页。
② 民国《米脂县志》卷9,第38页a。
③ 道光《榆林府志》卷4,第20b。

州堡,南流,出长城,亦在怀境西北,所谓异源也,至三岔河合流,所谓同流也。未合时名,不可混,合流后,俱可互称,并可为奢延水。兹分详本条水注外,附考案一条,统希垂鉴。"何丙勋在《答榆林李太守书》中表示了赞同:"……无定河、奢延、圁水,历来各志俱误,谨阅掷下考辨,涣然冰释,仰瞻斧藻,曷胜钦佩!"①李熙龄的见解十分清楚地反映在书中所附《怀远县疆域图》上。② 其中标示出无定河源在龙州堡附近,与源出于靖边堡的菝麦河及红柳河合流后,称为无定河。而圁水源出于白儿城(即白城子),入塞后,又与狄青河、清水河等合流。

笔者在以往的文章中已经反复强调,传统文献中关于红柳河最准确、最完整的记载,来自光绪《靖边县志稿》。如该书卷1《舆地志》"诸水"条下载:"……西北红柳河,其源有三:一出宁塞堡东南四十里清水沟迤西,北流三十里,有碾盘湾水自东入之。又五里,马家坬子水自西入之。北行十五里,至大岔。一出宁塞十里乔家南沟,北流十里,有黄家岘水自东入之。又北十里,马家崾嶮水于小河畔自西入之。又北十五里,莺儿窝水自西南入之。又北十五里,亦会于大岔。一出把都河旧城子,北流二十里,罗家涧、斜路梁二水自西入之。又折东二十里,过子规沟,俗呼鸥怪沟。至大岔,三水合流,《府志》所谓红柳河是也。又北流十里,水分为洲,中有土阜,高数丈,阜上坦平如砥,阔数十亩,俗名无定寨。又北流十里,至小桥畔,有官桥,西距梁镇十五里。又北流十五里,至石底子,亦名朔水。又北流四十五里,抵怀远界白城子,又名生水,又迤东,过张鸿畔,径怀远波罗,至二石科,即无定河也。"③这段记载对于确认历史时期红柳河河道变迁是至关重要的。如这段记载明白无误地确认了红柳河的源头,即今天红柳河的上源是宁塞堡附近二水及把都河。这些描述与我们今天所知的无定河发源状况最为接近,自然也为我们正确指认文献记载中的红柳河源头问题提供了佐证。但是,在该部县志中,所云"红柳河"与以往记载又有较大不同,而"怀远奢延河(即今芦河)"与"红柳河"是并列的。由此足以证明,当时学者仍然认为古代"奢延水"是今天的芦河,而不是经流统万城附近的红柳河。当然,芦河与红柳河都是无定河上游的重要支流。

再次,光绪《靖边县志稿》提出了"怀远之奢延河"的说法。而与其他文献相参证,"怀远县之奢延河",又被称为"圁水",即今天芦河上游之一支。芦河横穿靖边、横山二县,为无定河最重要的支流之一。(参见图4)民国《横山县志》卷1《地理志》"河流"下记云:"圁水,俗名芦河,源出靖边,有东、西二河。西河源,出新城堡西南石头沟菝麦城。其东河源,在新城堡东南二十里之门汉岩。均东北流,环绕镇靖城北相会,又五里出边,迤北十五里,过张家畔。再流五十里,至清平堡边外之乌龙口。折而南流,入边。南至祁家园子,与西来之龙州堡寺湾河相合,经清平堡北,东流,有清水河、柳泉儿、狄青河诸水来注。再东四十里,野人沟(芦沟河)、圪奔沟、石窑川水先后来会。经威武堡、响铃塔,复东会苦水沟、马英沟诸水,绕横水城北,东至砖厂沟,北流,出塞,径塞城梁,至三岔河,与西来夏河合,入无定河。"《横山县志》作者考释云:"按芦河,命名失考。查威武堡北有芦沟,靖边新城河源有

---

① 道光《榆林府志》卷42,第11页b。
② 道光《榆林府志》卷1,第56—57页。
③ 光绪《靖边县志稿》卷1《舆地志》,第15页a。

芦子坪,疑系因此得名。《延绥镇志》以滉忽都河出龙州堡南宜家畔。考龙州堡寺湾之水,为圁水支流,非正源也。其误指圁水为滉忽都河(即无定河)源,非是。"①该《横山县志》成书于民国十八年(1929年),显然,这样的考证显示了认知进步的成果。芦河作为地跨陕北边墙的无定河支流,古文献中记载与干流相混,实在是当时地理认知局限的问题。

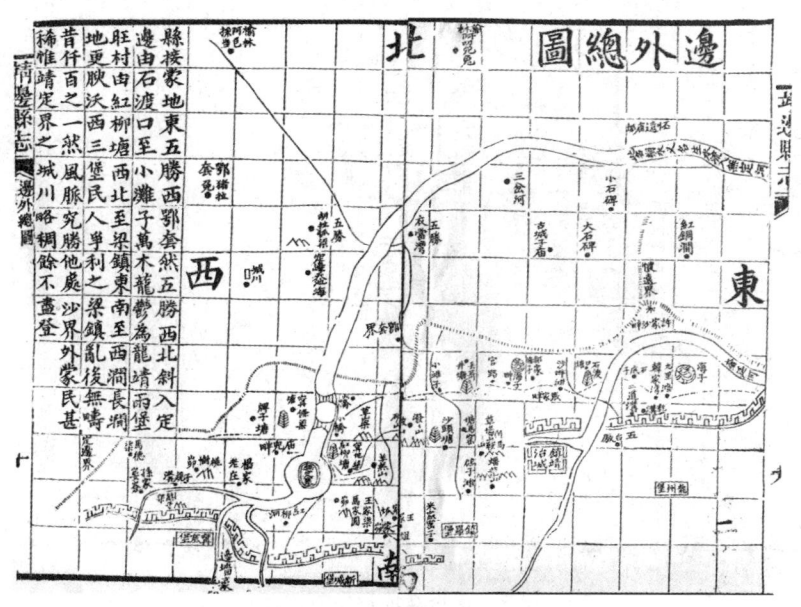

图 4　清代后期靖边县边外图

(图片来自光绪《靖边县志稿》卷1《舆地志》,第9—10页)

最后,既然上述文献都将龙州堡(龙州堡地形示意图见图5)作为奢延水(无定河)之河源地,那么,我们就有必要对龙州堡的沿革情况作一番探究。乾隆《河套志》卷3载称:"龙州城,汉之龙州地,宋之(夏州)石堡寨也。范文正于此置马营。境有龙城关,北近边堵,南为延安城,乃延境首冲。今鸦儿巷脑四面天险,建城堡以扼吭喉,足资保障。城南有宜家畔慌忽都河,乃无定河上流也。堡之沟涧良多,善用之,则为险,不善用之,则为害。东三十里为清平堡矣。"②原书有注释,已模糊不清,嘉庆《定边县志》卷12《边备志》引述了上述内容,并加按语云:"按堡在平地,不若鸦儿港之险。圁水出塞外之白城儿,至此,与堡之滉忽都河水合,南充益大,谓之无定河,水中沙流不定,人马践之,如行幕上,或逆流如海潮,故名。"③乾隆《河套志》与嘉庆《定边县志》关于龙州堡的记载,应来自清代学者梁份所著《秦边纪略》。其原文云:"龙州城,汉之龙州,宋之石堡寨也,范文正于此置马营。境有龙关,北近边绪,南有延安城,乃延境首冲。今鸦儿巷脑,四面天险,建城堡以扼吭喉,足资保障。城南宜家畔,有荒忽都河,无定河之上流也。堡之沟涧良多,善用之则为险,不

---

① 民国《横山县志》卷1《地理志》,第8页 a。
② 乾隆《河套志》卷3,第10页 b。
③ 嘉庆《定边县志》卷12《边备志》,第11页 a—b。

善用之,则为害也,地利岂有常胜哉。东三十里则清平堡。(原注文略)"①多份文献互证可知,梁份记述更为翔实。

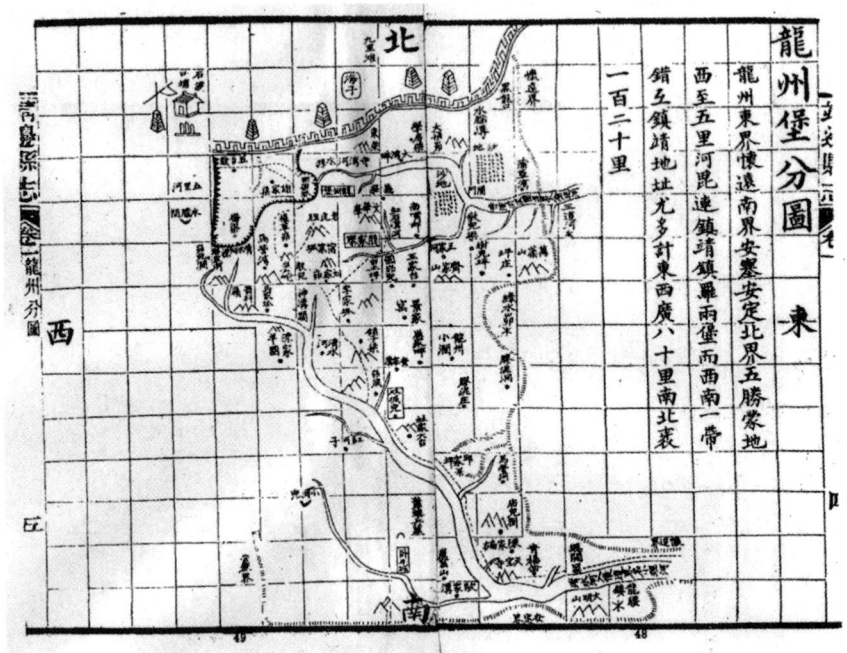

图 5　龙州堡地形示意图

(图片来自光绪《靖边县志稿》卷1《舆地志》,第4页b至第5页a)

在靖边县诸河流(特别是浣忽都河)中,以发源于龙州堡地区的寺湾河及其支流,正是所谓"奢延水"之上源,特别值得关注。《靖边县志稿》卷1《舆地志》"诸水"下记载:"(靖边县)东有寺湾河,在龙州(堡)西北城下,水源出里许,即名寺湾河。河岸有红石崖,崖半有窟有盏,水自盏出,激盏声渊渊如鼍鼓,下有小潭,清澈见底。冬温夏凉,中有鲫鱼⋯⋯又东二里,会鸦儿河水。鸦儿河乃瀑布飞泉,下有怪石参差,阻滞水性,怒声如雷。又东流三里,草沟湾水自北入之。又东十五里,阎家峁子水自北入之。又迤东南十里,至暗门,会入王家河。查王家河源出长嘴红石沟,东、西、北岔皆有水,中亦多鱼,合流,五里,阎家寨、刘家峁儿诸水自西入之。又东流五里,名王家河,会寺湾河,二水合流,十里,小岘水自南入之。又东十里,至三道河,水脑儿沟水自北入之。又东流五里,过惠家桥,亦入怀远之奢延河。距镇靖城九十里。"②据此可知,靖边县西部,又有一组河流水系的聚合,重要的主干有寺湾河与王家河,其支流又有鸦儿河水、草沟湾水、阎家峁子水、阎家寨水、刘家峁儿水等。这组水系有两大点特别值得关注。首先,龙州堡是寺湾河与王家河的发源地。寺湾河出于龙州堡城下,而王家河出于长嘴红石沟,故地图中又称为"红石沟水",两河合流后,成是奢延河的上源。其次,更为关键的是,红石崖与红石沟一带,正位于今天靖边县西南龙洲区丹霞赤砂石地貌景观地带。作为芦河上游水系的组成部分,这一带水系位置及地

---

① 梁份:《秦边纪略》卷5,赵盛世、王子贞、陈希夷等校注,第448—449页。
② 光绪《靖边县志稿》卷1《舆地志》,第16页a。

理特征,与《水经注》《元和郡县图志》中关于"奢延水"出于奢延故城南"赤沙阜"的记述,极为吻合。而根据笔者的实地观察,赤砂岩地区河流发源地广谷深川,在古代水源丰沛时期很可能存在不少面积相当可观的湖泊沼地,而这极可能正是古文献所谓"奢延泽"之所在,而"赤沙阜"也就成为丹霞地貌景观的早期记载。

四、小 结

不同时代,对于山川方位的判别与认定存在巨大差异,其出现的背景与原因是较为复杂的,很难用简单的对错进行判定。而不同时代认知水平的差距,不可避免地导致历史时期水系考证工作陷入一种困境,即古代文献中记载内容相对简略,而现实中的水系构成又是相当复杂的,甚至存在时段性的变异。这样一来,用古代文献中相对简略、模糊的记述来对应及匹配后世相当复杂的状况,显然就会变成一种不可能完成的工作。

奢延水与奢延水的考定,正是代表了历史时期对于无定河上游地区认知的曲折历程。历史记载中所呈现的认知状况,与现代勘测所知的实际情况存在很大差距。如直到明代,当时人们只知无定河来自边墙之外,而不知其与今天的靖边县境东部红柳河为同一河流。也就是说,无定河在塞外是中断的,这种状况直到清代也没有改变。在这种状况下,对于无定河上游水系情况的"曲解"与"误解"都无法避免。历史上关于"奢延水""圁水"等问题的考订都突出地反映出这个问题。

我们可以得出以下一些简要的结论:第一,奢延水与奢延泽均因所在地而得名,故其方位之考定,离不开对于"奢延城"方位的确定。从《水经注》等典籍文献记载中,可以确定存在两个奢延城的差别,即废夏州城(即统万城、秦汉时代奢延县故城)与古奢延城(即北魏时代的奢延县)。统万城(即白城子)位置确定无疑,而古奢延城则应在今天榆林市横山县附近地区。第二,历史时期缺乏对于无定河上游水系完整而系统的认识。其原因是多方面的:一是因其流经北方边塞南北,跨越农牧业分界线地带,而历史时期农业区与游牧区长期处于对立乃至冲突的状况,自然影响了人们对它的认知。二是无定河系复杂,本身支流甚多,而对于其干支流及各河段的命名工作又限于各个时代的认知水平,缺乏系统与统筹规划。三是无定河本身仍处于变化之中,曾经出现的沼泽、湖泊淤塞之处不少,又会影响到人们的认识。第三,无定河上游水系复杂,"奢延水"与"奢延泽"的命名,代表了对于无定河认知的最初阶段。长城沿线地区河泊、水系并不少见,在奢延水与"奢延泽"之后,对于无定河水系的认知存在"空档期",明清不少图籍资料充分证明了这一点。第四,至清代前期,奢延水与无定河并没有完全等同起来,无定河又常被指定为"圁水"。确认源于今天靖边县西部的红柳河是无定河正源,已是很晚的事情。因此,历史时期"奢延水""奢延泽",更多地是指今天无定河的主要支流之一——芦河,即所谓额图浑河、淲忽都河等,而不是流经统万城(白城子)的红柳河主脉。原因并不复杂,因为芦河近边,河道穿插于长城内外,发源于龙州堡的芦河上游水系在明长城以内的范围,更多地为塞内汉族士民所熟知。最后,笔者以为:古人之所以将龙州堡一带作为"奢延水"及"奢延泽"(即芦河)发源地所在,更多地因为其地处靖边县丹霞地貌地区,正好与古文献所记之"赤沙阜"相印证。与之相接近,"奢延泽"则可能就在龙州堡地区芦河上游所经的河谷之中。

Newly Research on Sheyan Shui and Sheyan Ze

An Jiesheng

Abstract: Research on *Sheyan Shui* and *Sheyan Ze* in historical period is not only related to the changing process of natural environment, but also has direct nexus with the historical exploration of Wuding River System. Unification and harmony across the Great Wall from the Qing Dynasty to the early stage of the Republic of China provided better conditions to probe the environment of the frontier regions. The upper reaches of the Wuding River was so sophisticated that the nomination of Sheyan Ze and Sheyan Shui only represented the primary level of exploration on Wuding River System. Sheyan Ze and Sheyan Shui in historical period meant the Lu River (so-called the Etuhun River or Huanghudu River)—one of the anabranches of the Wuding River, more than the main stream of the so-called Red Willow River that flowed through Tongwan City (so-called White City). The reason ancient scholars regarded Longzhou Bao Region as the origin area of Wuding River is because this region is located among Danxia landform of Jingbian County, Shanxi Province, which exactly confirmed the record of *Chishafu* in the ancient documents.

Key words: Sheyan Ze; Sheyan Shui; Red Willow River; Longzhou Bao; Danxia Landform

统万城的城市形态及其相关问题再探

张永帅

摘要：在对统万城城市形态有关认识进行梳理的基础上,本文通过深入解读文献,并结合考古报告和实地考察认为:以往把统万城遗址三重城简单地等同于统万城三重城的做法是不可取的;统万城没有完整意义的外郭城,为内城性质;现存东城的建造时间晚于西城,西城为赫连夏都城统万城;现存东、西城外围没有围合的、不规则分布的夯土遗迹,东城之外的部分可能是在修筑统万城时未被加以利用的汉朔方城的残留遗迹,西城之外的部分疑为一处类似皇家园林的游猎场,或是战备马匹的圈养场。

关键词：统万城；城市形态；内城；文化交融

作者简介：张永帅(1980—),男,甘肃天水人,云南师范大学历史与行政学院教授,博士生导师,副院长,主要从事中国历史人文地理和中国经济史研究。

十六国时期匈奴夏国的都城统万城由于其兼具历史、考古、地质地理、环境变迁等多学科集中研究的内在特质①,已日益成为学界研究的一个小热点。尤其是在统万城于2012年被纳入《中国世界文化遗产预备名单》后,有关统万城的相关历史与文化亟须进一步厘清和挖掘。其中,关于统万城的城市形态,就是一个非常关键而又充满争议的问题。笔者以为,文献资料的相对缺乏、遗址破坏严重以及考古发掘工作进展缓慢,制约了对这一问题的探讨,同时受固有观念的束缚,缺乏对权威观点的大胆质疑与小心论证,也干扰了对这一问题的深入研究。笔者曾在10年前的一篇文章中对统万城城市形态有所探讨②,近年来相关考古工作的推进和相关研究的拓展与深入,给笔者提供了进一步思考和探讨统万城城市形态的空间与条件。为此,吸收10年来的相关研究进展,笔者拟对统万城城市形态及其相关问题再做探讨,为笔者的原认识再做进一步的申述和必要的修正,也为统万城历史与文化的研究略尽绵薄之力。

---

① 侯甬坚：《统万城遗址：环境变迁实例研究》,载陕西师范大学西北环发中心编：《统万城遗址综合研究》,西安：三秦出版社,2004年,第221—222页。
② 张永帅：《关于统万城历史的几个问题》,《中国历史地理论丛》2008年第1期。

一、有关统万城城市形态的不同认识

有关统万城的城市形态,大致可分为两种观点,其分别主要在于是否认为统万城为三重城垣结构。

认为统万城有三重城垣,即统万城是由外郭城、东城、西城三部分组成的观点,不仅成为考古学界的主流表述,也为历史学界、历史地理学界广泛接受,是目前关于统万城城市形态最为流行的认识。此认识源于清道光二十五年(1845年)时任怀远县[民国三年(1914年)一月更名为横山县]知县何丙勋受榆林知府徐松对统万城遗址所做的调查。何丙勋在《复榆林太守徐松查统万城故城址禀》中说:"计渡无定河即登彼岸,西行二里许进头道城,又西半里进二道城,又一二箭许进三道城。头二层城内仅有瓦砾,其第三层城南面,西有钟楼、东有鼓楼。"①这一调查结论被后来的地方修志者所接受,民国年间被写入了《横山县志》。

1956年9月,由陕西省文物管理委员会、陕西省博物馆组织的陕北文物征集调查组对统万城遗址进行了初步的调查与测绘,调查报告称:"城的方位,坐西北向东南(南偏东四十度)。现在比较显著的有内城和二道城;外城遗址据说在内城之北约六里,东南约二里,均尚有一小段。"②此处所说"内城"即何氏禀文中的"三道城",其"二道城"直接承袭何氏之说,而将何氏"头道城"称作"外城"。

1975年至1977年考古学家戴应新先生曾先后3次考察统万城遗址,他在考察基础上撰写的考察报告中认为统万城"分为外郭城、东城和西城,群众称为头道城、二道城和三道城。外郭城依无定河北岸原边地势,呈西南—东北走向,然后西折,趋向东城北垣,破坏严重,仅留断断续续的几段略高于地面的残迹,轮廓不大清楚。从其断垣走向和城址内瓦砾、骨渣分布范围判断,外郭城面积比东西城略大"③。戴氏的观点影响很大,现在学术界普遍采用的就是他的说法。④

尽管也主张统万城三重城说,但邓辉等人通过大比例尺彩红外航空影像判读,结合历史文献分析和实地考察,认为"可以推定何丙勋所说的头道城就是东面的土城,该城应为统万城的外郭城;二道城则是指西面的土城,该城应为统万城的内城(或皇城)","何氏报告中提及的第三道土城……应该位于西城东墙以西不远",即位于西城的西部,"应该是赫连勃勃时修筑的统万城宫城"。⑤ 吴宏岐认为"邓辉等提出的新说应引起足够的重视","总体上看来,现在的东城、西城与何氏报告中头道城、二道城、三道城的关系,基本上可采

---

① 载陈智亮:《榆林史话》附录之二,西安:陕西人民出版社,1989年,第162页。有关调查事由和禀文内容可参侯甬坚:《道光年间夏州故城址(统万城)的调查事由》,《陕西师范大学学报》(哲学社会科学版)2003年第4期。
② 陕北文物调查征集组调查,俞少逸执笔:《统万城遗址调查》,《文物参考资料》1957年第10期。
③ 陕西省文物管理委员会调查,戴应新执笔:《统万城城址勘测记》,《考古》1981年第3期。
④ 吴宏岐:《关于大夏国都统万城的城市形态与内部布局问题》,《中国历史地理论丛》2004年第3期。
⑤ 邓辉、夏正楷、王琫瑜:《利用彩红外航空影像对统万城的再研究》,《考古》2003年第1期。

用邓辉等先生的新说"。①

不认可统万城三重城说的学者,以刘景纯为代表,认为如果把东城作外郭城,"外郭城的规模太小","统万城的所谓郭城是一种虚设的城池,人工兴建的郭城是不存在的",现存城址的东城应是内城部分,西城是宫城;②以笔者为代表,认为统万城包括东城和西城,整个属于内城性质,人民主要居住在城外,但没有完整的用墙体围合起来的郭城,将统万城划分为宫城、内城、外郭城三大块的做法与中国古代都城发展史是相违背的。③ 此两种观点虽有差别,但有一点是相同的,即统万城没有外郭城。

与此不同的是,陕西省考古研究院在经过2006年、2008年共计6个多月调查钻探后,认为外郭城是存在的:

> 我们基本确认外郭城平面呈曲尺形,周长13865.4米,其中南垣长4853.5米,西垣2000米,东垣891米。面积7.7平方公里,西北部凸出,城垣走向与东西城城垣大体一致。东南部被红柳河冲毁。残存部分东北城角隅台,从城垣连线看,城角均非直角。从残存城垣看,东部城垣宽达8米,西部只有1米余。④

并在2012年在对东城进行探测的基础上,结合历史文献记载,认为统万城东城的建造年代约为唐末五代时期,从而提出"作为大夏国都的统万城,初建时的规模可能只有西城和部分外郭城"的观点。⑤

二、统万城遗址三重城垣再认识

如何认识统万城的城市形态,可依据的文献资料较少,因此,在充分利用和深入解析文献资料的基础上,广泛、深入的考古探测就显得尤为重要。但在结合文献资料与考古探测研究统万城的城市形态时,就目前的情况看,还有一个问题需要引起注意,即:何丙勋的考察提到的所谓"头道城""二道城""三道城"是其当时所看到的统万城遗址为三重城,而统万城遗址能不能完全等同于赫连夏国都统万城,就成为进行相关立论首先需要解决的问题。

根据文献记载和相关研究,统万城遗址先后为赫连夏国都、北魏夏州治所、隋唐夏州(朔方郡)治所、梁国都城及五代至北宋初年拓跋李氏的重要据点。⑥ 元代为察汗脑儿城,直至明代"被弃在明长城以外百里左右,周围成为蒙古人游牧地,史书少有记述",乃至于

---

① 吴宏岐:《关于大夏国都统万城的城市形态与内部布局问题》,《中国历史地理论丛》2004年第3期。
② 刘景纯:《统万城布局结构及其相关问题的探讨和推测》,陕西师范大学西北环发中心编:《统万城遗址综合研究》,西安:三秦出版社,2004年,第115—116页。
③ 张永帅:《关于统万城历史的几个问题》,《中国历史地理论丛》2008年第1辑。
④ 邢福来、段卫、卫峰等:《统万城遗址近几年考古工作收获》,《考古与文物》2011年第5期。
⑤ 邢福来:《关于统万城东城的几个问题》,《考古与文物》2014年第5期。
⑥ 郑红莉:《试说统万城遗址的三重城垣》,《江汉考古》2018年第3期。

"在道光年间何丙勋调查夏州故城址（统万城）之前，已无人知道统万城的下落了"。① 正因如此，笔者认为郑红利提出的以下问题就很有价值：

> 问题是现今发现的统万城遗址外郭城环绕东、西两城的三重城垣结构究竟形成于何时？是大夏国都统万城初建时期规划的基本形制，还是随着政权更迭及归属易主，被先后盘踞于此的夏州城、朔方城、梁国都城，抑或拓跋李氏家族的建设者修葺、增补、改建而"叠加"形成的？②

顺着这样的问题，需要进一步追问的是：何丙勋当年看到的三重城是大夏国都统万城留存下来的遗迹，还是不同时期"叠加"的结果？如果是后者，那么后来者将何丙勋所说之"头道城""二道城""三道城"解释为统万城的三重城（尽管不同学者对其所做的具体对应略有差异），是不是有失严谨呢？

历经近二十年的考古工作，陕西省考古研究院等单位发表的成果认为"我们今天看到的统万城是陆续建成的。西城（包括城垣、城门、马面、护城壕）最早建成，然后借用西城东垣建成东城，外郭城是先建东部，后建西部"③，"东城的建造年代约为唐末五代时期，它的建成当与活动于夏州一带的党项人势力壮大有关"④。笔者以为，考古发掘提供的层位关系，进一步提示我们，将统万城遗址的三重城现象想当然地理解为统万城为三重城结构，是不可取的。

三、内城性质的统万城

目前，有关统万城城市形态的研究中，多是以统万城有明确的宫城、皇城（内城）、郭城建设而展开论述。笔者以为，这显然有先入为主之嫌，是经不起推敲的。中国古代都城的城郭制虽然起源很早，"自西周初期周公在洛阳建设东都成周，开创了西面小城连结东面大郭的布局后，城郭连结的布局，就长期被推广应用"⑤，但发展到有宫城、皇城、外郭城划分的三城制则要晚的多，最早的实例为北魏洛阳城。⑥ 北魏迁都洛阳，在进行都城建设时，取消南北两宫的制度，在原来北宫的基址上建设皇宫，在原来南宫的基址上建设中央官署，使中央官署集中在皇宫南面大街（铜驼街）的两侧，⑦隋文帝营建大兴城则更进一步，把中央官署集中起来，创设皇城制度。⑧ 因此，将统万城划分为宫城、皇城（内城）、外

---

① 侯甬坚：《统万城遗址：行政建置和人类居住的历史》，载《历史地理学探索》第 2 集，北京：中国社会科学出版社，2011 年，第 373、374 页。
② 郑红莉：《试说统万城遗址的三重城垣》，《江汉考古》2018 年第 3 期。
③ 邢福来、段卫、卫峰等：《统万城遗址近几年考古工作收获》，《考古与文物》2011 年第 5 期。
④ 邢福来：《关于统万城东城的几个问题》，《考古与文物》2014 年第 5 期。
⑤ 杨宽：《中国古代都城制度史研究》，上海：上海人民出版社，2016 年，"序言"第 2 页。
⑥ 刘庆柱：《中国古代都城史的考古学研究——关于都城、宫城、宫殿与宫苑问题》，周天游主编：《陕西历史博物馆馆刊》第 10 辑，西安：三秦出版社，2003 年，第 128—141 页。
⑦ 杨宽：《中国古代都城制度史研究》，上海：上海人民出版社，2016 年，第 172 页。
⑧ 《长安志》卷 7"唐皇城"注："自两汉以后，至于晋、齐、梁、陈，并有人家在宫阙之间，隋文帝以为不便于事，于是皇城之内唯列府寺，不使杂人居止，公私有辨，风俗齐肃，实隋文新意也。"

郭城三大块的做法显然与中国古代都城制度发展史是相违背的。笔者认为,统万城属于内城性质,皇宫、宗庙、官署、附属机构以及达官贵人的邸第占据了统万城的绝大部分,人民主要居住在城外,但没有完整的用墙体围合起来的郭城。

(一)统万城没有完整意义上的外郭城

《统万城铭》是我们了解统万城城市形态最重要的直接资料。目前,有关统万城城市形态/空间布局的相关研究,也基本上都是利用《统万城铭》进行立论的。笔者认为统万城没有完整的郭城,是因为难以找到证明统万城郭城存在的直接的文献资料,却可以从《统万城铭》中找到证明统万城没有郭城的证据。主张统万城有外郭城的研究,多引用《统万城铭》"石郭天池,周绵千里"以为证据,但笔者认为这是一处极为明显的误读。所谓"天池",指的自然不应是人工开凿而成的护城河,"石郭"与"天池"对应而"周绵千里",很显然是将自然的山川假借为外郭城和护城河以突出统万城"独守之形,险绝之状",并非其真有外郭城和护城河,如有,"周绵千里"又作何解?如果说《统万城铭》采用了文学的夸张手法,那它对统万城内相关建筑的描述理应也是不可信的,但至少从已经确认的永安台来看,《统万城铭》的真实性和可靠性,当是没有问题的。

《统万城铭》描述统万城"其为独守之形,险绝之状,固已远迈于咸阳,超美于周洛"之句,而《晋书·赫连勃勃载记》史臣赞文曰赫连勃勃"遂乃法玄象以开宫,拟神京而建社,窃先王之徽号,备中国之礼容"[1],都说明统万城在修建过程中是将秦咸阳(汉长安)或汉洛阳城作为模仿和超越的对象的。但是,赫连勃勃起事前后主要是与后秦打交道,后来还攻占后秦都城长安,对长安的情况比较熟悉而相当羡慕,而洛阳时已属北魏,勃勃未曾去过,对其都城形制并不清楚,所以统万城显然主要是参照汉长安城即后秦都城长安而进行规划和营建的了。[2] 杨宽先生认为"长安城属于内城性质,原是为保卫宫室、官署、仓库以及贵族官吏的住宅而建筑的"[3],这一观点得到了学界普遍认可。因此,作为对汉长安城的模仿,统万城也应该是属于内城性质的,自然也就不会有什么外郭城了。至于在某些细节上的设计上,因具体环境的差异和对游牧民族文化的反映,从而与汉长安城有所不同,当属自然之事。

但是,除了东城、西城外,统万城遗址的东、南、西边等处又确实存在一些断断续续的夯土遗迹。对此,自1957年以来的多次考古报告中都有提及。前已述及考古学家戴应新曾先后多次对统万城进行过考察,他对统万城所谓"外郭城"遗迹有较为详细的描述:"外廓城夯土筑成,夯层厚10厘米~15厘米,土质较疏,色黄白或褐白。因迁就地势和为包容最大面积,颇不规则。东垣最短,长约300米……北垣与东垣夹角呈钝角,作弧状向西延伸,至内城东北方向变成直线,愈向西愈接近两内城北垣,二者相距150米~100米,截止于西城西垣西北,长2000余米……南垣平面呈V字形,底尖在源边,东段因河道侵蚀,源坡下滑致倾圮,残存的部分段落则被高大沙丘所覆盖,南垣西段斜向直行,垣土微露于

---

[1] 《晋书》卷130《赫连勃勃载记》,北京:中华书局,1974年,第3213页。
[2] 吴宏岐:《关于大夏国都统万城的城市形态与内部布局问题》,《中国历史地理论丛》2004年第3期。
[3] 杨宽:《中国古代都城制度史研究》,上海:上海人民出版社,2016年,第118页。

地表,与二内城南垣距离不及100米,止于西城西南,与北城末端南北相望,长约2100余米。外郭城无西垣,亦即城圈没有合围。"① 笔者也于2005年4月2日在时任统万城文管所王智真先生的带领下,与日本学者市来弘志等6人实地考察了一般所说的"外郭城",看到不连续的夯土层遗迹不规则分布。据王先生实测,这些不规则分布的夯土遗迹,一般基宽约9.2米;东北和东南部分有两大夯土墩台遗迹,其中东北墩台实测基宽约26米,并向西延伸约70米;在这些遗迹周围间有瓦砾、陶瓷碎片出露;夯土遗迹大致走向与戴文所说略合。现据戴应新所说与我们的实地考察,笔者认为现存所谓"外郭城"遗迹很难被认定为外郭城,这是因为:既然外郭城无西垣,而北垣与内城北垣,南垣与内城南垣均不衔接,二者相距百米左右,"亦即城圈没有合围",那么一旦遇到进攻,敌人就可以首先从"外郭城"西南和西北未合围处直接进入,这样既达不到筑郭保民的目的,也难以使外郭城起到作为内城一道防御工事的作用,因此,建筑这样的一座外郭城显然是没有必要的。

然而与戴文没有西郭城的观点相左的是,近来在统万城西城之西也发现了一些不规则分布的夯土遗迹。由于时间关系,我们没有进行实地考察,据王先生介绍:在统万城西城之西有不连续的夯土遗迹分布(没有和西城或一般所说的外郭城连接的迹象),一直延续到距西城约2500米的地方,实测基宽约2米,从分布趋势大致判断其范围显然比一般所认为的郭城面积大许多,比东、西城和"郭城"之和的三倍还要多,但墙体显然又极不坚固。王先生将此称为新发现的"外郭城"(暂称之为"西郭")。后来,在2006年、2008年共计6个月的调查钻探,陕西考古学研究院等单位将此确认为统万城外郭城的组成部分,但从其绘制的《统万城遗址实测图》看,图中"外郭城"有多处是不连接的。② 因此,笔者认为无论是一般所认为的"外郭城",还是后来发现的"外郭城",其夯土遗迹的不规则分布与东、西城的规则形状形成鲜明的对比,又没有围合,这都说明它们和东、西城不会是一个有机的整体。那么,这些遗迹到底属于什么性质呢?

回答这一问题,首先要搞清楚的是这些在现东、西城外围的夯土遗迹是否为赫连勃勃建统万城时所修。但无论是从文献记载看,还是就目前的考古探测论,都还无法清楚回答这一问题。因此,笔者姑且以这些遗迹修建于赫连勃勃建统万城时,对其性质与功能稍作推测。即:现存东(即一般所说的"外郭城",为论述方便暂以"东郭"称之)、西"郭"没有连接起来或许就是当时情况的真实反映。其东半部分可能是在修筑统万城时未被加以利用的汉朔方城的残留遗迹③,在统万城建成后城外部分居民在此居住,因为当时居民中有相当一部分是游牧出身,从事着游牧生活,赫连勃勃也就没有必要修建一座封闭的郭城。至于西半部,从其基宽仅2米左右来看,只能算作一般的围墙,而其范围较广,又没有其他较为明显的建筑遗迹,其性质或许是一处类似皇家园林的游猎场,或是战备马匹的圈养

---

① 戴应新:《大夏国与统万城》,西安:三秦出版社,2015年,第80—82页。
② 刑福来、段卫、卫峰等:《统万城遗址近几年考古工作收获》,《考古与文物》2011年第5期。
③ 笔者认为统万城是在汉朔方县所在地的基础上兴建的。详见拙文《关于统万城历史的几个问题》(《中国历史地理论丛》2008年第1辑)、《统万城建城史相关问题再探讨》(石小龙、邢福来等:《广泽清流:匈奴故都统万文物辑录》,北京:文物出版社,2019年,第306—313页)。

场。①

由于缺乏资料可陈,考古工作尚须进一步推进,我们只能做一些可能的猜测,但要说这些不连续分布的、不规则的夯土遗迹是统万城的外郭城,显然是不可能的。

总之,作为一座游牧民族的都城,其没有外郭城是完全可能的,而且还是十分必要的。赫连勃勃及王公贵族、官吏仆从不直接从事游牧活动,住在城中可以保障他们的安全,统万城的内城性质可以完全满足这种需求。但大量的人民直接过着游牧生活,那套按时启闭的城门制度无疑会给广大牧民的生活带来极大的不便,也就是说郭城作为居民分布区在很大程度上只适宜于处于定居状态的汉人,而不适宜于从事游牧活动的少数民族。

(二)现存统万城遗址西城为赫连夏都城统万城

我们说统万城为内城性质,那么,此"内城"具体对应现今统万城遗址的哪个/那些区域呢?对此,笔者曾经的认识和刘景纯的基本一致。刘景纯认为"现存城址的东城应是内城部分,西城是宫城"②,笔者曾认为"统万城包括东城和西城,整个属于内城性质,皇宫、宗庙、官署、附属机构以及达官贵人的邸第占据了统万城的绝大部分"③。这样的认识,由于前面提及的陕西省考古研究院对东、西城所做的考古探测指出"西城城垣夯土苍白色,结构紧密。西城城垣基厚约 16 米,马面高大,特别是南垣外马面。东城城垣夯土与西城相比明显泛黄,夯土结构也较为疏松,墙基厚 10 米左右。马面很小"④,东城的修建晚于西城,现在看来,应该是有问题的。

文献记载,统万城修筑过程中对工程的坚固极尽苛刻,"乃蒸土为城,锥入一寸,即杀作者而并筑之"⑤,因此城墙修筑的坚固异常,"其坚可以厉刀斧"⑥,这正可以与考古探测"西城城垣夯土苍白色,结构紧密"、"西城城垣夯层薄,也最为坚固"相印证,⑦至于东城"夯土结构也较为疏松"不仅说明了其与西城的筑城技艺不同,且以其夯土结构的疏松,显然与文献中有关统万城坚固的描述不相符。文献记载,统万城"高十仞,基厚三十步,上广十步,宫墙高五仞"⑧,若一仞以 8 尺计,一步以 6 尺计,则统万城城墙高约 26.7 米,墙基厚 60 米,墙顶厚 20 米,宫墙高约 13.3 米,⑨尽管在过去很长时间里受到自然的侵蚀和人为的破坏,但考古探测"西城城垣现存顶宽 16 米,最高处现存高度达 26 米",可谓与文献记载极为吻合;而"东城城垣仅宽 7、高 3.4 米",与文献记载出入太大。因此,笔者认为,赫连勃勃统万城也就是现今我们看到的统万城遗址的西城,不包括东城。

---

① 张永帅:《关于统万城历史的几个问题》,《中国历史地理论丛》2008 年第 1 期。
② 刘景纯:《统万城布局结构及其相关问题的探讨和推测》,载陕西师范大学西北环发中心编:《统万城遗址综合研究》,西安:三秦出版社,2004 年,第 117 页。
③ 张永帅:《关于统万城历史的几个问题》,《中国历史地理论丛》2008 年第 1 期。
④ 刑福来、段卫、卫峰等:《统万城遗址近几年考古工作收获》,《考古与文物》2011 年第 5 期;邢福来:《关于统万城东城的几个问题》,《考古与文物》2014 年第 5 期。
⑤ 《晋书》卷 130《赫连勃勃载记》,北京:中华书局,1974 年,第 3205 页。
⑥ 《资治通鉴》卷 120《宋纪二·太祖文皇帝上之上》,北京:中华书局,2013 年,第 3908 页。
⑦ 邢福来:《关于统万城东城的几个问题》,《考古与文物》2014 年第 5 期。
⑧ 《资治通鉴》卷 120《宋纪二·太祖文皇帝上之上》,北京:中华书局,2013 年,第 3908 页。
⑨ 邓辉、夏正楷、王琫瑜:《利用彩红外航空影像对统万城的再研究》,《考古》2003 年第 1 期。

再,据文献记载,统万城四面城墙各有一门,"其南门曰朝宋门,东门曰招魏门,西门曰服凉门,北门曰平朔门"①,根据邓辉等人的研究,这4座城门均能在航空影像上判读出来,南门在现西城南墙东南部,东门在东墙中部偏北的位置,西门在西墙东南部,北门在北墙中部偏西的位置,②文献记载和航空影像二者相互印证,可进一步支持现存西城才是统万城的观点。

此外,认为东城的修建晚于西城的学者当中,有人认为修完西城之后,开始修建东城,其原因是人口的增加。③ 这样的认识就已知的史料看,是没有依据的。如果说在修建完西城接着修建了一个与西城规模相当的东城(东城周长2566米,西城周长2470米,东城比西城略大),那么,在有关统万城修筑的记载中应该对此有所叙述才对,退一步讲,即使不做专门叙述,最起码应该有所提及吧。

总之,尽管从文献上看,隋末唐初时梁师都占据的"统万城遗址"有东、西两城,但东城的修建既然晚于西城,且东城修建于赫连夏时期得不到明确的文献支持,作为赫连夏都城的统万城只能是现存统万城遗址的西城。

四、草原文化与农耕文化的交融

综上所述,笔者认为:以往把统万城遗址三重城简单地等同于统万城三重城的做法是不可取的;统万城没有完整意义的外郭城,为内城性质;现存东城的建造时间晚于西城,西城为赫连夏都城统万城;现存东、西城外围没有围合的、不规则分布的夯土遗迹,东城之外的部分可能是在修筑统万城时未被加以利用的汉朝方城的残留遗迹,西城之外的部分疑为一处类似皇家园林的游猎场,或是战备马匹的圈养场。进而,我们认为:统万城是草原文化与农耕文化交融的产物,对统万城城市形态及其相关问题的研究,应在这一认识基点上展开。

匈奴本是典型的游牧民族,其俗"逐水草迁徙,毋城郭常处耕田之业"④,但至少自春秋以来,随着北方草原文化与中原农耕文化日益广泛的交流,其逐水草而居的旧俗,与其他北方草原民族一样,在逐渐发生变化。重要表现之一,是由于草原民族都城之设系汉文化影响的结果,其具体规划模仿中原汉族政权的都城,就是很自然的了。但是这种模仿,并不是简单的取代与被取代。游牧民族对汉文化的模仿与吸收,往往会根据自身实际情况与需要做出取舍,或者,即使最终结果是被彻底地汉化,那至少在这一过程中,特别是在这一过程初始阶段,会体现出相应的游牧民族特征。譬如,《太平寰宇记》说统万城为坐西朝东布局,与此时已经形成的中原地区政权都城坐北朝南布局的传统不同,乃"夷人多尚

---

① 《晋书》卷130《赫连勃勃载记》,北京:中华书局,1974年,第3213页。
② 邓辉、夏正楷、王琫瑜:《利用彩红外航空影像对统万城的再研究》,《考古》2003年第1期。
③ 朴汉济:《五胡赫连夏国之都城统万城的选址及其构造——以胡族国家的都城经营方式为中心》,载侯甬坚、邢福来、邓辉等编:《统万城建城一千六百年国际学术研讨会文集》,西安:陕西师范大学出版社,2015年,第385页。
④ 《史记》卷110《匈奴列传》,北京:中华书局,1959年,第2879页。

东,故东向开"①,就很好地说明了这一点。

另,现存统万城遗址东、西城外围的夯土遗迹如果与西城为同一时期所筑,则据《统万城遗址实测图》,其面积几乎十倍于东西城的面积,且形态极不规则,②而要将其看作统万城的外郭城的话,如前所述,不仅与中国古代都城发展史的基本事实不符,而且修筑这么大面积的所谓"外郭城",其功能不可能与中原汉族政权都城之外郭城一样。侯甬坚认为,修筑如此大面积的"外郭城",其作用"从铁弗部的生活来源考察,只能是畜群的大量饲养……此处判断,采用夯土筑成的外郭城之用途,可能是圈养牲畜的地方,相当于马圈、羊圈等"③,正如前文的推测,笔者同意侯先生"可能是圈养牲畜的地方"的判断,但不同意他把这些夯土遗迹还是称作"外郭城"。因为所谓"外郭城",本就是基于汉族政权都城布局而言的,其不仅在城的形态上为都城外圈、外部的区域,还在于它是该都城有机体的组成部分,应该是围合起来的。既然功能不同,形态也不一样,为什么还要把它称作"外郭城"呢?在这里,笔者想强调的是,认为统万城的城市形态为三重城结构,或者把统万城遗址东、西城外围夯土遗迹看作为统万城的外郭城,究其原因,盖在于他们只看到统万城的设计与建设是受到了汉文化影响的,而没有真正注意到少数民族对汉文化的吸收,有其能动性,会变通。

当然,少数民族对汉文化的借鉴与吸收,与所学对象有差别,除了受其自身固有文化的作用,会变通外,或与其对该事物的认识有关。笔者通过对南凉都城频繁迁移现象的研究发现,"南凉的兴起与衰落都与都城的选择及迁移相关联",而"十六国时期多次迁都政权并非南凉一个。总的看来,凡是迁都甚至多次迁都的政权国运往往较短",就是与南凉和当时的少数民族政权,没有像汉族一样,将都城真正视作"国家的神经中枢,城址经过多方选择和大规模营建,便具有相当程度的稳定性。若非国家政治地理格局变动或者环境恶劣不堪,国都不会轻易移动"所致。④

总之,无论是对统万城城市形态的认知,还是对十六国时期少数民族迁都现象的理解,都在告诉我们:对与文化交融现象直接相关的历史,切忌仅以交流双方当中一方的视角对其加以审视。统万城位于我国北方农牧交错地带,我们应将其视为草原文化与农耕文化碰撞与交融的典型物质载体,加大考古发掘工作的力度,持续推进对统万城历史与文化的深入研究。

---

① 《太平寰宇记》卷37《夏州》,北京:中华书局,2007年,第785页。
② 侯甬坚:《近年统万城遗址的发掘调查研究及其保护》,载侯甬坚:《历史地理学探索》第2集,北京:中国社会科学出版社,2011年,第465页。
③ 侯甬坚:《近年统万城遗址的发掘调查研究及其保护》,载侯甬坚:《历史地理学探索》第2集,北京:中国社会科学出版社,2011年,第465页。
④ 侯甬坚:《中国古都选址的基本原则》,载中国古都学会编:《中国古都研究》第4辑,杭州:浙江人民出版社,1989年,第37—53页。

On the Urban Form of Tongwan City and Its Related Problems

Zhang Yongshuai

Abstract: On the basis of combing the relevant understanding of the urban form of Tongwan City, through in-depth interpretation of the literature, combined with archaeological reports and field visits, this paper holds that it is not advisable to simply equate the triple city of Tongwan City site with the triple city of Tongwan City in the past; Tongwan City is an inner city without a complete outer wall; The construction time of the existing east city is later than that of the west city. The west city is capital of Helian Xia Kingdom; There are no enclosed and irregularly distributed rammed earth relics on the periphery of the east and west cities. The part outside the east city may be the remains of the Han Shuo Fang City that was not used when Tongwan City was built. The part outside the west city is suspected to be a hunting ground similar to a royal garden or a captive farm for war ready horses.

Key words: Tongwan City; urban form; inner city; cultural blending

南京国民政府黄河保安林计划的出台与实施(1928—1937)

安 甜 田 宓

摘要：南京国民政府推行的黄河保安林营造，是中国历史上首次由政府推动和实施的全流域沿黄大规模人工造林。近代以来，森林防灾和黄河上中下游综合治理的思想，逐渐成为社会共识。同时，政府对地方公共事务的介入力度加强，承担越来越多的职能。在此背景下，由实业部、黄河委员会等部门共同推动的黄河保安林营造得以展开。受到经费限制和黄河上中下游综合治理思想影响，以往未被关注的上中游陕、甘、绥三省造林率先得到实业部经费支持。而下游豫、鲁、冀三省，因历史上的治河传统和中央对植树造林的提倡，也都各自开展了沿河造林活动。沿黄保安林计划实施不久，就因抗日战争戛然而止。但作为中国历史上第一次由政府主导的全流域黄河保安林营造，其酝酿、提出、实施和终止的过程，不仅反映了民国时期黄河河防的具体面貌，也为后世黄河治理提供了历史经验。

关键词：南京国民政府；黄河；保安林

作者简介：安甜(1994—)，女，陕西富县人，陕西师范大学西北历史环境与经济社会发展研究院硕士生，研究方向为区域社会史、社会经济史。田宓(1978—)，女，内蒙古赤峰人，云南大学历史与档案学院副教授，研究方向为区域社会史、社会经济史。

黄河保安林主要是指沿黄河主河道和主要支流两岸植造的林木。历史上，黄河及其支流两岸不同河段就有零散植树造林的行为。而南京国民政府实施的黄河保安林营造则是第一次由国家主导的黄河全流域植树造林。对这一问题的探讨，不但可以深化对民国时期黄河治河手段及其实施的认识，还可以为后世的黄河治理提供历史经验。

黄河保安林营造是在民国执政者倡导全国植造保安林的背景下展开的。1914年，由张謇制定的中国第一部《森林法》问世，其中将保安林营造专列一章，规定有关预防水患、涵养水源、公共卫生、航行目标、便利渔业、防蔽风沙的森林编为保安林。① 关于民国保安林的专门研究较少，陈嵘、樊宝敏等学者在概述中国历代或近代林业史时，提及民国执政

---

① 《法律第十六号·森林法》，《政府公报》1914年第898期。

者关于植造保安林植造的相关政策规定。① 冯尕才在研究民国时期西北地区的林业史时论及全国保安林区的划分。② 这些研究都没有关注黄河保安林计划的出台和实施。同时,黄河保安林营造也是黄河河防的重要内容。自二十世纪上半叶以来。林修竹、张含英、吴君勉、岑仲勉、姚汉源等学者以及黄河水利委员会等组织,都对民国时期黄河河患治理的思想、技术、举措等进行了积极的探索。③ 不过,上述关于黄河河防的研究也鲜少提及黄河保安林的植造。目前只有张文琴的硕士论文利用陕西省档案馆藏林务局档案和《陕西林讯》等资料,讨论了民国时期黄河支流渭河造林的时代背景、制度设计和具体过程。④ 由于历史时期森林毁坏,造成了黄土高原河湖水系水文的恶化。⑤ 而黄河保安林作为涵养水源、保护堤坝的重要手段,对于黄河生态环境的保护与改善都具有重要意义,因此,值得进行深入研究。

一、黄河保安林计划的酝酿与提出

南京国民政府成立之后,随着政局的相对平稳,各项工作得以实际开展,造林工作也受到重视。黄河流域的造林计划此时也提上议事日程。1930年,河南省建设厅厅长张钫向农矿部(后与工商部合为实业部)呈交提案,拟在黄河流域山东、河北、河南、山西、陕西、甘肃、青海七省设林务督办实施沿河造林,经费由七省政府自行筹拨。⑥ 同年,国民党第三届中央执行委员会第六次全体会议通过了这一决议案。⑦ 需要注意的是这次决议案中提到的七个省份,不包括绥远和宁夏。这可能与绥远、宁夏两省刚刚成立未及列入有关。⑧ 翌年,实业部拟制《全国保安营林计划大纲》,划分全国为十个保安林区。黄河流域被纳入第三、四林区。第三林区为黄河下游之河北、山东、河南三省。第四林区为黄河上游之山西、陕西、甘肃、绥远、宁夏、青海六省。黄河流域各省营林经费由中央与地方共同

---

① 陈嵘编著:《历代森林史略及民国林政史料》,金陵大学农学院森林系林业推广部,1934年。樊宝敏:《中国林业思想与政策史(1644—2008年)》,北京:科学出版社,2009年。
② 冯尕才:《民国时期西北地区森林变迁及林业建设研究》,博士学位论文,北京林业大学,2012年。
③ 林修竹:《历代治黄史》,山东河务总局印行,1926年。张含英:《治黄论丛》,南京:国立编译馆,1936年。吴君勉纂辑,诸青来、武两轩鉴定:《古今治河图说》,水利委员会印行,1942年。岑仲勉:《黄河变迁史》,北京:人民出版社,1957年。姚汉源:《中国水利发展史》,上海:上海人民出版社,2005年。《民国黄河史》写作组著,侯全亮主编:《民国黄河史》,郑州:黄河水利出版社,2009年。黄河水利委员会《黄河志》总编室:《黄河志》,郑州:河南人民出版社,2017年。
④ 张文琴:《民国关中沿渭植造保安林研究(1928—1937)》,硕士学位论文,陕西师范大学,2020年。
⑤ 朱士光:《试论我国黄土高原历史时期森林变迁及其对生态环境的影响》,载苗长虹主编:《黄河文明与可持续发展》第7辑,开封:河南大学出版社,2014年。
⑥ 《令山东、河北、河南等农矿厅检发黄河沿岸造林办法仰于文到二个月内将筹备情形呈复核办文》,《农矿公报》1930年第25期。
⑦ 《拟请特设黄河流域山东河北河南山西陕西甘肃青海七省林务督办于沿河造林增加生产以防水患案》,《浙江党务》1930年第111、112期。
⑧ 绥远、宁夏二省分别于1928年、1929年成立。

负担。① 这次造林计划,已将宁夏、绥远二省列入其中。1933 年,行政院又制定了《各省堤防造林计划大纲》,这一计划适用地区是长江流域、黄河流域和珠江流域,其所造森林为"纯粹保安林",经费由各省自行筹划。②

黄河水利委员会对黄河流域造林也投注了较多关注。黄河水利委员会成立于 1933 年,其成立伊始,就在 1934 年工作纲要中提出"沿河大堤内外及河滩山坡等地,皆宜培植森林",同时还需要"与地方政府及人民合作之,严定赏罚条例"。③ 1935 年,又制定了《黄河上游造林计划》,拟在黄河上游包头、天水、宝鸡和张家山设立四个苗圃,并展开实地调查。同时,黄河水利委员会还采纳了傅汝霖在豫、冀、鲁三省沿黄堤坝百米内造林的建议,在潼关、博爱两县分设苗圃,以备将来实施植树造林。而国民政府在接到黄河委员会的呈文之后,亦通令三省依议造林,以利河防。④ 不过,此时黄河水利委员会对黄河事务只有指导之责,并无指挥之权。因此,其对黄河上中游造林活动,除了提出计划建议、实地考察勘验、设立苗圃之外,没有其他行动。

上述有关黄河造林的各方行动,最终归于实业部统一部署。实业部起初计划在黄河沿河各省造保安林。1933 年 1 月,实业部向各省发去咨文,要求其拟定保安林计划,以便参考,通盘筹划,随后决定"由上游各省先行试办"。⑤ 1935 年 1 月,实业部又向绥远、甘肃、青海、宁夏、陕西、山西六省发去咨文,商讨在黄河上中游营造保安林。⑥ 不过,最后确定开展植树计划的只有绥远、甘肃、陕西三省。这一安排可能与实业部经费支绌有关(详见后文)。此外,相较甘肃、绥远、陕西三省在 1934 年就已对中央指令有所反馈并展开行动,青海、宁夏、青海和山西的应对似乎相对迟缓。1935 年,宁夏省重申了此前拟制的《黄河沿岸保安造林计划》,并提出"本省历遭兵燹,灾害频仍,民力困顿无裕,省库拮据异常",期望得到"国府资助"。⑦ 青海省此前未拟定造林计划,表示"省府准咨后,以保安造林,关系至大,特令民建两厅斟酌本省实际情况,详拟实施计划"。⑧ 山西省对这一造林政策较为消极,未见有所回应。在上述情形下,绥远、甘肃、陕西三省成为实业部优先资助造林的省份。

为切实推动三省造林,实业部于 1935 年拟定经费办法,提供现款二万元,除以二千元作实业部监督费外,其余一万八千元,归三省造林使用。⑨ 除了经费支持,实业部还与黄河水利委员会沟通,寻求参考建议。1935 年 2 月 25 日,实业部函请黄河水利委员会"将

---

① 《呈行政院·林字第四二〇号》,《实业公报》1931 年第 50 期。
② 《各省堤防造林计划大纲(中华民国二十二年十月)》,《陕西建设公报》1934 年第 18 期。
③ 《黄河水利委员会工作大纲》,《黄河水利月报》1934 年第 1 卷第 2 期。
④ 《呈请通令三省政府于黄河两岸沿堤百公尺内造林以利河防》,《黄河水利月刊》1935 年第 2 卷第 8 期。
⑤ 《实业部咨省府在黄河上游实施保安造林》,《新青海》1935 年第 3 卷第 5 期。
⑥ 《咨山西等六省政府,林字第一五〇九号》,《实业公报》第 214、215 期。
⑦ 《为呈赍拟定宁夏省黄河沿岸保安造林实施计划请鉴核咨转由》,《宁夏省建设汇刊》1936 年第 1 期。
⑧ 《实业部咨省府在黄河上游实施保安造林》,《新青海》1935 年第 3 卷第 5 期。
⑨ 《预防黄河之水患:拟造保安林计划》,《绥远农村周刊》1935 年第 46、47 期。

已有之堤防林各项计划,函送本部,以便参考"。① 同时,又派出专门委员实业部林垦署金陵大学林学士乔荣昇,前往甘、绥、陕三省指导造林事宜。② 乔荣昇返京之后谈及三省造林情况指出三省定于1935年秋季开始造林,陕西省已在平民县设有一个林场,甘肃省拟在兰州附近设三个林场,绥远省则正计划在河套设一广约三百余里的林场。③ 经过多方筹备,绥远、甘肃、陕西三省的沿河造林行动拉开了序幕。

实业部拨出款项支持黄河上中游三省保安林种植,根据史料可知,其并没有资助下游三省。这主要是因为相比黄河上中游各省河防和造林一直未受到中央关注,黄河下游的豫、冀、鲁三省历史上河患频仍,河防问题一直是国家和地方政府的重要政务,对沿黄堤岸造林历来比较重视,同时豫、冀、鲁在晚清至北洋时期已经有省辖河防(务)局,也具备沿河造林的组织能力。因此,三省较早着手此事。前述乔荣昇也曾于1935年赴山东、河南、河北三省考察。他向实业部报告:"河南省林务提倡较早,经费有着,林业专门人材亦多,近年对于沿河造林,尚能积极办理。"④ 山东和河北二省虽不似河南积极响应,但也对造林有所举动。

二、黄河上中游陕、甘、绥三省的保安林营造

陕西、甘肃、绥远位于黄河上中游,三省河防事务在民国以前,一直未纳入官方视线,沿河植树和堤防筑造等事务主要由民间自发办理,规模较小,缺乏统一设计和管理。民国以后,随着人们对黄河上中下游综合治理认识的深化,上中游省份的河防事务引起从中央到地方各级政府的重视。而保安林的营造,是民国时期黄河上中游河防事务中的一项重要工作。在实业部、黄河水利委员会等政府部门的共同推动下,陕西、甘肃与绥远三省渐次开始了保安林营造工作。

陕西省在1933年行政院颁行《各省堤防造林计划大纲》之后即有所行动。1934年,陕西省建设厅派厅员韩骥前往沿黄各县会同县长实地调查。这次调查,各县都提交了造林地段报告书和略图。陕西省建设厅根据韩骥的调查意见,以韩城县禹门口为界,将黄河岸线划分为南、北二段,北段自禹门口至府谷县北境,南段自禹门口而下至潼关县五里关,分设机构、人员负责造林,经费由省库拨发。⑤ 同时,陕西省建设厅还向省政府呈送了《会勘沿黄堤防造林地段报告书》《略图》《沿黄堤防造林事项折》三份文件。

实业部于1935年5月向陕西省政府发出咨文,指出已经检视了陕西省林务局呈交的《黄河沿岸保安造林实施计划》,待经费到位之后,即派员前赴筹办。⑥ 实业部的经费汇到

---

① 《函黄河水利委员会,林字第一五七〇号》,《实业公报》1935年第218、219期。
② 《农界人名录》,《农业周报》1934年第3卷第27期。
③ 《陕甘绥三省黄河造林》,《导光周刊》1935年第3卷第32期。
④ 《呈行政院·林字第二四六〇号》,《实业部公报》1936年第308期。
⑤ 《呈省政府呈据本厅科员韩骥呈报会同府谷等十四县县长查勘沿黄堤防造林情形附具进行意见转请核示由》,《陕西建设公报》1934年第25、26期。《黄河造林计划》,《中行月刊》1934年第8卷第5期。
⑥ 《咨陕西省政府·林字第一六八六号》,《实业公报》1935年第231期。

以后,陕西省就开始着手实施造林计划。其工作步骤是从平民县开始,拟在平民县筹设林场。同时,准备树苗,定于1936年2月在平民、澄城、韩城等七县造林。① 陕西省政府选择从平民县筹设林场预备造林,是因为1933年七八月间黄河涨水,平民县全境灾情严重。县境内"田地尽被泥沙壅盖,深约六七尺,一二年后,方可施行耕作,人民暂就淤塞之破屋窖居,残喘蚁命"。因此,当政者认为在此段堤防造林,是陕西省最紧急重要的工作。② 此外,平民县对于造林工作也已经有所筹划。1934年,平民县县长袁德新就已经向省政府呈报《沿黄堤防造林岸县报告书》和《沿河植树计划》,并呈请颁发造林补助经费五百元。③ 但陕西省接下来如何具体实施造林,未见太多记载。

甘肃省建设厅于1934年就已制定了《甘肃黄河及其支流沿岸造林计划大纲》,拟将黄河流域分为皋兰、永靖、靖远三区,各设林务局一处,推广造林。建设厅并将这一大纲送达黄河水利委员会审核拨款举办。不过,黄河委员会无法落实造林经费,因此函商甘肃省:"能否筹有的款先办苗圃一二所,本会一俟筹得经费,即予酌量增设。"④

1935年,实业部议定在绥远、甘肃、陕西三省造林以后,甘肃省也着手造林。这一年,甘肃省政府决定将省内第一苗圃扩充为沿河林场。⑤ 同时,拟定沿黄实施造林调查表,命令沿河各县将宜林面积土壤及所宜林种苗秧情况查明填报。依照实业部发款补助办法,拟定造林计划,预计西由甘青分界之积石关起,东至甘宁分界之五佛寺止,就境内黄河主干流域分三大段,每段两岸植树约六千亩,计划五年完成,计共植树一万八千亩。⑥ 甘肃省政府还让林业指导员樊树信拟定造林步骤及工作程序,并派其沿河勘查。樊树信称:"关于甘省沿黄造林事业,省府已下最大决心,促其实现,现因经济困难,实施造林之范围,仅限于黄河之主干,其他支流,暂难实行。故本人之勘查范围,亦仅限于主干之两岸而已。"⑦此次考察拟三个月完成。到1935年底,甘肃省建设厅向实业部呈交《甘肃省沿河造林计划》以及工作进行表和经费预算表。⑧ 至1937年,甘肃省政府又连续公布了三个规章制度,分别是《甘肃省沿黄造林暂行规则》《甘肃省沿黄造林办事处组织章程》《甘肃省沿黄造林保护奖惩暂行规程》⑨,不过,关于其造林有无切实推进,则不见更多记录。

绥远省将黄河保安林视为"本省林业最大设施,亦为绥西农牧水利当务之急"⑩。1931年,绥远建设厅就提出保安林造林计划,"所定造林实施计划,详筹各县河岸、渠岸之

---

① 《陕甘绥三省决定扩大沿黄造林》,《农学》1936年第1卷第5期。
② 《黄河沿岸造林》,《中行月刊》1934年第8卷第5期。
③ 《省政府训令》,《陕西水利月刊》1934年第2卷第2、3期。
④ 《函甘肃建设厅关于甘肃黄河及其支流沿岸造林计划案函商办法希查照见复由》,《黄河水利月刊》1934年第1卷第8期。
⑤ 《会呈行政院·林字第一九六四号》,《实业公报》1936年第268期。
⑥ 《林垦》,《农业周报》1936年第5卷第24期。
⑦ 《甘肃准备黄河主干两岸造林》,《实业部月刊》1936年第1卷第6期。
⑧ 《呈行政院·林字第二五二八号》,《实业部公报》第314期。
⑨ 《甘肃省政府公布令·秘法字第三十三号》,《甘肃省政府公报》1937年第335、336期。
⑩ 民国《绥远通志稿》第3册,呼和浩特:内蒙古人民出版社,2017年,第352页。

造林"①。这一计划将绥远保安林划分为三处林区,第一林区就是指黄河南岸的保安林。为临河至包头西山嘴间东西300余里的黄河南岸,由建设厅派员在五原县设立办公处,计划十年培育完成。② 1933年,行政院制定了《各省堤防造林计划大纲》后,通令长江、黄河流域各省在沿岸荒地植树造林。绥远省接到命令后,转饬建设厅遵照办理。③ 次年,绥远建设厅厅长冯曦即向黄河水利委员会建议在黄河北岸建造保安林。④

1935年,实业部开始对黄河上中游造林实业有所擘画。当年,绥远省《黄河北岸保安林造林计划》拟定完成并对外公布,此次计划对1931年保安林计划有所修订。计划将第一林区的范围由黄河南岸调整为黄河北岸,原因是黄河所经包、萨、托各县人口稠密,植树之风气早已兴起,且有成效。鄂、杭、达、准各旗沿河皆为沙砾之地,人烟稀少,栽插不易,保护尤难,不具备大规模造林的条件。而位于北岸的后套五原、临河、安北三县由于移民渐多,沙害肆虐,民生艰难,植树造林更为迫切。⑤ 第一林区改为黄河北岸后,包括了临河西境至包头西山嘴间全长300里,南北宽半里的范围,合计面积81000亩。⑥

《黄河北岸保安林造林计划》提出后,即在五原县设立苗圃,因1931年丰镇、五川就已经设了第一、二苗圃,因此称五原苗圃为"第三苗圃",后依据林区之次第,改名为"第一苗圃"。⑦ 1935年的造林情况,除设立苗圃之议外,其余事项造林未见记载。1936年春,位于第一林区东部的安北县投入造林活动,建设厅计划在安北境内黄河两岸植树832亩,所需树种,建设厅令饬五原第一林区负责预备,并下令同时在安北培育树苗200亩,临河200亩,五原50亩,以备来年造林移植。⑧ 到1936年,绥远省建设厅向实业部造林经费,实业部的答复是"惟所请继续津贴一节,本部二十四年度第一预备费项下,现已无款可拨,且二十五年度第一预备费项下,奉令核减半数以上,此后更难补助"。实业部进而请求行政院饬令财政部每年编列甘、绥、陕三省沿河保安林补助费用预算。自1936年起,连续五年,每年拨款1800元,作为造林津贴。⑨ 由此可见,黄河上中游三省造林计划仅实施一年,实业部就遇到经费支绌、无以为继的情况。

此外,黄河两岸造林计划还关系蒙务。此次造林计划涉及的黄河北岸安北、五原、临河与乌拉特旗属于蒙地。因此,在此植树还需与蒙古行政机构协商解决。当时地方层面管理内蒙古各盟旗事务的主要是"内蒙古各盟旗地方自治政务委员会",因此,黄河北岸保安造林林地问题,由绥远省和内蒙古各盟旗地方自治政务委员会协同办理。⑩ 中央层面

---

① 民国《绥远通志稿》第3册,第353页。
② 民国《绥远通志稿》第3册,第348页。
③ 《行政院令绥省府黄河沿岸造林》,《绥远农村周刊》第123期。
④ 《预防黄河之水患:拟造保安林计划》,《绥远农村周刊》1935年第46、47期。
⑤ 民国《绥远通志稿》第3册,第350页。
⑥ 民国《绥远通志稿》第3册,第355页。
⑦ 《绥远全省植树造林实施计划方案》,《绥远建设季刊》1935年第21期。民国《绥远通志稿》第3册,第352—353页。
⑧ 《本年黄河保安林在安北植八百余亩》,《绥远农村周刊》第97期。
⑨ 《呈行政院·林字第二二七五号》,《实业部公报》1936年第289期。
⑩ 《咨绥远省政府·林字第二一七二号》,《实业部公报》1936年第281期。

管理蒙古事务的主要机构则是蒙藏委员会,故而绥远省的造林计划等事务由实业部、内政部与蒙藏委员会会商核议。①

三、黄河下游豫、鲁、冀三省的保安林植造

　　河南、山东、河北三省位于黄河下游,历史上就是黄河河患的重灾区,因此,黄河河防一直是国家和三省政务的重中之重。民国以前,三省已有在堤防上栽种堤柳的行为。1910年山东巡抚孙中丞就曾提出在黄河沿堤内外栽种堤柳"既护堤身,抢险时又能伐取柳株,用代正料",因此通饬各管官弁在隙地栽柳。② 在民国植树造林的呼声中,虽然三省没有像黄河上中游省份得到实业部的特别支持,但也都开展了沿黄保安林的营造工作。

　　河南省在沿黄各省较早提出在黄河两岸造林以固堤防。1925年,河南省林务监督王大经在实业行政会议上,提出在黄河两岸造林以固堤防的议案。议案指出:"黄河两岸大堤及堤内外流性沙地,统由各该省林务署派员经营造林或会同河务局办理。"③当时黄河沿岸设立河务局的省份主要是河南、山东、河北。因此,这一议案实际上是针对黄河下游造林提出。不过,因为时局动荡,这一议案悬而未决。

　　前文已述,1930年国民党第三届中央执行委员会第六次全体会议通过了由河南省建设厅厅长张钫提出的在黄河沿岸七省造林的决议案。当年河南河务局就拟定了为期五年的造林计划,从1930年开始至1935年春季完成。这一计划也得到实际执行。至1936年终统计,共计存活柳杂树三百余万株。同时又还补种165万余株,成活115万株,造林费用10334.78元。

　　1935年2月,河南省政府奉蒋介石令,在黄、沁、漳、卫、淇河沿岸造林。由河务局拟制造林计划,在大堤两岸各造幅宽五百米的保安林。派员分赴沿河各县,督促进行。同时,设立漳、淇、卫三河沿岸造林临时办事处,由省政府委派第三区行政专员方策为正处长,河务局委派刘文彬为副处长。这一设立在河务局设林务专员的做法,得到黄河水利委员会的认可。黄河水利委员会还将其推广至河北、山东两省。④ 黄、沁、漳、卫、淇造林计划分黄、沁沿岸和漳、卫、淇沿岸两个部分。其造林具体步骤,黄、沁两岸,先由北岸造起,次及南岸。黄、沁大堤顶坡和黄河柳荫地植树,由河务局办理。其余由沿河各县政府督促负责栽种。漳河、卫河、淇河两岸,也是先造南岸,再造北岸。各河造林期限为三年。⑤ 同年,还制定了《河南省各河沿岸森林保护办法》和这一办法的修正版《修正河南省沿河各县

---

① 《咨内政部、蒙藏委员会·林字第二四八四号》,《实业部公报》1936年第311期。
② 《实业·札饬栽种黄河沿堤柳株》,《北洋官报》1910年第2363册,第12页。
③ 《实业行政会议河南林务监督署拟提议案清册·请沿黄河各省于黄河两岸造林以固堤防案》,《河南林务公报》1925年第1卷第10期。
④ 《函请河北、山东省政府请于河务局设林务人员专司造林案希查照办理见复由》,《黄河水利月刊》1934年第1卷第12期。《令发漳卫淇三河沿岸营造森林及临时办法处办法图表等》,《河南省政府公报》第1283期,1935年3月21日。
⑤ 《豫省黄沁两岸实行造林》,《农业周刊》1935年第4卷第13期。

保安林保护办法》,以期对已栽树木,加以保护。①

从后续造林实际情况来看,漳、卫、淇沿河造林推行力度较大。1935年春,河南省政府设三河沿岸造林临时办事处,制定《漳卫淇三河沿岸营造森林办法》。② 造林临时办事处就组织在漳、卫、淇两岸宽幅五百米以上实施造林,不到两个月即告完成。但树木成活率不高。根据省政府派委员高立德视察植树结果。统计植树2139187株,成活数15万余株,成活率只有14%。③ 在实业部专员乔荣昇看来,树木成活率不高,主要原因有三:一是此次造林事出仓促,征用苗木和征工栽植等事项,都有疏漏之处。二是造林当年适值大旱。三是沿岸造林地亩部分归民有,因而遭到抵制。④ 针对这一情况,1936年,省政府饬令所属各主管机构,"嗣后对于举办造林事宜,除于技术及保护方面应严密注意外,并对于森林各项利益,必须加以普遍宣传,尤应切实联络地方情感,引起民众爱林保林思想,以期减轻各项人为之害"⑤。同时,还调整了以往的造林计划,鉴于造林面积过宽,侵占农民田地的情况,将造林宽幅减至50米。⑥ 这一年造林计划,也取得了一定成效,三河总长543.127公里,共计栽树1341532株。⑦

黄、沁两河造林由河务局负责。1935年春河务局先自两河南岸开始营造。但因所需苗木,"全由民间征派,难期整齐,灌溉管理,尤感不便",因此,实际仅在100米范围内种植,且未种足,成活仅16万余株。⑧ 各县在完成首期造林之后,河南省政府商讨是否赓续造林。1935年,又在黄、沁两河南岸施行二期造林计划,初定沿岸各县各派指导员一人,造林幅宽150米,拟于1936年清明竣工。⑨ 但考虑到1935年造林的实际情况,将造林计划调整为黄河仍按100米,沁河则援漳卫淇河例缩减为50米。此次植树共补种203万株,成活84万株,征用民工67770个,实支委员出勤费3084.55元。⑩

山东省实业厅厅长王讷在1924年提出了《北六省河岸林业计划书》。他指出"为今之计,欲减轻水患,莫过于黄河沿岸种树"。因此,他建议在直、陕、豫、鲁、晋、绥六省河岸隙地种树,以淘沥泥沙。巩固堤防。⑪ 鉴于"河患以山东省为最甚",拟先在山东办起。该项计划并见后文。1928年,山东省河务局局长范庆熙拟定了各营讯种树奖惩保护及培植利用各项暂行章程。至1930年,时任河务局局长王冠军经审核详议,认为其切实可行。并拟按照相关章程中的有关规定,栽种新柳。⑫ 1931年,山东河务局下令沿河二十二县长,

---

① 《令发河南省各河沿岸森林保护办法》,《河南省政府公报》1935年第1337期。
② 《令发漳卫淇三河沿河营造森林及临时办事处办法图表等》,《河南省政府公报》第1283期。
③ 《河南省漳卫淇沿河造林二十四年度进行计划》,《河南省政府公报》1935年第1478期。
④ 《呈行政院·林字第二四六〇号》,《实业部公报》1936年第308期。
⑤ 《函行政院秘书处·林字第一九九三号》,《实业公报》1936年第269期。
⑥ 《函行政院秘书处·林字第一九九三号》,《实业公报》1936年第269期。
⑦ 《豫建厅种植漳卫淇河保安林》,《农学月刊》1936年第2卷第5期。
⑧ 《建设·工作报告·河务》,《河南省政府年刊》1937年,第477页。
⑨ 《豫黄沁河南岸造林》,《农林新报》1935年第12卷第36期。
⑩ 《建设·工作报告·河务》,《河南省政府年刊》1937年,第477页。
⑪ 《北六省河岸林业计划书》,《山东全省劝业丛刊》1924年第29期。
⑫ 《山东省政府建·农矿厅会呈·第一一二号》,《山东农矿厅公报》1930年第2卷第3期。

让其布告居民"所有沿河堤埝树株,无论大小新栽。责成各该区里庄长负责巡查,如有摧残偷盗情事情,惟该区里庄长是问"。①

山东省政府在1933年制定了《山东全省河道植树护堤办法》,办法规定"沿河堤岸由各县县长督饬第四科责成沿河各区长按区分段,就村镇大小,按户均派人夫,或组织林业公会负责植树造林"。② 依据这一办法,同年山东省政府令徒骇、马颊、赵王、东西泗河、卫河、北运河的各河沿河四十县,召集沿河各区乡镇长,商定办法,拟定计划,于次年春天,栽种树株。③ 次年,山东省响应行政院出台的《各省堤防造林计划大纲》,制定了《山东黄河民埝植树简章》。简章规定"黄河两岸民埝植树应由各县长督饬各埝长区乡镇长负责筹划办理,但所需经费以不增加民众负担为原则"。④ 不过,山东省建设厅河务局在呈交此份简章时,也表达了目前在黄河两岸植树可行性不高的想法。他们从两个方面解释缘由。一是山东省自光绪十二年巡抚张曜修培大堤时,就与提倡种柳,相沿至今,岁岁增值。1930年,河务局王恺如也制定了保护堤树章程,均获准实行。二是黄河两岸堤顶及邻近地方都已遍植树木。大堤之外田地,均为民有,且多系穷户,难以占用民地,推广造林。因此,河务局提出只能在两岸隙地种地。⑤ 1935年,建设厅曾向省政府呈交1934年沿河植树树木表。⑥ 由此可知,山东省应有在沿黄堤岸空隙之处植树造林。

相比河南和山东二省,河北省对黄河造林的反应较为平淡。河北省沿黄河堤岸也种有堤柳,用于固堤或作为工料。1928年,河北省黄河河务局因堤柳被抢伐,而令朱楼等村赔款12930元。⑦ 1933年,河北省建设厅"以各河两岸树株,关系河防至重,饬将各河官民业各堤,现有树株,分别调查,填表呈报,以备查考"。但两个月后只有北运河、大清河和永定河呈报,其他各河均未填送。1934年,河北省第五林务局、黄河河务局一同拟定《黄河堤防造林办法及简章》。由河北省民政厅、建设厅和实业厅三厅会呈实业部。实业部认为河北省第五林务局、黄河河务局办理黄河造林较为认真,所拟实施办法,也具有可行性。唯关于组织各县保护林业合作社一项,与合作社组织章程不符,因此令其另定名称。⑧ 但关于后续造林情况,目前还未见更多记载。

四、结　语

民国时期黄河保安林营造,是中国历史上首次由政府推动并实施的黄河全流域大规模人工造林。历史上黄河沿黄堤坝虽有植树造林现象,但并没有出现由政府主导的全流

---

① 《山东河务局训令·第一〇四号》,《山东河务特刊》1931年第3期。
② 《山东全省河道植树护堤办法》,《山东省建设月刊》1933年第3卷第4期。
③ 《建设厅令沿河各县栽植护堤树》,《山东建设月刊》1933年第3卷第4期。
④ 《山东黄河民埝植树简章》,《山东省政府公报》1934年第291期。
⑤ 《山东省政府训令·实字第五二三七号》,《山东省政府公报》1934年第291期。
⑥ 《咨山东省政府·林字第一六八八号》,《实业公报》1935年第231期。
⑦ 《查勘黄河工务堤柳赔款手续请拨款各案仰候查明再行核夺由》,《河北建设公报》1928年第2期。
⑧ 《咨内政部·林字第一三五三号》,《实业公报》1934年第195、196期。

域造林活动。而之所以在民国时期出现这一情况,与当时的思想观念和行政制度有密切关联。一方面,民国时期,森林防灾和黄河上中游综合治理的思想,已经成为社会共识。孙中山在《建国方略》和《三民主义》等政治纲领中就提出了建造森林、防止灾害的实业计划。① 同时,以李仪祉为代表的水利专家也在结合国内经验和国外水利技术的基础上,提出加强黄河上中游治理的观点,其中治河的重要手段之一便是造林植树。② 这些植树造林和黄河治理的主张逐渐为人们所接受,成为民国时期治河实践的思想基础。另一方面,近代以来,政府对地方公共事务的介入力度加强。当政者对森林、江河湖海等公共资源都有新的立法,《森林法》《水利法》等一系列法律法规都是在这一时期首次颁布实施。可以说,相比传统时代,近代以来的各级政府在公共事务中承担了越来越多的职能,发挥了越来越重要的作用。

在上述背景下,由实业部、黄河委员会等部门推动的黄河沿河各省植造保安林得以展开。在沿河各省中,实业部经过反复斟酌,率先支持黄河上中游陕、甘、绥三省造林。这既是受到经费限制,实业部没有充裕资金资助各省造林;同时也受到黄河上中下游综合治理思想的影响,原来不受关注的黄河上中游地区河防事务得以纳入国家视野。而黄河下游豫、鲁、冀各省,虽然没有实业部的经费支持,但因历史上的治河传统和中央对植树造林的提倡,也都开展了沿河造林活动。不过,在黄河沿河造林过程中,由于各省政治局势、办事效率、造林面对的实际状况不同,各自执行情况也表现不一。有的只见计划未见行动,有的既有计划又有筹备,有的则切实开展造林。保安林的营造需要稳定的社会环境和持续的资金支持,而黄河沿河保安林计划实施不久,就因抗日战争戛然而止。尽管如此,作为历史上第一次由政府主导的黄河全流域保安林营造,其酝酿、提出、实施和终止值得梳理探讨,这不仅可以深化对民国时期治河手段及其实施的具体认识,还可以为后世黄河治理提供历史参考。

Planting of Baoan Forest in the Yellow River During the Republic of China(1928-1937)

An Tian　Tian Mi

Abstract: The planting of the Yellow River' Baoan forest in the Republic of China was the first large-scale artificial afforestation along the Yellow River promoted and implemented by the government in the history of China. Since modern times, the idea

---

① 孙中山:《建国方略》,《孙中山选集》上卷,北京:人民出版社,2011年,第225页。孙中山:《三民主义》,《孙中山选集》下卷,北京:人民出版社,2011年,第890—891页。
② 李协(李仪祉):《导治黄河宜注重上游请早期派人测量研究案》,《华北水利月刊》1931年第4卷第2期。

of forest disaster prevention and comprehensive control of the upper, middle and lower reaches of the Yellow River has gradually become a social consensus. At the same time, the government's involvement in local public affairs has been strengthened and it has assumed more and more functions. In this context, the planting of Baoan forest in the Yellow River jointly promoted by the Ministry of Industry and the Yellow River Commission was carried out. Due to the limitation of funds and the thought of comprehensive control of the upper, middle and lower reaches of the Yellow River, the three provinces in the upper and middle reaches of the Yellow River, Shaanxi, Gansu, Suiyuan, which had not been paid attention to in the past, took the lead in getting the financial support from the Ministry of Industry. The three lower reaches of Henan, Shandong and Hebei provinces, due to the historical tradition of river governance and the central government's promotion of afforestation, have also carried out afforestation activities along the river. The plan of Baoan forest along the Yellow River was soon put to an abrupt end by the War of Resistance against Japanese Aggression. However, as the first large-scale afforestation movement along the Yellow River led by the government in Chinese history, the process of its preparation, proposal, implementation and termination not only reflects the specific situation of the Yellow River prevention in the Republic of China, but also provides historical experience for the Yellow River control in later generations.

Key words: The Nanjing National Government; the Yellow River; Baoan forest

清代修武县商业重镇恩村的商人及商号

牛永利

摘要：修武县恩村历史悠久，因位于修武通往怀庆府的官道上，是沟通山西陵川、黄河以北安阳、新乡的陆路交通必经之地，入清以后，商业繁盛，是修武县有名的商业村镇。清中期，恩村出现了一批商人与商号，另外还有恩村周边村庄、怀庆府等本府以及山西、山东济南府等外省的商人活动于此。

关键词：清代；怀庆府；恩村；商人；商号

作者简介：牛永利（1984— ）男，河南沁阳人，硕士，河南省焦作师范高等专科学校覃怀文化研究院教师，从事豫西北区域史研究。

恩村古名恩州驿，是修武县西部一处重要的经济、文化中心。恩村因地理位置较为优越，商业繁荣。① 村内可考的从金代以来创修的大小庙宇有18座，普恩院、孔子庙、希玄观、二仙庙、玉帝庙、玄帝庙、子孙祠、社稷坛、孙真庙、财神殿、三官庙、观音堂、文昌阁等，由此可见恩村的经济实力。

目前，关于怀庆府的城镇经济研究，主要集中在清化镇。② 而其他因商业繁荣形成的集镇的研究相当薄弱，甚至缺失。因此，以往的明清怀庆府城镇商业经济研究，不能全面反映怀庆府城镇的商品经济发展。恩村，入清以后，有一些外地商人在此经商，也出现了一批本镇商人。学界还没有对恩村的商业经济进行研究，仅仅是在研究恩村寺庙、戏楼创修复建时，附带谈到商号的捐资。③ 本文以恩村遗存的石刻文献以及府、县志相关记载为依据，对恩村清代商人及商号进行研究。

---

① 明正德十三年（1518年）《怀庆府志》卷3《集镇》载："修武县，承恩镇在县治西三十五里，周武王伐纣，居民箪食壶浆以迎王师，故名。今之恩村是也。"清光绪十一年（1885年）《重修玉帝庙诸工跋》（现存恩村玉帝庙）载："吾镇古名恩州驿。"1956年以前，恩村属修武县管辖，因村近焦作市区，之后归焦作市所辖，现属焦作市山阳区管辖，因南水北调穿村而过，恩村整体拆迁。

② 许檀、吴志远：《明清时期豫北的商业重镇清化——以碑刻资料为中心的考察》，《史学月刊》2014年第6期。程峰、程谦：《明清时期河南清化镇的商品贸易——以碑刻为中心的考察》，《焦作师范高等专科学校学报》2016年第1期。程峰、任勤：《明清时期河南清化镇商人的地缘属性——以碑刻为中心的考察》，《焦作大学学报》2016年第1期。

③ 程峰、任勤：《焦作恩村玉帝庙戏曲碑刻考述》，《焦作师范高等专科学校学报》2017年第1期。

一、恩村的地理及交通

恩村位于修武县西15公里处,北靠太行山,南临小丹河、沁河,是修武县与河内县交界的重要集镇。清道光二十年(1840年)《修武县志·里甲》载:"十里,正西恩村路,有集镇一,曰承恩镇。距城里数……恩村,三十五里,城正西。"①元至元六年(1269年)《修武县承恩镇重修希玄观记》载:"其地膏腴,其泉甘美,田宜禾麦,地富桑麻,村落连延,民物殷庶;太行居北,黄沁俯其南;东挹淇川、苏门之秀,西据天坛、盘谷之雄。"②

《金史·地理志》载,修武有镇一"承恩"③。恩村在元、明、清均为镇,有城门4座:东门"望宁门"(也称"望都门")、西门"观怀门"、南门"通汴门"、北门"接晋门"。东门"宁"代表"宁城"(修武),西门"怀"代表"怀庆府",南门"汴"代表"开封"、北门"晋"代表"三晋"(泽州府)。从四座城门的名称可以看到,恩村人对恩村地理位置的认知。清同治三年(1864年)《承恩镇二堡殣行会记》载:"村为修邑孔道,东西行者必由,商贾之辐辏,人民之蕃庶,田园井坎之错杂,亦甲于一乡。"④《重修玉帝庙诸工跋》载:"吾镇,古名恩州驿,地当孔道。商民安居,合计人丁千户。"⑤由上述记载可知,恩村人口繁盛,处于怀庆府向东北沟通河北卫辉府、彰德府陆路交通要道上。山西省陵川县商民经太行八陉之"白陉"进入辉县以及经云台山豫晋古道进入修武后⑥,向西去怀庆府河内县,必经恩村。

清道光二十年(1840年)《修武县志·图经》载有修武县交通路线图,小丹河⑦以北的恩村东部、东北部的路有两条必经恩村,即:辉县入修武县李固城,经五里源—蒋村—陆村—演马庄—万斛村—山阳城—承恩镇(恩村)—新店—黄侍郎口—造甲店,入河内县;修武县城经张弓铺—待王镇—承恩镇(恩村)—新店—黄侍郎口—造甲店,入河内县。⑧ 修武县经恩村到怀庆府的详细路线,清道光《修武县志·疆域》载:"今依《元和郡县志》例开四至八到,仍加详载驿路、通行路各地名。……又由西关出西阁、王官庄、平政桥、吕祖庵、张弓铺、杨理庄、待王镇、墙南口、恩村镇、榆□新店、黄侍郎口至造甲店为界,去城五十五里,与河内沙桥铺相接,又六十五里至河内县城。"⑨

由恩村向西、向南到湖北的交通路线有两条。其一:由本镇至河内县清化(45里)—怀庆府(75里)—崇义村(30里)—干沟桥(50里)—孟县白坡口(20里)—野水、河南府(50

---

① 道光《修武县志》卷3《舆地志下》,第49页。
② 元至元六年(1269年)《修武县承恩镇重修希玄观记》,现存焦作市博物馆。
③ 脱脱:《金史》,北京:中华书局,1975年,第640页。
④ 清同治三年(1864年)《承恩镇二堡殣行会记》,现存恩村玉帝庙。
⑤ 清光绪十二年(1886年)《重修玉帝庙诸工跋》,现存恩村玉帝庙。
⑥ 修武县云台山有老路工(又名"和尚路")、新路工(又名"寡妇路"),沟通山西陵川县与修武县。遗存在老路工上的清乾隆二年(1737年)《太行山创路碑》载:"陵川县夺火镇望洛村,北接太党,南通豫州,凡商贾之所往来,行旅之所辐辏,日络绎不绝,诚古孔道也。"
⑦ 小丹河为运粮河,是补给卫漕运的水源。因此,小丹河是河内县清化镇以东重要的航运河道。
⑧ 道光《修武县志》卷首《图经》。
⑨ 道光《修武县志》卷1《舆地志上》,第19页。

里)—洛阳关爷塚(15里)—彭坡镇(65里)—龙门万佛山(12里)—水寨、白沙镇、大安(54里)—临汝镇、伊阳县汤泉镇、杨楼(50里)—十字、蟒川镇、半扎(48里)—大营口镇、郭店、段店(40里)—鲁山县(60里)—交口村(40里)—铁牛庙(25里)—南召县(60里)—曹店(40里)—槐树湾(60里)—抬头(5里)—大石桥(50里)—南阳府(25里)—诸葛庙、老河镇、青华(7里)—穰东镇、白牛(55里)—邓州(60里)—九重院(65里)—皂君庙(55里)—小江口、青山江(8里)—均州水路(180里)—草店镇(50里)—张爷庙、魔铁牛、太子坡镇(10里)—武当山(40里)。其二:恩村(20里)—东常位桥(65里)—黄河北岸闫店庄(20里)—荥泽口(5里)—东赵(30里)—郑州(90里)—新郑县(90里)—石固(60里)—襄城县(70里)—叶县(30里)—旧县(60里)—板倒井(32里)—裕州(66里)—博望镇(60里)—南阳府(120里)—邓州(50里)—林盘镇(65里)—光华县(50里)—老河口水路(180里)—均州(120里)—湖北武当山。① 湖北老河口,是怀商经营的重点地区。

  以上经过恩村的古道位于恩村北部,据考古发掘显示,此路为古代官道,修建于宋金时期,明清时期重修,废止于1930年左右。路边还出土有不少简易小灶台,由此推断历史上官方在此设有驿站。此路是修武县北部山区煤炭以及怀庆府瓷器外销的主要通道之一②,也是山西泽潞铁货销往两湖以及南方茶叶北上山西的重要商道。③

  由于恩村是陆路交通必经之地,成为沟通河北、河南商业贸易往来的一个集镇。商民往来经过恩村,促进了恩村的商品经济发展。

二、清代恩村的商人及商号

  从现存的有关恩村的史料看,明代,恩村已经是怀庆府重要的集镇之一。明正德十三年(1518年)《怀庆府志》卷3《集镇》载:"怀郡诸镇,皆名镇也。居民甚庶,即有集以相贸易,……修武县,承恩镇……"不过,在明代以及清初,恩村商人的活动情况,因史料缺失,无法详考。清中期以后,恩村出现了一批商号。这与怀庆府人开设商号的历史相吻合。

  据王婧研究,明清时期商品经济已波及河南全省,并且出现了一批商业重镇。在明代中后期、清代中期,在各地商帮强劲的商业贸易影响下,怀庆府商人为解决生存压力,开始依托本地物产资源走入市场,于清代中期形成了一支以经营药材为主的怀庆商帮。④ 笔者较为认同王婧的观点。怀庆府商号及商帮的出现和形成,主要是受山西晋商、泽潞商人影响。怀庆府清代和清代以前的地理环境及物产并没有质的变化,怀药、竹货等特产在清代之前就有,且开发历史悠久,所以物产资源并不是怀庆府商号出现及商帮形成的充分条件,只是怀庆商帮有主要经营的商品来源。怀庆府是山西泽潞商人、晋商南下必经之地,

---

① 见清光绪十四年(1888年)《金顶会碑记》、清光绪二十三年(1897年)《金顶会演戏酬神碑记》,现存恩村祖师庙。
② 邢心田、毋建庄:《焦作恩村墓群考古发掘简报》,载焦作市文物工作队主编《焦作文博考古与研究》,郑州:中州古籍出版社,2008,第85页。
③ 许檀、吴志远:《明清时期豫北的商业重镇清化——以碑刻资料为中心的考察》,《史学月刊》2014年第6期。
④ 王婧:《论清代河南怀庆商人的兴起》,《社会科学论坛》2011年第6期。

受其影响颇多。明代,山西商人因免于黄河风浪灾害在怀庆府河内县清化镇修建大王庙,其时,怀庆府还没有出现本地商号。①

恩村及周边村落遗存的清代、民国碑刻所载商号见表1。另外,碑文所载功德名单中有山西、郑州、江西等地人的捐资,这些捐资人很有可能是在恩村经商的商人。②

表1 清代恩村及周边村落存世碑刻资料中的商号统计表

商号地籍	商号	数量/个	资料来源
山西	全盛号、正兴号、和兴号、信胜号	4	清乾隆七年(1742年)《重修二仙庙碑记》③
恩村	隆兴号、天锡号、许通兴号、焦通兴号、和兴号、全兴号、正兴号、信胜号、永裕号	9	清乾隆十九年(1754年)《重修三官庙三门拜殿序》④
山西	义兴店、西通兴、东通兴、和兴号、牛复兴、仁兴号、达生堂、侯振兴、育兴号、永裕号、全兴号、聚盛号、王太号、仁和号、同兴号、大兴号、和顺号、天成号、万盛号、永和号、恒太号、全盛号、和太号、同盛号、日昇号、隆茂号、晋盛号、长盛号、广盛号、傅鼎兴、□兴号、广顺号、义合号、辛福号	34	清乾隆三十七年(1772年)《重修观音堂碑记》⑤
原武县	□□号	1	
河内县	顺兴号	1	
武陟县	杜新盛	1	
湖广	天源号	1	
山东济南府齐东县	仁义店、诚意店	2	
恩村	天锡号、东通兴、大和号、义兴号、大兴号、信溳号、永盛号、太和号、义和号、西通兴、聚盛号、东和兴、西和兴、悦来号、合义号、伯盛坊、永兴号、聚盛油房、仁和坊、全兴号、复兴油房、隆兴号	22	清乾隆四十七年(1782年)《重修法明寺大佛殿中佛殿并金妆神像碑记》⑥

---

① 参考明隆庆五年(1571年)《创建金龙四大王神碑记》,碑现存清化镇大王庙。
② 清乾隆三十七年(1772年)《重修观音堂碑记》,碑现存恩村观音堂。碑文载,"江西汤现亮钱九百、郑州□□齐一百"。
③ 清乾隆七年(1742年)《重修二仙庙碑记》碑阴,碑现存恩村观音堂。
④ 清乾隆十九年(1754年)《重修三官庙三门拜殿序》,碑现存恩村三官庙。
⑤ 清乾隆三十七年(1772年)《重修观音堂碑记》,碑现存恩村观音堂。
⑥ 清乾隆四十七年(1782年)《重修法明寺大佛殿中佛殿并金妆神像碑记》,碑现存墙南法明寺,商号捐资情况见碑阴碑文。

续表

商号地籍	商号	数量/个	资料来源
恩村	泉生堂、全兴席店、义美号、□兴号、□□号、□□馆、□□堂、□□号、□□号、□盛堂、□□盛、□□盛	12	清代《重修□□门文昌阁碑记》①
恩村	永太油坊、口顺兴、晋昌典、金兴号、通兴号、义昌号、三兴号、通泰坊、义泰坊	9	清代《重修西殿碑记》②
山西	广盛号、日生号、双盛号、东生号、同盛号、三合号、吉祥号、乾盛号、公盛号、东升号、德盛号	11	清道光四年(1824年)《重修财神庙捐资姓氏碑》③
恩村头铺	魁□号、□盛坊、□□坊、□永、□□盛、和兴号、复盛号、许通兴号、协魁号、荣兴号、义美号、公顺号、万兴号、百顺号、天兴号、□成号	16	
武陟	和合号	1	
山东济南府齐东县	仁义店、诚意店	2	
恩村	美盛典、乐埠堂、天成号、成太坊、复兴盐店、双盛坊、东通兴、义昌号、仁和坊、义聚号、义美号、广兴号、和兴号、通太坊、重号、□兴号、成兴号、二合号、广盛号、日生号、东生号、双盛号、同盛号、三合号、吉祥号、乾盛号、公盛号、东升号、德盛号、诚意店	30	清道光四年(1824年)《玉帝庙兴工碑文》④
	复兴盐店、□盛兴、□通兴、□和堂、仁和坊、天合馆、南广兴、北广兴、双盛坊、乐埠堂、和兴号、重义号、永世堂、公顺号、广成号、瑞兴号、重兴号、天成号、义和店、复盛号	20	
修武城内	东玉兴	1	
修武待王	成德楼	1	
河内县	□□楼、瑞华楼、青□行、兴盛禄、元化楼、天宝楼、宝全楼、生化楼、太华楼、名太楼、九华楼、源华楼、天大楼、估衣行	14	
武陟县	估衣行、毡帽行	2	

---

① 清代《重修□□门文昌阁碑记》,碑残,勒制时间缺失,现存恩村。
② 清代《重修西殿碑记》,碑残,勒制时间缺失,现存圪垱阪凤凰山凤凰寺。
③ 清道光四年(1824年)《重修财神庙捐资姓氏碑》,碑现存恩村。
④ 清道光四年(1824年)《玉帝庙兴工碑文》,碑现存恩村玉帝庙,商号捐资情况见碑阴碑文。

续表

商号地籍	商号	数量/个	资料来源
温县	三兴合、同盛永、兴盛正、义盛同、协盛永、三兴同、永盛长、永盛德	8	清光绪十一年(1885年)《重修玉帝庙诸工跋》①
修东	恒聚号、双和成	2	
师县	一字号、□清□、□□永	3	
修武定和	三盛窑	1	
恩村	生生堂、儒典馆、福聚馆、仁□堂、明兴馆、聚成合、双成坊、万顺公、义盛协、□典裕、德成合、德生□、同心成、中泰号、聚成同、天成裕、治典永、福德楼、聚兴合、同和永、复义合、伯元永、立成和	23	
恩村头铺	双和永	1	
恩村西头铺	仁寿堂	1	
恩村三铺	复顺炉、王崇德堂	2	
修武冯庄	三合兴	1	清光绪十一年(1885年)《重修玉帝庙山门舞楼碑》②
	三聚堂、双成堂	2	
恩村头铺	复兴盐店、诚泰坊、复兴坊、诚意店、魁盛号、同仁堂	6	清道光九年(1829年)《重修通明宝殿西南挑角金妆五星并建斋房碑》③
恩村二铺	美盛兴、永盛号、□通兴、□□堂、□□坊、协魁号、三成号、义美号、双盛坊、仁和坊、义昌号、东通兴、和盛号、和兴号、仁义店、广生号、双盛号	17	
恩村三铺	天成店、希兴号、通泰坊、瑞兴号、三义成	5	
恩村头铺	泰来店、永泰成、同合永、同心成、三顺成车铺	5	清光绪二十一年(1895年)《重修观世音堂碑》④
恩村三铺	义成和	1	
□东	双和成	1	

---

① 清光绪十一年(1885年)《重修玉帝庙诸工跋》,碑现存恩村玉帝庙,商号捐资情况见碑阴碑文。
② 清光绪十一年(1885年)《重修玉帝庙山门舞楼碑》,碑现存恩村玉帝庙,商号捐资情况见碑阴碑文。
③ 清道光九年(1829年)《重修通明宝殿西南挑角金妆五星并建斋房碑》,碑现存恩村玉帝庙,商号捐资情况见碑阴碑文。
④ 清光绪二十一年(1895年)《重修观世音堂碑》,碑现存恩村观音堂。

续表

商号地籍	商号	数量/个	资料来源
	生化楼、文信楼、文成楼、□太楼、□文楼、□太楼、治化楼、三合楼、三□楼、永兴楼、天庆楼、大□□、□□元、□盛长、文盛禧、□成□、文兴永、全兴永、福玉奎、同盛永、□盛永、□茂恒、□和成、文盛合、同同升、估衣行、□□行、□□行、□□行、□盛永、忠盛合、□印堂、□□太	33	民国十一年(1922年)《重修玉帝庙诸工跋》①
河内	□□楼	1	
恩村	生生堂、魁盛恒、庆升堂、杜盛益、义盛和、□盛德、和合义、同盛楼、重兴永、吉兴永、义合店、□升全、诚□堂、仟连堂、元□成、天□楼、□顺公、松盛和、信成永、仁寿堂、福德堂	21	
恩村西头堡	诚意店、天兴楼、俊兴永	3	民国十一年(1922年)《三官庙重修记》②
恩村三堡	义盛和、兴和永	2	
恩村四堡	诚德堂、双兴永、三盛全	3	
修武常庄	东义和	1	
	复兴魁	1	民国十二年(1923年)《重修玄帝庙暨观音堂山神庙望都门碑记》③

注：因碑刻风化，碑文所载某些商号名称不能辨识，仅依据商号中含"号""堂""兴""楼""行"命名规则，对其统计。表内统计的商号，应是保守的统计数量。因为有些商号的名称是人名，难以与普通民众捐资区别。

通过表1可知，在恩村的从事商业活动的商号有坐商和行商④。坐商在恩村的分布：头铺商号至少有28个(魁□号、□盛坊、□□坊、□永号、□□盛、和兴号、复盛号、许通兴号、协魁号、荣兴号、义美号、公顺号、万兴号、百顺号、天兴号、□成号、复兴盐店、诚泰坊、复兴坊、诚意店、魁盛号、同仁堂、双和永、泰来店、永泰成、同合永、同心成、三顺成车铺)，二铺至少有17个(美盛兴、永盛号、□通兴、□□堂、□□坊、协魁号、三成号、义美号、双盛坊、仁和坊、义昌号、东通兴、和盛号、和兴号、仁义店、广生号、双盛号)，三铺至少有10个(复顺炉、王崇德堂、天成店、希兴号、通泰坊、瑞兴号、三义成、义成和、义盛和、兴和永)，四铺至少3家(诚德堂、双兴永、三盛全)，西头铺至少4家(仁寿堂、诚意店、天兴楼、俊兴

---

① 民国十一年(1922年)《重修玉帝庙诸工跋》，碑现存恩村玉帝庙。
② 民国十一年(1922年)《三官庙重修记》，碑现存恩村三官庙。
③ 民国十二年(1923年)《重修玄帝庙暨观音堂山神庙望都门碑记》，此碑现存恩村祖师庙。
④ 行商即在恩村没有固定的店铺，坐商在恩村有固定的店铺，碑文记录在恩村或恩村某铺下的商号均应为坐商，而其他均是行商。

永);共计商号至少 58 个(其中"协魁号""诚意店""义美号""和兴号"分别开在不同的铺)①,另外无法判定为恩村某铺的商号至少有76家(隆兴号、天锡号、焦通兴、大和号、义兴号、信湏号、太和号、义和号、东和兴、西和兴、悦来号、合义号、伯盛坊、永兴号、聚盛油房、复兴油房、泉生堂、全兴席、□兴号、□□号、□□馆、□□堂、□□号、□□号、□盛堂、□□盛、美盛典、乐堽堂、成太坊、义聚号、广兴号、通太坊、重兴号、□兴号、成兴号、二合号、生生堂、儒典馆、福聚馆、仁□堂、明兴馆、聚成合、双成坊、万顺公、义盛协、□典裕、德成合、德生□、中泰号、聚成同、天成裕、治典永、福德楼、聚兴合、同和永、复义合、伯元永、立成和、魁盛恒、庆升堂、杜盛益、□盛德、和合义、同盛楼、重兴永、吉兴永、义合店、□升全、诚□堂、仟连堂、元□成、天□楼、□顺公、松盛和、信成永、福德堂、永太油坊、□顺兴、晋昌典、金兴号、通兴号、三兴号、义泰坊)。这些坐商中有山西客商商号 22 家②(正兴号、和兴号、信胜号、西通兴、东通兴、永裕号、全兴号、聚盛号、大兴号、天成号、同盛号、广盛号、□兴号、日生号、双盛号、东生号、三合号、吉祥号、乾盛号、公盛号、东升号、德盛号),山东客商商号 2 家(仁义店、诚意店)。从碑文记载来看,山东济南府齐东县人在恩村开设的商号,"诚意店"设在恩村头铺,"仁义店"设在"恩村二铺"。在恩村经商的山西商号至少 45 家,其中"和兴号"设在恩村头铺,"东通兴"设在恩村二铺。

恩村的行商,主要是怀庆府河内县、武陟县、温县、原武县以及山西等地商号,共计至少 111 家,另有湖广商号 1 家。由此可见,怀庆府以外的商人在恩村开设商号的不多。《河北采风录》载,修武"县境内集镇均系本境零星买卖,并不通商。烟户人丁惟西乡之待王镇、恩村镇……最为稠密"。③《河北采风录》所述"并不通商",并非属实,但商业贸易不大,却是事实。从商号的名称可以看出,在恩村从事商业活动的行业有毡帽、衣服、席、盐、运输等。另据《恩村的由来》记载,恩村还有钱庄(东通兴)、药房(乐堽堂)。④ 另外,据《恩村志》记载,清末恩村还有以下行业的商铺号:糕点店(增盛永、清延店)、烟坊(魁成恒)、染坊(聚德堂)、木材店、粮行(庆升长、复典合、中和长、庆余堂)、磨坊、粉坊、油坊、竹货店(魁成恒)、银楼(天兴楼、虔诚楼、同盛楼)、染料店、理发店(山西高平人开设,4 家)、煤行、杂货店(三兴裕)、药铺(吉瑞合)、书摊、日用百货店、洋货店等。⑤

清代中、晚期,在恩村从事商品贸易的商号至少 242 家。从这些商号参与庙宇建设捐资的情况看,其经济实力一般。清嘉庆二十四年(1819 年)春,"改建玉帝庙拜殿、月台,增

---

① 民国二十年(1931 年)《修武县志》卷 9《财政》记载,修武有 4 个堡。此 4 堡在民国十一年(1922 年)《三官庙重修记》中也有记载。这 4 个堡对应清代的 4 个铺。据恩村李庆保讲:"承恩镇从东头开始共分四个堡:其中以大街二仙庙为中心往东至村头为东头堡,二仙庙以西至文庙为西头堡,东西两堡为头堡;孔子庙以西至十字路口西边供销社西邻常家,十字路口以南至康家(三官庙北)为二堡;十字口西边常家以西至关帝庙为三堡;关帝庙以西至观怀门为四堡。"
② 山西商人在恩村有活动的至少 45 个,其中 22 个商号与碑文记载在恩村下的商号重复,应该是山西商人在恩村开的店铺。
③ 王凤生:《河北采风录》卷 4《修武县图说复禀》,道光六年刻本,第 42 页。
④ 刘景枝:《恩村的由来》,载政协焦作市山阳区委员会主编:《焦作市山阳区文史资料》第一辑,内部资料,2002 年,第 132 页。
⑤ 张宗保:《恩村志》,郑州:中州古籍出版社,2021 年,第 119-200 页。

制金联栅栏,补修大殿挑角、甬路、夹门,并雕题花角,粉垣,朱门"时,双盛坊又增捐 50000 文,约白银 50 两。在清光绪十一年(1885 年)重修玉帝庙时,恩村聚成合施钱 20000 文,双成坊施钱 20000 文,万顺公施钱 18000 文,生生堂施钱 17000 文,河内武陟估衣行施钱 16000 文,施钱 10000 文以上的商号不超过 10 个,其他商号历次捐资数额在 100 文到 8000 文,多数都在 2000 文以下。① 清乾隆年间到道光年间,恩村商号捐资数额与河内县清化镇的商号在修建清化镇庙宇捐资数额相比,没有差别。但是,清同治年以后,恩村的商号捐资远不如清化镇商号,可见经济实力要逊色不少。

三、结　语

明代以来,随着全国商业经济的发展,怀庆府河内县清化镇、孟县北陈镇、温县赵堡镇、武陟木栾店、修武待王镇、承恩镇(恩村)等一些占据水陆交通优势的村落因商业贸易逐渐形成集镇。清化镇因位于太行八陉之"太行陉"及小丹河的水陆交通线上,地理位置优越,在怀庆府商业集镇中首屈一指。而怀庆府类似恩村这样的集镇虽然也具有交通优势,但不如清化镇。恩村在清代中期才开始出现商号,其主要原因是水路不发达。恩村外地客商的数量较少,主要是本府本镇的商人。恩村商号的经济实力一般,属于普通商号。恩村的商品经济状况应是怀庆府明清时期集镇的普遍状况,更具有代表性。因此,只有通过全面研究恩村这样代表大多数的集镇商业贸易类型,才能全面认识清代怀庆府的商品经济发展程度。

Merchants and Trade Names in Encun, an Important Commercial Town of Xiuwu County in the Qing Dynasty

Niu Yongli

Abstract:Encun of Xiuwu County has a long history, because it is located on the official road from Xiuwu to Huaiqing Prefecture, and it is the only way to connect Lingchuan of Shanxi province with Anyang and Xinxiang to the north of the Yellow River. After entering the Qing Dynasty, commerce flourished and it was a famous commercial town in Xiuwu County. In the middle of the Qing Dynasty, a group of businessmen and trade names appeared in Encun, as well as businessmen from neighboring villages, Huaiqing Fu and other provinces such as Shanxi and Jinan, Shandong.

Keywords:Qing Dynasty. Huaiqing Prefecture; Encun; merchant; trade names

---

① 清光绪十一年(1885 年)《重修玉帝庙诸工》,碑现存恩村玉帝庙,商号捐资情况见碑阴碑文。

融汇传统与现代学术[*]
——高文学术研究述评

伍茂国

摘要：高文早年毕业于金陵大学,曾师从胡小石、胡翔东和黄侃等著名学者,在文学学、史学、诗学和书法等领域均有精深造诣。他的主要学术成就体现于汉碑研究、唐宋文学研究、全唐诗校勘整理以及历史地理考证等方面。高文既有严谨的治学态度,也有行之有效的治学方法,形成了工力与巧妙结合、师承与发展结合的治学特点,所得出的学术观点往往蕴有真知灼见,启迪后人无数。

关键词：高文;《汉碑集释》;治学特点

作者简介：伍茂国(1969—),男,湖南常宁市人,河南大学文学院教授,从事美学、文艺理论研究。

高文(1908—2000),原名文和,字石斋,1926年考入金陵大学国文系,1931年春毕业。1934年复入金陵大学国学研究特别班学习,1936年结业,留校任教。1942年任教授兼中文系及国文专修科主任。1947年后辗转至国立西北大学、国立边疆学校及上海静心女子中学任教。1951年调入河南大学,直至2000年11月去世。高文治学以文字学、史学、诗学和书法见长,尤精于考据。高文在金陵大学本科及国学特别研究班学习期间受胡翔东、胡小石、黄侃影响深巨。三先生治学各有侧重,胡翔东精诗学,胡小石精文字和金石,黄侃于声韵、训诂、考据上尤蹈高标,这三个方面也构成了高文一生的学术范围,而先生们各自的治学方法、基本的学术态度也被融会贯通于高文一身。

一、治学内容

(一)汉碑研究

1940年1月高文先生在《斯文》半月刊第1期及第2期上发表第一篇研究汉碑的文章《石门颂集释》,考证文字训诂,分划章句,疏通说明《石门颂》内容及其在历史上的价值。其后又连续在《斯文》上刊发《乙瑛碑集释》《礼器碑集释》《郑固碑集释》《华山碑集释》《史

---

* 本篇系河南大学优秀学术传承计划"大家小传"项目(2019DJXZ-12)研究成果。

晨前碑集释》《史晨后碑集释》《孔彪碑集释》《西狭颂集释》。同时完成了《衡方碑集释》《夏承碑集释》《郙阁颂集释》《武荣碑集释》《鲁峻碑集释》《曹全碑集释》撰写工作。高文对汉碑的研究前后持续了30余年，终于蒐集成集，以《汉碑集释》为书名于1985年由河南大学出版社出版，1997年再版，全书42万多字，称得上皇皇巨著。《汉碑集释》共收集、整理、考释包括《三老讳字忌日记》等在内的两汉著名碑石共59通，按照碑石概貌（形状、大小、特点、立碑时间和地点、流传情况或出土时间）、碑文（断句）、注释（每句皆注，注释中既介绍了一些前人的研究成果，更主要的是进行详细考证和研究，也有对前人研究的纠正和补缺）、印本、附录等五个方面的内容一一收录考辨。高文对于汉碑的研究，基本集中在小学方面，涉及校勘、考释，也兼及某些书法史，例如，在《嵩山泰室神道石阙铭》碑释中，全引胡小石对八分书史的考辨，便是一段很好的书法史论。① 在该书前言中，高文先生阐发了汉碑的学术价值和艺术价值。

首先是汉碑的历史价值。高文先生认为汉碑全面记载了汉代土地制度、阶级状况、边疆战争等情况，提供了其他文献记载中缺失的新材料。他举汉代一种特殊的土地所有制形式"僤"为例加以说明：

> 僤音惮，字亦作"弹"、作"单"。它是汉代乡里一种组织的名称。近年河南偃师出土的《侍廷里父老僤买田约束石券》，记述了这种组织的性质和任务。在侍廷里中有父老（即三老）资格的二十五人共同建立"父老僤"，集体购买田八十二亩，以供僤内成员担任父老的费用。对于成员的土地使用权、继承权，以及退还、转借、假贷等都做了相应的规定。这是纯属私人性质的自愿组织，即当时所谓的私社，与《刘熊碑》中所载官办或官助民办以平均更役及敛钱雇役为任务的"正弹"不同。史册失载，弥足珍贵。②

确实，如果按照一般的史料来理解汉代土地制度，显然是不全面的。关于边疆史料高文先生举《裴岑碑》为例：

> 《裴岑碑》记载了敦煌太守裴岑抗击匈奴入侵并取得胜利的大事件。史言顺帝阳嘉以后，国势浸衰，匈奴呼衍王之势日盛，常为边境大患。这次裴岑以郡兵三千人抗击入侵之敌，诛呼衍王等，消除了河西四郡的兵祸，保境安民，可以说是立下了不世的功勋。但史书不著其事，赖有此碑，以补史阙。此碑是研究我国新疆地区古代历史的重要资料。③

汉碑不仅可以提供新史料，也能订正、补充史籍人名、地名、官职等材料记载的简单和错漏之处。《曹全碑》《赵宽碑》《孔宙碑》《西狭颂》《乙瑛碑》等碑石在这些方面就起了不可替代的重大作用。比如《后汉书·孔融传》把孔融父亲的名字写错了，我们就可以根据《孔宙碑》加以纠正：

> 《孔宙碑》言君讳宙，字季将，孔子十九世之孙也。碑的第一行有"有汉泰山都尉孔君之铭"，足证宙是孔融父的名字。但《孔融传》却说："父伷太山都尉。"按孔伷见

---

① 高文：《汉碑集释》，开封：河南大学出版社，1997年，第37页。
② 高文：《汉碑集释》，开封：河南大学出版社，1997年，"前言"第1页。
③ 高文：《汉碑集释》，开封：河南大学出版社，1997年，"前言"第1-2页。

《董卓传》。孔伷是陈留人,为豫州刺史。献帝初平元年,与袁绍等十余人兴义兵讨董卓。其籍贯、官职、年代皆与宙不同,而范史竟误以为孔融之父,殊堪惊异。像这一类可以纠正史误的地方,不胜枚举。①

其次是汉碑提供研究小学方面的重要资料。两汉是我国文字发展至关重要的节点,篆书、隶书、楷书几乎同时通行于世。汉碑保留了汉人文字真迹,其中的文字异同、古音古意、假借通转,都为小学考证提供了宝贵的资料。历史上金石学家们也早就注意到了汉碑的这一价值。清代小学兴盛,段玉裁的《说文解字注》,朱骏声的《说文通训定声》善用汉碑说字,王念孙的《汉隶拾遗》在利用汉碑进行汉隶考订上,尤多创获。高文先生用典型的例子说明汉碑对小学研究的贡献。比如作为地名的杨州,后人妄改为扬州。王念孙根据《曹全碑》"兖豫荆杨"中的"杨"字,同时还考察了《张寿碑》《刘熊碑》以及宋代洪适《隶释》中所载《王纯碑》《度尚碑》《冯绲碑》《陈球碑》等多种汉代碑石,其中的"杨"字皆从木,无从手者的事实,证明后人妄改书传中的扬州字从手。汉碑人不能改,保留了原貌,正可据以纠正书传中相沿已久的错误。再如:

> 汉碑中还保存许多文字的本义。如《耿勋碑》"开仓振澹"。《说文》:"振,举救也。""赈,富也。"则"振"为振济的本字,"赈"乃假借字。又如《鲁峻碑》:"析薪负何。"《画像孔子等题字》:"何馈。"何,《说文》:"儋也。""荷,芙蕖叶。""何"为负担本字,"荷"是假借字,后来这些字假借行而本义废。汉碑近古,还保存着古义。②

诸如此类的例子高文先生还举了不少,此不一一抄录。

再次是汉碑中保存了今文家的经学。东汉五经十四博士均是今文经学家。汉碑所载碑主人都属于今文经学派,碑文所用的经义也是今文家学说。保留的这些今文经学就是金石学中通常所谓的以碑证经。比如《诗经·凯风》原本的意思是赞美孝子,但唐宋以后由于齐诗、鲁诗、韩诗淹没,独毛诗流传,"毛诗序"解释这一首诗说"卫之淫风流行,虽有七子之母,犹不安其室"。结果原本充满褒义的一首诗变成了贬义,此后人们也不敢再用这一典故。幸赖诸多汉碑保留了其他三家今文经学释义,人们才得以重新认识《凯风》一诗的意义。不仅如此,在现代文学兴起的时候,朱自清、闻一多等先生以生命意识来重新打量《诗经》时,汉碑中所保留的这些今文经学的经典诠释起了很大作用。

最后从书法的意义上说,学习隶书必须以汉碑为楷模。中国历史上,唐宋以后书法以楷书为正宗,学习书法也从唐楷入手,而且由于宋学的流行,书法追求清逸、漂亮的美学趣味,楷书的正统地位愈益坚固。但清末发生了规模空前的汉学、宋学之争,最终汉学获得较多的认同,形成我们今天所谓的乾嘉朴学。在这一背景下,人们原来认为隶书不登大雅之堂的观念得以改变,隶书的古拙、厚重、自然的美学风格被许多人接受,因而也形成了学习书法从隶书入手的共识。承载着正宗隶书的汉碑及碑帖便被树立为书法临摹学习的不二法门。比如近代著名书法家何绍基学《张迁碑》写了近百本,金石学家、书法家黄易小分书摹《武梁祠画像题字》之专注尤为绝伦。高先生认为,不仅隶书、八分书须从汉碑学习,真书、行书也应当上溯取法汉碑。他引康有为的话并评论道:

---

① 高文:《汉碑集释》,开封:河南大学出版社,1997年,"前言"第3页。
② 高文:《汉碑集释》,开封:河南大学出版社,1997年,"前言"第6页。

康有为指出:"二王之不可及,非徒其笔法之雄奇也。盖所取资,皆汉魏间瑰奇伟丽之书,故体质古朴,意态奇变。后人取法二王,仅成院体,虽欲稍变,其与几何,岂能复追踪古人哉!"又说:"右军惟善学古人,而变其面目,后世师右军面目而失其神理。"如何才能变右军的面目,做到神理自得? 就是"师右军之所师。"一语破的,真可谓度书的金针。①

高文先生自己的书法实践也充分说明了师法汉碑是书法艺术增进的根本途径。

高先生所总结的汉碑的学术价值和艺术价值,也正是《汉碑集释》这本书的价值所在。1940年代《汉碑集释》的相关研究以及所发表的论文,使高文先生赢得了较高的学术声誉,1942年,在他年仅33岁的时候,著名的金陵大学也因此聘他做教授。1985年《汉碑集释》初版,以及1997年的再版,使高文先生获得了学界的高度肯定。著名历史学家高敏教授在《简评高文先生〈汉碑集释〉》一文中,认为《汉碑集释》在收集整理汉碑为研究历史的学者提供依据方面见地高超,功不可没。高敏先生对《汉碑集释》的体例特别赞赏,认为有极大的创新之处。金石学从宋代发端于宋代欧阳修的《集古录》和赵明诚的《金石录》,形成了基本的体例,即采用碑文摘要方式而作跋尾,这一体例被称为碑刻考订中的"跋尾体例"。后来南宋洪适的《隶释》《隶续》,采用先录碑文全文,注明脱漏字数,接着考释碑文。与欧阳修、赵明诚的著作不录碑文,只作跋尾比,信息更为全面,对读者而言也更便利。后来金石学者也多从此例。高文先生的汉碑集释则在继承前人体例基础上,有了更妥当的安排。他所录的汉碑,每一碑文,先叙形制、大小、书写规格、行数和字数;再叙立碑年代、发现经过及历代研究、保存情况;然后释全录碑文正文并佐以现代句读,接着按顺序注解(包括字义、字意及历代金石学家与有关史籍的记述,补正脱落的碑文);最后,说明碑文收藏地点、收藏人或印本。这种体例不仅信息详尽,有利于查找,也为后来的研究者提供了可资借鉴的体例范式。高敏先生认为高文先生注碑很有特点:

一曰补碑文之脱漏;二曰正历代金石学者之讹误;三曰释碑文之疑难字义。三者皆能旁征博引,或据前人之金石研究著作,或据历代史籍,或据历代释字义材料,比较推敲,时有新意。②

这一评价是非常恰切的。正是因为有如此深厚的功夫和极大的学术价值,《汉碑集释》也被其他学者当作从事进一步研究汉碑的基础。比如程章灿的《读〈张迁碑〉志疑》一文就是以《汉碑集释》为底本,搜罗诸家考校题跋,加以辨别推理,得出这样的结论:"现存《张迁碑》或者是后人据汉碑旧本重刻,或者是后人的伪刻,但应该不是东汉人的原刻。"③这说明高文先生的文章材料充实全面,研究路线清晰可靠。没有高文先生文章所提供的研究线索和路径,程章灿的研究也许要付出更多的时间和精力。

(二) 中国古代文学研究

高先生古代文学研究成绩体现在三个方面:

---

① 高文:《汉碑集释》,开封:河南大学出版社,1997年,"前言"第8页。
② 高敏:《简评高文先生〈汉碑集释〉》,《史学月刊》1993年第3期。
③ 程章灿:《读〈张迁碑〉志疑》,《文献》2008年第2期。

1. 发表的论文

《论柳宗元文》,这是高文先生在金陵大学国学研究班学习时撰写的论文,后发表在《金陵大学文学院季刊》1931年第1期上。该文从美学高度概括柳宗元文特点,突破了此前因袭唐宋八大家的各种旧说。

《词品五则》(刊《金声》1931年第1期),虽是短制,但仿《诗品》格式总结归纳了词的"凄紧""高旷""微妙""神韵""哀怨"五种风格,是对词的风格学的有益探索。1957年的时候,高先生还以此思考为基础在河南大学文学院所办的内部刊物《青春》上发表《词的形式》①一文,结合词的基本形式,再谈词的风格。

《试论高适》。该文着重考证高适生平,阐释高适诗歌的思想和艺术特点。高文先生总结指出:

> (高适)是一个落拓不羁,尚节义,负济时之略的人物。他的为人和他的诗歌都表现了鲜明的爱国主义精神和人道主义思想。他在诗歌里揭露社会矛盾,反映人民疾苦,谴责无能将帅。他的诗歌形式是多样化,艺术特色是魄力雄毅,气骨琅然,直抒胸臆,多慷慨悲壮之音。在创作方法上基本是现实主义的。特别值得注意的是:高适在开元、天宝年间就写了许多直接反映战士和农民痛苦的诗歌,使我们清楚地看到所谓封建盛世的"盛唐"统治阶级就是这样对待人民的。他在诗歌里深刻揭露了统治阶级视战士若刍狗的罪恶行为,和农民在残酷剥削下的贫困生活。在这里,高适提出了当时的严重问题:尖锐化的阶级矛盾和开边战争。这是高适诗歌的现实意义和人民性的重要方面。此外,像这些以劳动人民(唐代是征兵制,战士即是穿上军衣的农民)疾苦为内容的诗歌,在王、孟集中固然看不到,就在李白诗中也不算多,高适在这方面作了进一步的发展,到了杜甫遂大量出现,从这里我们可以看出高适在我国诗歌发展史上的重要地位。②

以上结论虽无法完全抹去为1960年代主流思想背书的痕迹,但与那时一般的文章相比,有两点特别值得注意:一是高文先生从人民性角度指出了高适在诗歌发展史上的地位;二是高文先生肯定高适对统治阶级的批判,肯定其思想中的人道主义色彩,绝非仅仅是时代政治的传声筒,而是融合了自己在抗战时期和解放战争时期所亲身经历的苦难意识。这样的观点在今天仍然弥足珍贵。

关于高适的研究,高文先生在"文革"之后还有两篇论文:一篇是《气质慷慨 魄力雄毅——唐代边塞诗人高适》③。与《试论高适》不同,这一篇论文重点考索高适生平和交游,以及高适对边塞诗的贡献,梳理前人对高适诗歌风格的评价,从而进一步肯定高适诗歌的成就。另外一篇是《论高适、岑参诗——〈高适岑参选集〉前言》。本文从高适与岑参对边塞诗的贡献入手,从比较的角度介绍各自诗歌特点及其形成过程,指出:"高、岑二人的创作,各有其不同的特点,其成就都是杰出的。……他们的诗歌,代表了边塞诗的高峰,

---

① 高文:《论词的形式》,《青春》1957年6月号。
② 高文:《试论高适》,《开封师范学院学报》1960年第3期。
③ 高文:《气质慷慨 魄力雄毅——唐代边塞诗人高适》,《文史知识》1983年第2期。

各以自己的创作丰富了唐代的诗坛,而俱臻精诣,不容轩轾。"①高先生的论述既是《高适岑参选集》的导读,也是对高适和岑参诗歌创作的独到论述。

《万古云霄杜甫诗——论杜甫的纪行组诗:〈发秦州〉-〈成都府〉及杜甫后期思想的形成:为纪念杜甫诞生1250周年而作》。该文详细阐述杜甫《发秦州》《成都府》组诗写作过程、心态变化、艺术特质,认为杜甫自秦入蜀,生活、思想和诗艺存在同构性:

> 杜甫自秦入蜀,在生活上是漂泊西南的开始,在思想上也是晚期思想的开始和形成。在这个时期,杜甫经历了继长安十年之后的又一次沉重的打击和严峻的考验。在这个考验中,杜甫的思想也是长安十年的继续而又发展到了一个新阶段。他不仅由于自己的"贫病转零落"的极端痛苦遭遇推广到了对人民苦难的同情,并由推己及人的思想进一步发展到舍己为人的思想,这是一个深刻的、也是一个划阶段的发展变化。环绕这个思想中心,再由于诗人自发同谷县以后的离乡去国日益遥远,因而哀时伤乱、忧国忧民、去国怀乡的感情愈加深沉和笃厚,政治热情更加强烈,和一切消极避世的思想彻底决裂。……因此,我们可以说,自诗人以来,身际困穷,心忧天下,哀鸣战斗,志决身歼,万古云霄,惟有杜甫。
>
> 在形式方面,《发秦州》组诗,是一个完整的结构,有起有结,有精密的布局和巧妙的安排,有内在的联系和前后呼应。其中境界的变化,风格的变化,写作方法的变化,各极其致,而这一切又是那样完美和谐地统一于一个整体之中。它不但有计划地反映了蜀道山川奇险壮丽的真实,而且这一切也都是为了真实地、深刻地反映诗人的精神世界而发挥它们应有的作用。在这里,体现出诗人的高度艺术修养和极其谨严的写作态度。"语不惊人死不休","毫发无遗憾,波澜独老成",也只有伟大的杜甫始足以当之。②

该文的研究角度既新颖又独特,肯定了"诗圣"杜甫所具有的伟大人格、伟大思想和伟大艺术成就。

《李贺的诗很值得一读》。这是一篇短小的发言稿。1978年1月28日,开封师范学院(今河南大学)举行学习《毛主席给陈毅同志谈诗的一封信》,参加座谈的有院党委领导和中文系部分从事诗歌创作的教师代表。大家畅所欲言,各抒己见,交换学习的心得体会。会后在《开封师范学院学报》刊发了《学习〈毛主席给陈毅同志谈诗的一封信〉座谈纪要》,纪要记录了龚依群、彭忠厚、朱应离、张予林(应为"张豫林"——伍按)、华钟彦、毕桂发、张振犁、高文、刘溶等老师的发言稿。从发言稿可以看出,其他老师基本上都是围绕毛主席信中所提出的形象思维稍加阐发而已,并没有多少学术价值,但高文先生的发言却别出心裁,扣住毛主席信中"李贺的诗很值得一读"这一句话展开,指出过去无论是在文学史中,还是在课堂上,一般对李贺的诗都评价偏低,有的甚至认为李贺是消极浪漫主义的作家,对于他作品的思想内容和艺术成就都估计不足。毛主席力排众议,指出"李贺诗很值

---

① 高文、王刘纯:《论高适、岑参诗——〈高适岑参选集〉前言》,《河南教育学院学报》1988年第1期。
② 高文:《万古云霄杜甫诗——论杜甫的纪行组诗:〈发秦州〉-〈成都府〉及杜甫后期思想的形成:为纪念杜甫诞生1250周年而作》,《开封师范学院学报》1962年第1期。

得一读"①,这是完全符合实际的科学论断,接着具体分析李贺诗所具有的浪漫主义色彩和形象思维这样两个特点。看起来似乎不过毛主席"形象思维"论断的一个例证,但发言真正的重心却落在为李贺诗翻案。在"文革"刚刚结束的时候,能够借助毛主席的论述,大胆地肯定李贺诗歌,这是极具胆识和前瞻性的学术观点。1980年代中期之后,高文先生关于李贺诗的这一看法得到学界的广泛认同。

此外高文先生还与何法周先生共同发表《试论陶渊明的政治倾向》一文。文章对东晋末期刘裕政权兴起前后的政治状况和陶渊明在晋宋之际的经历和政治态度做了对比,并且对《赠羊长史》和《述酒》展开分析,得出结论:

> 完全看出陶渊明对晋朝和对刘裕当政两种截然相反的政治态度。正是这种相反的政治态度,使他在东晋政局已无可挽回的形势下,在长期官与隐的矛盾反复中最后采取了坚决归隐的政治行动。②

文章同时反复强调要具体问题具体分析,这对陶渊明的归隐与政治态度之关系这一由来已久,在"文革"之后又备受重视的学术问题提供了新的观察视角。1991年程千帆先生曾谈道:"思想政治倾向与文学创作的关系,往往很难把握。要从对作品的反复阅读、体会中去察出其思想倾向。从作品中找材料是浅层次的研究,从阅读作品中察出它的好处,才是深层次的东西。这一方法掌握了,可以终生受益。"③从《试论陶渊明的政治倾向》看,高先生是深晓这种方法的。该文引起了同仁的极大关注,为此《开封师范学院学报》在1978年第4期专门刊发了一组回应和商榷文章,包括王宽行、张如法的《也谈陶渊明的政治倾向》、吴云的《从陶渊明的归隐看他的政治态度》、李桦的《陶诗小议》。这些文章有合理的批评,有进一步的探究,也存在不少误解。但无论如何,这些回应说明高先生的文章所提出的问题是重要而有价值的,乃至到了最近还有学者在继续讨论这一问题。

《试论王安石〈解使事泊棠阴〉二首的有关问题》。该文认为,在王安石的诗歌中两首《解使事泊棠阴时三弟皆在京师》诗很少被人关注,但从知人论世的角度看,这两首诗却是研究王安石其人的重要作品。文章从解除江东提判及去官的年月、棠阴的所在地、两诗中流露出的诗人思想动态三个方面展开深入论述考证,从而认为"嘉祐三年是王安石任地方官告一段落的一年,也是他的政治思想成熟的一年,也是研究王安石生平思想动态带有关键性的一年"④。这是极具学术张力的一个结论,不唯对研究王安石个人,也对研究整个宋代政治史具有意义。

高文与齐文榜共同发表的《现存最早的一首题画诗》,也充分体现出精到的学术眼光。文章的核心观点是"现存最早的题画诗是东晋支遁的《咏禅思道人诗》"⑤,据齐文榜先生介绍,这一观点来自高先生的课堂和日常交流。该文虽然篇幅不长,但考索精细,结论重

---

① 高文:《李贺的诗很值得一读》,《开封师院学报》(哲学社会科学版)1978年第1期。
② 高文、何法周:《试论陶渊明的政治倾向》,《开封师范学院学报》(哲学社会科学版)1977年第6期。
③ 程千帆:《书绅杂录》,《程千帆全集》第15卷,石家庄:河北教育出版社,2000年,第126页。
④ 高文:《试论王安石〈解使事泊棠阴〉二首的有关问题》,《文学遗产》1996年第1期。
⑤ 高文、齐文榜:《现存最早的一首题画诗》,《文学遗产》1992年第2期。

大,因为它解决了长期以来困扰学界诗画界限与结合的问题,今天文艺理论界关于诗与画的边界、语图关系、图像时代的文学叙事问题仍然绕不过高先生、齐文榜先生文章所提出的观点和结论,难怪当年的《文史知识》1992年第9期第77页特地摘要刊发该文,而中国人民大学复印报刊资料《中国古代、近代文学研究》1993年第1期也全文加以转载。

1991年高文先生为邹同庆、王宗堂主编的《苏轼词编年校注》所作序言,也是立意极高、分析详尽严密、独立成篇的文学论文。在该文中,高先生以自己一贯坚持的"知人论世"方法,考察苏轼词风格形成过程,肯定了苏轼在词史上的崇高地位:

> 总之,词至苏轼,其体始尊。其思想性和艺术性不仅超越前人,亦有后人所未及者。雄篇奇制,照耀寰宇,若李杜之于诗歌,韩柳之于文章,蔚为大宗,影响深远。元好问云:"自东坡一出,情性之外,不知有文字,真有'一洗万古凡马空'气象。"诚非过言。①

此书发行甚广,至2020年已重印9次。高文先生序言,随着本书的不断发行,已经深入一代又一代读者的内心。由于各种原因,此书脱稿10年之后才得以出版,然高文先生并未把自己的序言单独提前发表,此一细节,也足见高先生学术之严谨、人格之高尚。

2. 整理出版古代文学作品

整理出版古代文学作品既是古代文学研究的基本任务,也是"文革"之后至20世纪末流行的学术方式,高先生晚年有很大一部分精力投入其中,但由于年事已高,高先生一般采取与学生或助手合作的方式进行,这类成果主要包括以下几种:

《高适岑参选集》。这是高文先生与其学生兼助手王刘纯先生合著的,高适诗由高文先生选注,岑参诗由王刘纯先生选注,全稿由高先生审定把关。该书从高适今存240余首诗中选取129首,从岑参今存400余首诗中选取132首进行注释。以思想性和艺术性完美统一,兼顾不同的内容、体裁和风格,作为选诗标准,其中边塞诗为重点选择对象,力图反映两位诗人的整体创作面貌。按照写作时间为顺序编排,无法确定时间的诗,则附列于后。该书的注释讲究简明扼要,力避烦琐考证,对难解的字词、名物、典故、地名、本事等均作简要注释,并适当注明出处。对于尚有争议的诗作,则作出自己的有理有据的论断。该书1988年纳入上海古籍出版社的"中国古典文学名家选集"丛书出版,2008年由河南大学出版社再版。另一本纳入"中国古典文学名家选集"丛书的是《柳宗元选集》,1992年出版,2016年再版。这是高先生与其硕士研究生屈光共同选注的一部书。这部选集从1984年着手选注,历时两年多才脱稿。该书共选柳宗元各体诗55首,文43篇,以世彩堂本为底本。注释中用典征事,注明出处,参考引用前人有关笺评。以上两本书,在1980、1990年代风起云涌的同类作品中,以注释准确简练著称,读者反响极佳。

《唐文选》。此前已略略介绍过。该书由高文先生和其助手何法周先生共同主编,1987年由人民文学出版社出版。该书在姚铉《唐文粹》编排体例的基础上加以创新,依据唐文发展的历史事实,对其中所出现的题材品类,尽量入选,计所选品类有:奏、疏、表、状、诫、颂、赞、檄、书信、赠序、集序、后记、读后集、传记、史状、史论、专论、解说、叙说、事记、地

---

① 高文:《苏轼词编年校注·序》,载邹同庆、王宗堂:《苏轼词编年校注》上册,北京:中华书局,2002年,"序"第10页。

记、图记,祭文,吊文,碑记,墓志铭,城地铭,辞赋,寓言,游记,杂记,等等。选篇均有作者介绍、作品分析、词句注释等。① 此书编选所确立的体例、格式以及注释由于是集体工作,有某些不妥当、不恰切处,但总体上学界都给予了积极评价。比如著名学者管锡华教授认为《唐文选》是一本好书,选注者在选文和注释上都下了很大功夫。有两大特点值得肯定:一是抓住了唐文的主线,选文精粹;二是兼顾雅俗,注释简洁明了。总之,为古籍选注提供了可贵的借鉴。②

《禅诗鉴赏辞典》。这是由高文先生和学生曾广开共同主编的一本中国历代禅诗鉴赏工具书,1995年由河南人民出版社出版。1992年春天,曾广开和吴维平请求高文先生主持编撰一部禅诗鉴赏辞典,但高先生考虑到自己年老体衰,担心不能按时完成任务,后经协商,高先生应允参加本书的整体规划,撰写前言,具体编撰任务由曾广开、吴河清、杨国安、齐文榜、常萍、李保民等人完成。本书共58万字。收历代禅诗作品600余首,分为禅理、禅境、禅趣三部分,以禅宗兴盛时的唐宋为主,兼顾其他朝代,既照顾源流,又汇集佳作,有文人的禅诗创作,也有僧人谈公案、斗机锋的偈颂作品等。每首入选作品分原诗和鉴赏两部分,鉴赏部分从禅学、美学、文学等角度进行分析鉴赏,以求准确地揭示诗作的佛学意境,引导读者探究佛学内蕴,使读者在获得审美愉悦的同时,领悟禅僧们持六度、修定慧的思想境界。20世纪90年代,人们从对"文革"的反思中脱身而出以后,中国古代文化,尤其是饶富机趣的禅宗备受人们喜欢,所以这本书的出版恰逢其时,应运而生。同时期这类书和文章并不少,比如在高文先生开始编撰此书的同时,1992年6月中国人民大学出版社出版了王洪、方广闊主编的《中国禅诗鉴赏辞典》。但比较而言,高先生主编的《禅诗鉴赏辞典》仍然具有不可替代的地位。第一,高文先生撰写的前言,全文不过10000余字,但却极为精练地叙述了中国禅宗发生史,线索清晰,立论准确,例子随手拈来,观点鲜明而又不失趣味。没有对禅宗文化精深广博的阅读与思考,无法达到这样的境界。第二,本书虽是集体编撰,但编撰者均是学术与艺术修养都较高的学者,撰写的欣赏文章在内容和形式上保持了较高的水准。

《唐诗简编》和《全唐诗重编索引》。这是高文先生主持重编全唐诗工作所取得的成果。唐代是中国诗歌的黄金时代,唐诗是中国文学宝库中最为灿烂的遗产之一。编选唐诗自唐代开始即成文学界和学术界一种自觉行为,但历代选本由于时代和编选者的文化观点、政治立场和审美趣味差异,选诗各有侧重;更由于编者水平、视野不同,误收、漏收等情况比比皆是。以清康熙年间季振宜等在朝廷支持下编纂而成的《全唐诗》为例。该书收罗唐五代350余年的诗歌,成书900卷,载入有传记作家1983人,无考作家353人,合计2246人。规模宏大,称为自唐迄清篇幅最大、影响最广的唐诗全集。但由于该书参编人数有限,编辑时间短暂,因此,虽是巨制,问题不少。所以,民国以来,学界有志之士一方面为康熙御定全唐诗校订补遗,另一方面提出重编全唐诗的新设想。如刘师培《读全唐诗书后》、闻一多《全唐诗校读法举例》、岑仲勉先生《读全唐诗札记》都从微观和宏观上提出重编全唐诗的想法。其中闻一多先生心念尤其迫切。据孙望先生回忆,1938年2月11日

---

① 高文、何法周:《唐文选》,北京:人民文学出版社,1987年,"前言"第15—16页。
② 管锡华:《〈唐文选〉注商》,《古籍整理研究学刊》1992年第6期。

他与程千帆先生在长沙专程拜访闻先生,战火纷飞之中,闻先生还跟他们畅谈唐诗整理的事情。① 李嘉言先生深受其师闻一多先生影响,1945年曾就重编唐诗写出草案,1956年12月9日以《改编全唐诗草案》为题刊发于《光明日报》的《文学遗产》专栏。李嘉言先生针对清编《全唐诗》,提出从校订、整理、删汰、补正等四个方面改编全唐诗。而且认为,"应由专门学术机关,聘请专家多人,共同研究之、整理之,则其事虽繁,而其完成之日亦必可预期也"②。嘉言先生的建议引起了学界共鸣和重视。1957年4月7日汪绍楹于《光明日报》上发表《对"改编全唐诗草案"的补充意见》,就改编全唐诗的来源、小传、校勘、重出和增补作品问题提出补充意见。③ 全国唐诗研究方面专家学者也积极行动起来,著名学者王仲闻、傅璇琮、周勋初、陈尚君等先生都参与其中。④ 1960年10月接受中华书局的委托,李嘉言先生和高文先生共同负责成立"全唐诗校订组",承担全面整理校订《全唐诗》的任务。但1967年李嘉言先生因病去世,"文革"期间此项工作也不得不停止。"文革"之后,河南大学重启工作,由高文先生负总责,其间完成了《全唐诗简编》《全唐诗重篇索引》《全唐诗诗句索引》等重大工作,为全唐诗重编工作的进一步展开奠定了坚实的基础。其中《全唐诗重篇索引》于1985年由河南大学出版社出版,《全唐诗简编》于1993年由上海古籍出版社出版。

全唐诗重编工作是一项浩大的工程,据参与《全唐诗诗句索引》工作的关淑惠回忆:

> 首先组织了五十位同学,抄写《全唐诗》并提出要求及注意事项,确定自查、复查及交换检查的标准。……共收卡片474000多张。第二步是分编卡片……二十九位同学,将474000多张卡片多次进行分编:第一次按《辞源》的205个偏旁部首挑在一起。第二次是把每个偏旁部首中首字母相同的卡片挑在一起,第三次是将首字相同的诗句卡片第二字相同的挑在一起,第四次是把第三个字相同的诗句卡片挑在一起,……又组织同学,经过严格训练,开始抄写。全部卡片抄录成稿,共计33000页,共装订成110册。作为工具书的索引要求必须精确、全面,使用起来方便。为此,我们组织了教师进行了三次校对,并编制了这部索引字头的笔划和四角号码对照表。⑤

编撰工作从1979年年底开始,至1986年方告竣工,前后历时6年多,工作之细致和繁杂可见一斑。当时担任唐诗研究室主任的高文先生已是70高龄,但仍然"亲自指导,亲自检查质量,督促进度,严格把关"⑥。

傅璇琮先生曾说由于工作需要,他时常翻检高文先生组织编著的《全唐诗重篇索引》,认为做得很细,编排很合理。⑦ 这是对高先生他们的极大肯定。

对于《全唐诗简编》,高文先生认为它是完成《全唐诗》整理工作中不可缺少的环节,同时简编不同于一般选本,它除了精选大家、名家的代表作以外,也注意选录有一定影响的

---

① 徐有富:《程千帆沈祖棻年谱长编》,南京:南京大学出版社,2013年,第62页。
② 李嘉言:《改编全唐诗草案》,《光明日报》1956年12月9日,第3版。
③ 汪绍楹:《对"改编全唐诗草案"的补充意见》,《光明日报》1957年4月7日,第3版。
④ 具体情况请参阅傅璇琮:《关于〈全唐诗〉的改编》,《文学遗产》1989年第4期。
⑤ 关淑惠:《编撰〈全唐诗句索引〉的点滴体会》,《河南图书馆学刊》1991年第2期。
⑥ 关淑惠:《编撰〈全唐诗句索引〉的点滴体会》,《河南图书馆学刊》1991年第2期。
⑦ 傅璇琮:《关于〈全唐诗〉的改编》,《文学遗产》1989年第4期。

次要作家以及无名氏、仙鬼及梦谣之类的作品,兼收各种体裁,比如一般选本没有的联句之类。该书共收录有名作者550人,连同无名氏、梦谣诗5372首,其中盛唐及元和时期诗歌约占一半。① 由此看来,虽是简编,规模不小,所费时间和精力也是空前的。该书出版之后,受到国内外唐诗研究者和爱好者的广泛欢迎,被誉为自《全唐诗》成书以来的近三百年间最具规模和见识的大型唐诗选本,南京大学莫砺锋教授当时就认为"此书定将取代《唐诗品汇》而风行百世"②。著名唐诗研究专家陈尚君教授归纳本书几个突出的贡献:(一)作者小传全部重写;(二)录诗据善本校订;(三)甄辨重出互见诗。肯定该书的考证令人信服。③

由于高文先生年事已高,河南大学所参与的全唐诗重编的后续工作由佟培基教授等人主持。2014年,在高文先生逝世14周年之际,周勋初、傅璇琮、郁贤皓、吴企明、佟培基等主编的《全唐五代诗》由陕西人民出版社出版,这是对九泉之下的高文先生的最好告慰。

（三）**小学研究**

所谓小学,即研究古代文字训诂、音韵,是考镜源流、辨章学术的一门传统的学问。在高文先生的师承中,小学也是受到高度重视的基本功,如黄侃先生所说:"语言文字之学,为各种学问之预备,舍此则一无可通。"④高文先生这方面的成果主要有:

《文字证原举例》。本文刊发于《金陵学报》1935年第2期。文章认为,欲言小学,形、声、义三者缺一不可,古人造字,先有义,然后有声,有声然后有字,文字不过是音义的符号。形、声、义三者都有转变,所以要研究一字的根源,必须三方面结合。《说文解字》就是这一原理的体现,所以研究《说文解字》要从三方面入手:一是以说文证说文,二是以孳乳字互相参证,三是以古书训诂见其会通。文章接着以释尤、乀乙一字说、尤失一字说、释六、释冥等为示例,证明所题原理的合理性。⑤ 文章考释充分,令人信服。该文所形成的原理方法后来也被高文先生运用于其他研究中。

《中国文字教学法之商榷》。该文刊于《金陵学报》1938年第1、2期。文章主张要融合新旧文字学原理和方法,依照循序渐进的方法实施教学,使老师容易教,学生容易学。

《韵文声律举例》。这是一本专著,于1942年11月完成。该书以诗词曲为主,选取经典名作,加以评议,从中发现文学演进的顺序,同时以声韵为例,阐述各体作品的写作方法,说明文学艺术的特点。⑥ 该书可惜未能正式出版,原稿也无缘见识。但从《金陵文摘》的摘要看,其中的观点已经体现在高文先生后来关于唐诗和苏轼词的文章中。

（四）**历史、地理考证**

历史、地理考证曾是金陵大学文科强项,高文先生在这一方面受过严格的训练,而且作为基本方法已经渗透进他所从事的所有研究中。

---

① 高文:《全唐诗简编》,上海:上海古籍出版社,1993年,"前言"第13—14页。
② 陈尚君:《〈全唐诗简编〉述评》,《河南大学学报》(社会科学版)1994年第6期。
③ 陈尚君:《〈全唐诗简编〉述评》,《河南大学学报》(社会科学版)1994年第6期。
④ 黄侃讲,黄焯记:《黄先生语录》,载张晖编:《量守庐学记续编:黄侃的生平和学术》,北京:生活·读书·新知三联书店,2006年,第5页。
⑤ 高文:《文字证原举例》,《金陵学报》1935年第2期。
⑥ 金陵大学编:《金陵文摘(1941—1942)》,1943年,第5页。

《汉王入汉中及出定三秦路线考》。该文1938年写作,刊发于《金陵学报》1940年第1期。文章爬剔已有文献记载中的错误,根据汉碑及《水经注》加以订正。

《通济渠－汴河方位考略》。该文刊发于《史学月刊》1980年第2期。由于文献记载失实,历史上对通济渠－汴河的方位有各种误解,高文先生经过严密的考证,认为"古汴水经开封东流,历陈留、杞县、商丘、砀山、萧县至徐州入泗水。泗水东南流历宿迁、泗阳,至淮阴(清江市)东南的角城县入淮。按泗水自徐州以南,元以来,为黄河所占,即今废黄河故道。这是隋以前引汴水入泗水以达淮水的古汴河,与自商丘南改东南流,历鄘县、永城,安徽之宿县、灵璧、虹县、临淮直接入淮的汴河(通济渠)是两条水道,方位不同,不宜混淆"①。此文考证之精详,充分体现了高文先生一以贯之的严谨学术风格。

《〈吴子〉真伪考》《〈吴子〉考补正》。两篇文章均系高文先生与何法周先生合作完成。前者刊发于《开封师范学院学报》(哲学社会科学版)1977年第5期,后者刊发于《学术研究辑刊》1980年第2期。前者根据有关历史记载和新出的考古材料,对由来已久的《吴子》真伪问题进行探讨,肯定《吴子》一书的真实性及其价值。后者则运用大量的史料修正了郭沫若关于《吴子》一书的偏颇观点。以上两篇文章,在《吴子》研究上提供了珍贵的资料和合理的视点。

《新编王安石年谱》。该文系高文先生与其公子高启明先生的合作成果,刊发于《河南大学学报》(社会科学版)1992年第5期。在编撰《王安石选集》(惜未刊行)及其诗文编年过程中,高文先生发现过去众多王安石年谱存在不同程度的失误,于是钩稽有关史册和宋代文集,反复核订,方成此篇。由于王安石特殊的身份,《新编王安石年谱》对于宋代政治史和文学史的研究都大有助益。

《蔡上翔〈王荆公年谱考略〉及李壁〈王荆文公诗笺注〉勘误补正》。该文系高文先生与其公子高启明先生的合作成果,刊发于《河南大学学报》(社会科学版)1996年第3期。该文认为蔡上翔的《王荆公年谱考略》和李壁的《王荆文公诗笺注》存在考据失误的地方,如《王荆公年谱考略》中关于王安石任江东提点刑狱及被召入朝的时间及某些材料的系年问题,《王荆文公诗笺注》中在"契丹使北还"的时间及对《孟子》《商鞅》《再用前韵寄蔡天启》等诗的曲解或误解问题。高文、高启明先生通过稽考其诗文及有关资料对以上问题加以订正。文章考辨的虽是某些细节问题,但从学术上讲,对于王安石研究和蔡上翔与李壁著作研究都具有不可忽视的意义。

《浅谈嘉祐中王安石参与议榷茶问题》。该文系高文先生与其公子高启明先生的合作成果,刊发于《河南大学学报》(社会科学版)1997年第6期。1975年著名宋史学家邓广铭先生出版《中国十一世纪时的改革家王安石》一书,引起学界关注。高文先生和高启明先生在阅读该书时发现邓广铭在叙述王安石嘉祐年间的政绩方面与史实不符,尤其是指认王安石直接参与了议罢榷茶的判断是错误的。该文进行了严肃而翔实的考证,证明王安石并未直接参与议罢榷茶,但非常赞成罢除榷茶法。文章的观点得到邓广铭先生的认同,也使后来研究相关问题的学者避免陷入误区。

---

① 高文:《通济渠－汴河方位考略》,《史学月刊》1980年第2期。

二、高文先生治学特点

综观高文先生的学术研究,既有严谨的治学态度,也有行之有效的治学方法,所得出的学术观点往往蕴有真知灼见,启迪后人无数。我们认为高文先生近70年的治学经历中,形成了两个鲜明的特点。

(一)工力与巧妙结合

高先生平生第一篇学术论文《论柳宗元文》,1931年1月发表在《金陵大学文学院季刊》上,那正是他从国学研究班结业的时候。文章用文言写成,分小引、文变、总论、分论及诸家评柳议五个部分。小引申明作文目的:"夫评文匪艰,能文维艰。工力由于博学,巧妙存乎寸心,可见而不可即,可赏而不可期,非人力之所能为也。余之于文,所感如是。以下将评柳子之文,故著之于此,以自戒其轻易之习。"①其中有两个关键词"工夫"和"巧妙"。"工夫"是清末乾嘉以来倡导的朴学传统,也是他所师事的三位先生的学术传家宝,即黄侃先生常说的"扎硬寨,打死仗",反对"杀书头"行为。高先生借作此文以自惕,也以自勉。他此后凡有所论从不高谈阔论,出来的却多是卓见。就以这篇初出茅庐之作而言,虽然五个部分都很短小,也不像规矩的考辨文章那样引经据典,但明显可以看出,每一个判断都是下足了工夫的。比如,总论归纳柳宗元文特点:

> 子厚才气高奇,综合精裁,虽未克砥节砺行,直道正辞,光华帝典,熙缉民黎,然而能逍遥乎文章之有囿,翱翔乎辞藻之场,金声玉振,寥亮区宇,珪璋内蕴,英华外发。展论则卓万飙迁,与霜月而齐灿;属文则清隽露凝,共高秋而竞爽。思发如潮,辞润如玉,穆肃汪洋,萧机玄尚。或纤徐溶漾,或清秀敷舒,或畤黑沸白,或骇绿纷红。或怪石突怒,鸟厉虎斗之谷;或翠鲜环周,浅碧澄泓之渚。而缥白萦青,山水与云天具(俱)远;微触冥契,物我与万化同归。泠泠之声,响若操琴;怡怡之态,傲若游空。叩之似寂,玩之愈远,响绝韵留,久而弥永。其使予小子怊怅前哲之余徽,想象其所游观,追念徘徊,有不能已于怀者矣。②

对柳宗元的文章辞藻、论辩、想象能寥寥数语概括如此到位,没有精深的阅读和全面的把握是无法做出的。自从散文八大家这一概念提出之后,柳宗元文备受重视,也是民国时期教育、出版、研究领域的重点。比如胡怀琛就选注有《柳宗元文》。他在绪言中总结柳文的长处有四点:一是柳宗元的思想很自由;二是他的考订文很好;三是他有很好的寓言;四是他的游记极好。③ 这样的总结看似全面,实际上非常散乱,并不能使读者真正理解柳文的好处。此外,高文先生在文章中对柳宗元和韩愈所秉持的"蒙笑骂而不悔"④特立独行的为文精神大加赞赏,其实也是他精研之后的判断。1941年高文用"蒙笑骂而不悔"称赞自己的挚友、早逝的佘贤勋先生,可见并非泛泛而论。这篇文章关于"文变"的观点,在

---

① 高文:《论柳宗元文》,《金陵大学文学院季刊》1931年第1期。
② 高文:《论柳宗元文》,《金陵大学文学院季刊》1931年第1期。
③ 胡怀琛编:《柳宗元文》,上海:商务印书馆,1928年,"绪言"第4—6页。
④ 高文:《论柳宗元文》,《金陵大学文学院季刊》1931年第1期。

五十多年之后高先生与何法周先生主编的《唐文选》以及高先生与屈光先生主编的《柳宗元选集》的前言中成为核心观点,并再一次得到新时代读者和专家的认同。他用30年时间完成的《汉碑集释》更是工力的集中体现。

碑刻研究虽自清代以来即受学术界的重视,但仍然属于绝学、边缘学科,能进入其中并能以一生经历投入的绝无仅有。一个学者有很多选择和抱负。有的希冀成为包罗万象的大师,有的期盼成为专家,有的看起来仅仅挖掘极小的口子,却做着不小的事业,高文先生算是后者。

但尚工力的同时,高先生也主张巧妙。所谓巧妙其实是学术慧心或才华,它是工力的升华。高妙的观点,惊人的发现,单有工力还是不够,像文学创作一样需要巧妙。比如他在研究中善于抓住细小的问题,揭示出事物的本质,即是学术研究中的巧妙。前述《李贺的诗很值得一读》,避开一般人围绕毛主席信中所提出的形象思维这样大而化之的问题,从"李贺的诗很值得一读"这句不引人注意的话切入,不仅符合整体讨论的政治要求,更是别出心裁地为李贺诗翻了案,极具学术价值,这就是巧妙。然而这样的选择是建立在高文先生对唐代诗歌精深思考和研究的工力之上的,没有这样的工力,巧妙就会变成学术轻浮和油滑。再如高文先生秉持述而不作的学术态度其实也是巧妙,当行即行,当止即止,既是笔墨经营,也是学术巧妙。《汉碑集释》一般罗列故解,准确则不缠言,如:

> 翁方纲《两汉金石记》曰:"元吾竹房《三十五举》云:'隶书须是方劲古拙,斩钉截铁,挑拔平硬,如折刀头,方是汉隶。'此语惟是碑(指景君碑——伍按)足以当之。牛真谷云:'隶有篆体,洵知言哉。解此,则可以通其意于天玺三段碑矣。'"文按:此碑用方笔,取纵势,波直之末多尖,《天发神谶碑》亦用此法也。①

以翁方纲之述论道出隶书及《景君碑》的书法特点,用"按"的方式表明自己的认同,并增添直观感知,读者对《景君碑》的书法便有了全面的了解。再如著名的《乙瑛碑》,当代人基本把它视为书法临摹的必选碑帖,而且一般当作首选。认为它比《礼器碑》《史晨碑》《曹全碑》更能体现中国文化的中庸性质,也许高先生并不同意这样的看法,所以他在碑释前的说明中特地引用了杨守敬《平碑记》中的判断,自己则不加一言,但态度朗然,也许,高先生更欣赏《礼器碑》的精劲。凡此种种,惜墨如金,却意思周全,黄侃言"学问最高者语言最简"②,正是此意。后来学者关于《景君碑》等汉碑不乏长篇大论,然多是样子货,看起来好像下了功夫,于学术并无新意,其中缺少的便是学术巧妙,算是反例。

(二)师承与发展结合

高文先生的老师黄侃曾说:"学问之道有五。一曰不欺人。一曰不知者不道。一曰不背所本。一曰为后世负责。一曰不窃。""治学第一当恪守师承;第二当博学多闻;第三当谨于言语。""'学术'二字应解为'术由师授,学自己成'。"③这些话里面的"不背所本""恪

---

① 高文:《汉碑集释》,开封:河南大学出版社,1997年,第61页。
② 黄侃讲,黄焯记:《黄先生语录》,载张晖编:《量守庐学记续编:黄侃的生平和学术》,北京:生活·读书·新知三联书店,2006年,第3页。
③ 黄侃讲,黄焯记:《黄先生语录》,载张晖编:《量守庐学记续编:黄侃的生平和学术》,北京:生活·读书·新知三联书店,2006年,第3、2、12页。

守师承""术由师授"等无不在强调师承的重要性。师承首先标识学有所本,其次标识学有所传,再次标识学术风格。学术研究坚守师承能够帮助学者极为便捷地进入学术殿堂,少走弯路,不走歪路。高先生治学秉承了金陵大学老师们尤其是胡翔冬、胡小石、黄侃等先生的学术传统、方法和风格。比如胡小石先生继承清代乾嘉学者研究方法,重视调查,讲究实证;在古文字音韵研究上,跳出等韵学范围,从戴东原、钱大昕等声转研究方法受到启发,提出"疑于义者,以声求之;疑于声者,以义证之"的辩证方法;在古文字研究上,突破传统宗六书为圭臬的藩篱,其书学理论吸收李瑞清以治经方法论书的体系,吸收沈曾植的书学特长,融合南北书流,注意碑帖并重,等等。① 这些方法在高文先生的著作中有切实的体现。书法界常说高先生的字得小石先生真传,前半生未曾有丝毫背离,也是师承的一个证明。

但黄侃先生强调师承的同时,也指出"学问文章,以高明广大为贵","读书人当以四海为量,以千载为心"。② 也就是在师承基础上发展与创新,要有"青出于蓝而胜于蓝"的追求。高文先生曾长期在老师们所传授的传统学术范式和方法中浸淫,秉承他那时代学者的基本方法,在小学和考据等方面能下硬功夫,但方法仍显单一。他的《汉碑集释》虽云巨著,但"集释"总体上还是一个资料工作,其基本方法可以用小学、朴学、汉学概括之,总体上仍在古代学的范围,对于现代方法的吸纳稍嫌薄弱。黄侃先生曾反感现代科学方法,谓之"科学之法行,则无自然之文"③。但事实上,现代学者使用的科学方法对学术而言有更大的促进作用,得出的结论相对而言更为准确妥当。比如袁安碑的系年问题。高文先生说"此碑书与《袁敞碑》如出一手,结构宽博,笔划瘦硬,当为一人所书。安卒于和帝永元四年,而碑称孝和皇帝,古知此碑非葬时所立。或因其子敞之葬,同时并立此碑,未可知也"④。受方法限制,高先生的结论模糊。但现代图像学方法则可以解决这一问题。所谓图像学,按照英国历史学家波得·伯克的说法,即"通过细节的分析对图像做出解释"⑤。作为一种艺术研究的方法,图像学的特点在于,将美术作品作为社会史和文化史中某些环节凝缩的征兆,而进行形式表层之下更为本质内容的揭示和解释。杨频运用这种方法对袁安碑的系年问题进行研究:

笔者在复原袁敞残碑首字时,利用二袁碑书写风格的高度相似性(或互文性),充分运用原石与拓片图像中的界格因素,以"界格定位法"来分析书者的构字规律与空间处理习惯,并尝试在残画的基础上分别复原"敞"与"字"。由上文可知,复原之"敞"字与界格上下左右的空间关系最为合理。而若复原为"字"字则极不协调,其宝盖两垂脚太低,一曲一直,又距离较窄,导致"子"部无法得到舒展,尤其右边垂脚问题最大,与二袁碑书者水准(宽博匀停之书风)判若云泥。……可证,两碑最可能为官方同

---

① 胡小石:《胡小石论文集》,上海:上海古籍出版社,1982年,"序言"第2—3页。
② 黄侃讲,黄焯记:《黄先生语录》,载张晖编:《量守庐学记续编:黄侃的生平和学术》,北京:生活·读书·新知三联书店,2006年,第2页。
③ 黄侃讲,黄焯记:《黄先生语录》,载张晖编:《量守庐学记续编:黄侃的生平和学术》,北京:生活·读书·新知三联书店,2006年,第4页。
④ 高文:《汉碑集释》,开封:河南大学出版社,1997年,第25页。
⑤ 彼得·伯克:《图像证史》,杨豫译,北京:北京大学出版社,2008年,第36页。

时同地、由同一批工匠所制。①

从这种确定性可以看出作为现代方法的图像学可以补充和提升传统金石学研究。当然高文先生在另外一些方面在保持师承的基础上有了发展和创新。比如关于陶渊明诗歌的政治思想研究,杜甫诗歌与其人生经历的同构研究,苏轼词的风格发生史论述,在传统历史方法与知人论世的文艺理论方法中,融合马克思主义的历史与逻辑结合、阶级分析等方法,使得论述获得了更为宽阔的知识界面和更为可信的论证力量,得出的结论也更经得起推敲。

师承与发展的特点在高文先生的书法上体现得极其鲜明。孙鹤教授从专业的角度指出,晚年的高文先生笔下已经消解了胡小石书法笔画中那些生硬强直的成分,用笔中实淳厚而又不寡于风采,臻至一种圆通融合、无碍于心的境界。但高先生也非刻意摆脱乃师的面貌,独创新体,而是以学养、阅历、情怀以及对书法精神的深刻透彻的正确领悟,达到一种新的人书一体状态。这种意气庄严、气息通脱、慢正由德、方圆自我、无意于佳的自然状态,处处可循师法之所自,又具羚羊挂角之妙,迹无可寻之像。② 诚哉斯论!

在金陵大学国文系毕业的同学和系友中,程千帆先生是特别善于平衡师承与创新关系的,他曾提出中国古代文学研究需要把文献学与文学理论结合起来的著名观点,这是对黄侃先生"治中国学问,当接收新材料,不接收新理论"③的发展而不是背叛,因为黄先生所谓不接收新理论是厌恶单有理论的发现之学,而非发明之学。他坚信"无论历史学、文字学,凡新发现之物,必可助长旧学,但未能推翻旧学。新发现之物,只可增加新材料,断不能推倒旧学说"④。然而历史已经证明,黄先生的这些看法实有欠妥之处。所以,程千帆先生认为,在材料文献之上,融入理论,才能真正成就黄先生理想状态的发明之学。与千帆先生常常鲜明地标举师承与创新不同,高文先生很少单独去谈这样的问题,他的师承和发展全在自己的著述中。他的学术不以追新为旨趣,但又纳新于旧之中。

---

① 杨频:《袁安碑系年问题及其他》,《中国书画》2013年第6期。
② 孙鹤:《诗家射雕手 翰墨有书香:浅论高文先生之为学为艺》,《中国书法》2010年第12期。
③ 黄侃讲,黄焯记:《黄先生语录》,载张晖编:《量守庐学记续编:黄侃的生平和学术》,北京:生活·读书·新知三联书店,2006年,第3页。
④ 黄侃讲,黄焯记:《黄先生语录》,载张晖编:《量守庐学记续编:黄侃的生平和学术》,北京:生活·读书·新知三联书店,2006年,第3页。

A Review of Gao Wen's Academic Research

Wu Maoguo

Abstract: Gao Wen graduated from Nanjing University in his early years. He studied with famous scholars such as Hu Xiaoshi, Hu Xiangdong and Huang Kan. He has profound knowledge in literature, history, poetics and calligraphy. His major academic achievements are embodied in the study of annotation and collating of the Han Dynasty stone inscription, Tang and Song literature, collation of the whole Tang poetry, and historical and geographical research. Gao Wen has not only rigorous attitude to study, but also effective methods of study, which has formed the characteristics of combining work with skill, and inheritance with development. His academic views are often insightful and enlightening to countless later generations.

Kew words: Gao Wen; *Centralized Annotations of the Han Dynasty Stone Inscription*; the research features

学术信息

第十三届"黄河学"高层论坛暨黄河文化与文旅融合发展研讨会在河南大学举办

姚秋菊　晋瀛莹　丁雨彤

在习近平《在黄河流域生态保护和高质量发展座谈会上的讲话》发表两周年,中共中央、国务院印发《黄河流域生态保护和高质量发展规划纲要》之际,2021年10月18日—19日,第十三届"黄河学"高层论坛暨黄河文化与文旅融合发展研讨会在河南大学明伦校区隆重举行。本次研讨会由教育部人文社科重点研究基地河南大学黄河文明与可持续发展研究中心、黄河文明省部共建协同创新中心、河南省文化和旅游厅—河南大学黄河国家文化公园研究院主办,旨在推进黄河文化遗产的系统保护,深入挖掘黄河文化蕴含的时代价值,建设具有国际影响力的黄河文化旅游带,推动中国特色的学科体系、学术体系和话语体系构建。来自中国社会科学院、中国旅游研究院、河南省社会科学界联合会、河南省社会科学院、河南省文学院、河南省文物考古研究院、河北省文物考古研究院、北京大学、武汉大学、中国海洋大学、山东大学、中山大学、陕西师范大学、郑州大学、首都师范大学、河南大学、河南财经政法大学、华中师范大学、华南师范大学、天津师范大学、山东师范大学、西北师范大学、信阳师范学院北京第二外语学院以及地方政府、企事业单位、相关媒体等近30家单位近100位代表和嘉宾现场参会,黄河文明与可持续发展研究中心以及校内相关学院300余名师生参加论坛。(图1为论坛现场)

18日上午,论坛开幕式在河南大学明伦校区音乐厅举行。中国旅游研究院院长、文化和旅游部数据中心主任戴斌,河南省社会科学界联合会主席李庚香,中国近代文学学会会长、黄河文明与可持续发展研究中心名誉主任关爱和,中国社会科学院学部委员、历史学部副主任、河南大学特聘教授王震中,北京大学哲学系教授、教育部长江学者特聘教授王中江,中山大学旅游学院教授、教育部长江学者特聘教授保继刚,中国保护黄河基金会常务理事长、水利部黄河水利委员会国际合作与科技局原局长尚宏琦,河南大学党委副书记张宝明等出席会议。河南大学黄河文明与可持续发展研究中心、黄河文明省部共建协同创新中心主任苗长虹教授(图2)主持开幕式。

第十三届"黄河学"高层论坛暨黄河文化与文旅融合发展研讨会在河南大学举办

图1　论坛现场
（王永明　摄）

图2　河南大学黄河文明与可持续发展研究中心、黄河文明省部共建协同创新中心主任苗长虹
（王永明　摄）

　　戴斌（图3）在本次论坛指出，黄河学是一门开创性的学科，黄河是中华民族的摇篮，"黄河之水天上来"，那么我们又从哪里来？这是一个值得探讨的问题，我们要从地理、历史、文化的角度深入研究，回答我们从哪里来的问题，为中华民族伟大复兴提供坚实的精神动力。文旅融合是实现黄河文化创造性转化、创新性发展的重要方式，中国旅游研究院愿意积极参与河南大学黄河学学科建设，为保护、传承和弘扬黄河文化贡献力量。

图 3　中国旅游研究院院长、文化和旅游部数据中心主任戴斌
（王永明 摄）

李庚香（图 4）指出，黄河流域，是中华民族的发祥地，是中华文明的摇篮，是炎黄子孙的心灵故乡。中华文明就是从黄河流域尤其是黄河中下游地区发展起来的。新时代背景下，我们的使命就是要建设文明黄河轴心区，书写一部从黄河出发的全球史。他强调，河南的根脉在黄河，潜力在黄河，黄河文明在中华文明体系中处于核心地位，要推动"黄河流域生态保护和高质量发展"，实现"两个确保"，同时期待有志之士加入"黄河学""中原学"。

图 4　河南省社会科学界联合会主席李庚香
（黄森 摄）

张宝明（图 5）首先代表河南大学向与会领导、专家和师生表示诚挚欢迎。他指出，河南大学植根于中原沃土，成长于黄河之滨，建校以来，学校严守"明德新民，止于至善"的校训，努力打造科研、人才培养与社会服务高地。河南大学一直致力于对黄河、黄河流域和黄河文明的研究，形成了深厚的学术传统。正如河南大学校歌中的"嵩岳苍苍，河水泱泱，

中原文化悠且长",体现了我校与黄河的深厚渊源。本次论坛围绕黄河文化与文旅融合发展为主题进行深入研讨,建言献策,以期能够提升黄河相关的研究水平。

图 5　河南大学党委副书记张宝明
（陈冬摄）

尚宏琦（图 6）基于自己的研究领域,从黄河流域的认识、黄河流域生态与发展思考、万里黄河与中华民族、黄河的历史变迁与新时代国家战略等方面介绍了关于黄河的内容。

图 6　中国保护黄河基金会常务理事长、水利部黄河水利委员会国际合作与科技局原局长尚宏琦
（黄森 摄）

开幕式最后,郑州大学特聘教授刘志伟先生将自己最新成果《子产文献集成》赠送给我校黄河文明中心（图 7）,该丛书为黄河文明中心开展先秦史研究提供丰富的材料。

图 7 刘志伟先生赠书仪式
（黄森 摄）

  大会主旨报告分上午场和下午场。10月18日上午场由河南大学黄河文明与可持续发展中心名誉主任关爱和（图8）、河南大学黄河文明省部共建协同创新中心副主任田志光（图9）主持。受邀专家围绕黄河文化保护、特点与时代价值等方面做了八场报告：《黄河文化：从历史辉煌走向当代创造性转化和创新性发展》（中国社会科学院学部委员王震中教授，见图10）、《黄河文化的特点和精神》（北京大学王中江教授，见图11）、《大哉黄河——一部从黄河出发的全球文明史》（河南省社会科学届联合会李庚香先生）、《黄河文化的主要特征与时代价值》（河南省人民政府参事室张占仓先生，见图12）、《国家战略背景下的黄河文化长江文化比较研究》（河南省社会科学院历史与考古研究所所长张新斌，见图13）、《禹州瓦店夏代早期的祭祀遗存》（河南省文物考古研究院研究员方燕明，见图14）、《近两年河南省夏文化考古新发现与认识》（河南省文物考古研究院副院长梁法伟，见图15）、《国河堤谒者与汉代黄河国家治理体制的构建》（郑州大学王星光教授，见图16）。

  10月18日下午场由河南大学黄河文明与可持续发展研究中心、黄河文明省部共建协同创新中心主任苗长虹、河南大学黄河文明与可持续发展研究中心副主任艾少伟主持。受邀专家围绕黄河文化旅游、文旅融合发展等方面做了十一场报告：《黄河国家旅游线路，建什么、怎么建？》（中国旅游研究院戴斌先生）、《清明上河园与开封城市互动发展》（中山大学保继刚先生）、《黄河文化旅游——河南旅游的核心品牌》（中国社会科学院戴学锋先生）、《黄河国家文化公园的文旅融合发展》（北京第二外国语学院旅游学院厉新建先生）、《基于社交媒体数据的城市文化景观情感空间探测》（陕西师范大学李君轶先生）、《新发展格局下河南发展的优势劣势、机遇和挑战》（河南省社会科学院谷建全先生）、《彰显文化价值是保护传承弘扬黄河文化的重要方式》（河南省工程咨询中心赵书茂先生）、《黄河文化的历史样式及其演进节律》（山东师范大学田海林先生）、《从空间到场域：文旅融合发展与黄河文化旅游带构建》（河南大学苗长虹先生）、《黄河与开封：利害与兴衰之间》（河南大学程遂营先生）、《试论中原地区古汉字资源的保护、利用和开发》（河南大学王蕴智先生）。

图 8　河南大学黄河文明与可持续发展研究中心名誉主任关爱和
（陈冬 摄）

图 9　河南大学黄河文明省部共建协同创新中心副主任田志光
（陈冬 摄）

图 10　中国社会科学院学部委员王震中教授
（黄森　摄）

图 11　北京大学王中江教授
（陈冬　摄）

图 12　河南省人民政府参事室张占仓先生
（陈冬 摄）

图 13　河南省社会科学院历史与考古研究所所长张新斌
（黄森 摄）

图 14　河南省文物考古研究院研究员方燕明
（陈冬 摄）

图 15　河南省文物考古研究院副院长梁法伟
（黄森 摄）

第十三届"黄河学"高层论坛暨黄河文化与文旅融合发展研讨会在河南大学举办

图16 郑州大学王星光教授

本次会议是河南大学110周年校庆系列学术活动之一,为期两天,10月19日会议设立三个分论坛,与会专家学者代表将围绕"中华文明、中国哲学史""二里岗文化类型、黄河文化研究""历史文化资源开发""黄河流域文旅融合发展""黄河与生态文化"等主题进行学术交流。

本次论坛以黄河文化与文化旅游的融合发展,遗产的系统保护,黄河文化蕴含的时代价值等为主题,不同领域的学者之间有了更深层次的交流,黄河学的研究对象、研究领域、学科定位、基本理论、基本方法等学科体系建设更为完善。黄河文化是中华文明的重要组成部分,是中华民族的根和魂。创建以黄河生态和文明为研究对象的"黄河学",要做好黄河文化的保护传承和弘扬,要讲好黄河故事,延续历史文脉,坚定文化自信 为实现中华民族伟大复兴的中国梦,凝聚精神力量。(图17为论坛人员合影)

图17 论坛人员合影
(王永明 摄)

黄河流域生态保护和高质量发展高层论坛(2021)在河南大学举办

姚秋菊　黄　森

为贯彻落实习近平总书记《在黄河流域生态保护和高质量发展座谈会上的重要讲话》精神,深入推动《黄河流域生态保护和高质量发展规划纲要》的实施,加强对黄河流域生态保护和高质量发展重大理论和实践问题的研究,2021年11月20日,黄河流域生态保护和高质量发展高层论坛(2021)以线上线下相结合的方式在河南大学明伦校区小礼堂隆重举行。本次论坛由河南大学、中国地理学会、黄河水利委员会黄河水利科学研究院、河南省发展和改革委员会、河南省文物局主办,河南大学黄河文明与可持续发展研究中心、黄河文明省部共建协同创新中心、河南大学地理与环境学院、河南黄河实验室(河南大学)承办。河南大学设线下主会场,黄河水利科学研究院设线下分会场,来自生态环境部黄河流域生态环境监督管理局、中科院地理科学与资源研究所、黄河水利科学研究院、中科院南京地理与湖泊研究所、中央党校(国家行政学院)、北京大学、清华大学、北京师范大学、中国科学院大学、上海财经大学、华东师范大学、山东大学、河南大学、长安大学等院校的代表和嘉宾以及黄河文明与可持续发展研究中心与校内相关学院师生300余人参会(图1为论坛现场),6000余人次通过网络直播在线参加了本次论坛。

图1　论坛现场

20日上午,论坛开幕式在河南大学明伦校区小礼堂举行。河南大学校长宋纯鹏、中国地理学会理事长陈发虎、黄河水利科学研究院党委书记张建中、河南省发展和改革委员会副主任李迎伟、郑州市发展和改革委员会调研员孙华等出席开幕式,河南省文物局局长田凯向大会发来贺词并祝愿大会圆满召开。河南大学黄河文明与可持续发展研究中心、黄河文明省部共建协同创新中心主任苗长虹教授主持开幕式。

宋纯鹏(图2)首先代表河南大学向与会领导、专家和师生表示诚挚欢迎。他表示,河南大学已成为国内外研究黄河文明和沿岸地区可持续发展的学术高地和高端智库、世界大河文明交流与互鉴的重要平台;黄河文明中心已成为学校人文社会学科振兴和一流学科建设的核心载体,是新文科创新人才培养的创新基地。本次论坛必将发挥自身影响力,凝聚新的智慧和共识,推动黄河学学科建设,也必将有力促进"黄河学"以及相关学科领域迈上新的台阶,最后预祝会议取得圆满成功。

图 2 河南大学校长宋纯鹏

陈发虎(图3)在网络视频致辞中表达了中国地理学会对此论坛的支持和祝贺。他指出,本次论坛围绕流域人地系统与可持续性科学、黄河流域生态保护与可持续发展等重大问题展开研讨,展现了黄河流域科学研究与发展实践的新成果、新思想和新观点,这对进一步打响"黄河牌",推动"黄河学"交叉学科建设,服务黄河国家重大战略,具有重要的意义和价值。

图 3 中国地理学会理事长陈发虎

黄河水利委员会黄河水利科学研究院党委书记张建中(图4)在发言中指出,自黄河流域生态保护和高质量发展上升为国家重大战略,黄科院一直致力于黄河流域保护等工作,成立研究中心,支撑相关专业研究。黄科院与河南大学黄河文明与可持续发展研究中心有长期良好的合作关系。最后愿大家携手共进,合作共赢,让新思想、新技术在交流切磋中结出硕果,为推动黄河流域生态保护和高质量发展贡献力量。

图4　黄河水利委员会黄河水利科学研究院党委书记张建中

河南省发展和改革委员会副主任李迎伟(图5)在开幕式发言中说到,习近平总书记一直关怀、牵挂着黄河的保护与治理,为黄河流域生态保护和经济发展掌舵领航。他表示,要围绕解决黄河流域存在的矛盾问题,保护黄河长治久安,坚决筑牢黄河安全保护,整体提升郑州作为国家中心城市建设,加快郑开同城化步伐,协同抓好黄河、大运河、长征、长城4大国家文化公园高水平建设。

图5　河南省发展和改革委员会副主任李迎伟

本次论坛以"黄河流域生态保护和高质量发展:科学与实践"为主题,分为流域人地系统与可持续性科学、大江大河治理与可持续发展、黄河流域人地系统动态与生态文明建设、黄河流域新旧动能转换与现代产业体系建设、黄河流域新型城镇化与城市群建设、黄河文化遗产保护与文旅融合发展六个议题进行。

本次论坛全天共进行四场主旨报告。

第一场(图6)由河南大学副校长、地理与环境学院院长傅声雷主持。北京师范大学生态文明研究院院长、中科院生态环境研究中心院士傅伯杰以"黄河流域生态保护与可持续发展"为主题,从黄河流域保护与发展面临的问题、黄河流域人地系统耦合研究、黄河流域保护与发展的建议三个方面展开汇报。他指出,黄河流域是我国重要的生态屏障区、我国重要的经济地带,因此保护黄河是事关中华民族伟大复兴的千秋大计。黄河流域可持续发展面临的挑战是水资源保障形势严峻、流域生态环境脆弱以及发展质量有待提高。中国科学院大学王艳芬教授以"黄河流域生态系统变化及其生态效应"为主题,她表示,大河流域高质量发展管理的重点和难点是系统化解决方案。从过程与机理、模型耦合、功能提升论述研究。最后总结出生态系统变化对生态系统水文过程有重要影响。清华大学杨大文以"黄河流域水循环规律与水土过程耦合效应"为主题,从研究背景与科学问题说明科学难题到研究内容与研究思路说明关键科学问题和技术问题。黄河流域水循环发生了显著变化,亟须揭示黄河流域水循环演变机理,预测未来水沙变化的趋势。长安大学兰恒星以"黄河流域地质地表过程及重大灾害效应"为主题,他指出,黄河流域地址过程复杂、地貌过程迅速,具有无与伦比的独特性。最后希望依托专项,形成黄河流域重大灾害全流域覆盖,实现安全黄河科学总体目标,支撑高质量发展。

图6 第一场主旨报告
(晋瀛莹 丁雨彤 陈冬 摄像)

第二场(图7)由黄河水利科学研究院副总工程师史学建主持。生态环境部黄河流域生态环境监督管理局张柏山以"以高水平保护促进高质量发展,让黄河成为造福人民的幸福河"为主题,指出黄河流域在我国生态保护格局中具有重大战略作用,要推动黄河水生态环境保护治理进展,解决流域水生态环境的突出问题。清华大学张红武以"黄河下游河道与滩区治理方略研究"为主题,从研究背景介绍、考核指标完成情况、项目主要成果介绍来说明研究现状及趋势分析,认为示范工程水中施工可产生经济社会生态效益,响应"让黄河成为造福人民的幸福河"的伟大号召。黄河水利科学研究院肖培青以"黄土高原水土保持措施减水减沙效益"为主题,从相关研究方法、减水减沙机理与效益分析、研究展望展开汇报,总结出黄河流域容许水土流失量的合理阈值、区域尺度治理关键技术与优化布局等问题。中科院地理科学与资源研究所金凤君以"以城市群为载体推动黄河流域高质量发展"为主题,指出要构建形成黄河流域"一轴两区五级"的发展动力格局,促进地区间要素合理流动和高效聚集,推动新时代城市群发展的核心作用,促进黄河流域城市群高质量发展。

图7 第二场主旨报告

第三场(图8)由河南大学黄河文明与可持续发展研究中心艾少伟教授主持。中科院

图8 第三场主旨报告

地理科学与资源研究所方创琳以"黄河流域城市群高质量发展的文化驱动效应"为主题，建议以文化创新为动力，整合资源创建黄河流域城市群文化联盟，增强黄河流域城市群高质量发展的地域认同。中央党校（国家行政学院）祁述裕以"文旅和旅游融合视角下黄河文化保护传承弘扬研究构想"为主题，以习近平总书记相关讲话，中共中央、国务院相关规划纲要为背景，提出结合黄河文化保护传承弘扬的实践，形成跨区域大型线性遗产保护、创新和管理新路径。北京大学汪芳的报告以"黄河流域城乡建成环境与生命共同体"为主题，重点关注流域—水关系、流域生态文明、流域城乡体系、流域地方性景观，探究了流域城乡建成环境在人工干预和自然系统协调下的保护、传承。河南大学赵建吉的报告以"黄河流域生态—经济—文化协同发展的时空格局、问题诊断与优化路径"为主题，通过实证研究发现生态经济文化综合耦合指数高于平均值的地区主要分布在省会及其沿线城市，最后建议加快打造黄河生态文化经济带、强化创新驱动以增强产业和城市支撑、加快推动文旅融合发展。

第四场（图9）由河南大学黄河文明与可持续发展研究中心副主任陈家涛主持。山东大学杨蕙馨以"先进制造业与现代服务业融合推进制造业高质量发展"为主题，指出在疫情持续影响下，通过"两业"融合推动制造业高质量发展是必然选择，随后从"两业"融合的相关系统框架展开论述，对目前融合机制中存在的问题进行了详细分析。中科院南京地理与湖泊研究所陈雯以"绿色创新：支持长三角抢进活跃增长"为主题，认为长三角经济实力与世界城市群仍有较大差距，创新能力无法与发达国家比肩，绿色低碳技术是推动高质量发展的重要引擎。山东大学臧旭恒以"关于创建黄河中下游经济区的思考"为主题，结合中国最具活力和潜力的5大城市群，根据习近平总书记近几年对黄河流域上中下游的考察，提出了创建黄河中下游经济区、确立济南和郑州"双龙戏珠"的特殊龙头以引领发展的思考。上海财经大学张学良以"科技合作与黄河流域高质量发展"为主题，以《黄河流域生态保护和高质量发展规划纲要》为背景，提出科技合作与郑洛西高质量发展的九条政策建议。华东师范大学曾刚以"长江经济带生态保护与发展之管见"为主题，指出流域

图9　第四场主旨报告

经济是国家经济发展的支柱,对长江经济带及其生态文明建设进行了研究,提出五个方面的环保行动建议。

最后,苗长虹主任进行论坛总结,指出此次论坛取得圆满成功,向参会各位表示诚挚感谢。他从本次论坛的协同、高端、前沿、聚焦、融合五个特色方面对论坛进行了重要总结,强调黄河流域生态保护和高质量发展论坛是一个综合性平台,致力于黄河流域生态保护和高质量发展,推动重大国家战略,最后向各位参会专家隆重推荐了黄河实验室,并表明有决心、有信心建设好这一省级重点实验室。至此,本次黄河流域生态保护和高质量发展高层论坛(2021)圆满结束。

"中国地理学会黄河分会 2021 年学术年会"在西北师范大学召开

西北师范大学地理与环境科学学院

2021 年 7 月 17 日,由中国地理学会黄河分会主办,西北师范大学地理与环境科学学院、西北城乡发展与协同治理研究院、甘肃省绿洲资源环境与可持续发展重点实验室、甘肃省地理学会共同承办的"中国地理学会黄河分会 2021 年学术年会"在西北师范大学召开。(图1)

图 1 "中国地理学会黄河分会 2021 年学术年会"在西北师范大学召开

会议以黄河流域城乡发展与生态安全为主题,围绕黄河流域生态安全与保护、黄河流域与"一带一路"融合发展、黄河流域新型城镇化与城市群建设、黄河流域农业现代化与乡村振兴、黄河流域国土空间开发格局、黄河流域生态补偿与区域协调发展、黄河流域绿色经济与可持续发展、黄河流域环境变迁与文化传承创新、新技术新方法在黄河流域可持续发展研究中的应用以及与会议主题相关的其他研究议题展开。中国地理学会理事长陈发虎院士,中国地理学会黄河分会主任苗长虹教授,中国科学院南京地理与湖泊研究所余之祥研究员,中国科学院地理科学与资源研究所金凤君研究员,北京大学城市与环境学院柴彦威教授,兰州大学资源与环境学院院长勾晓华教授,中国科学院西北生态环境资源研究院李宗省研究员,中国地理学会黄河分会秘书长艾少伟教授等专家学者,以及来自中国科学院地理科学与资源研究所、中国科学院西北生态环境资源研究院、北京大学、北京师范大学、兰州大学、河南大学、西北大学、山西大学、宁夏大学、陕西师范大学、内蒙古师范大学、山东师范大学、东北师范大学、河南省科学院地理研究所等高校专家学者代表,总计300余人参加开幕式。开幕式由西北师范大学科学研究院常务副院长张明军教授主持(图2),西北师范大学校长刘仲奎教授出席开幕式并致辞(图3)。

图 2　张明军教授主持开幕式

图 3　刘仲奎教授致辞

开幕式后,陈发虎、柴彦威、金凤君、苗长虹、李宗省5位专家学者,分别以《青藏高原研究原创成果产出:青藏科考与野外台站观测联盟》《城市生活空间研究与生活圈规划》《黄河流域高质量发展的策略与途径》《都市圈竞合发展与郑洛西高质量发展合作带建设》《三江源区水体多相态加速转换的气候背景、过程及水文效应》为题,作了大会主题报告。(见图4、5、6、7、8)分会场设置了"黄河流域新型城镇化与城市群建设""黄河流域生态安全与保护""黄河流域农业现代化与乡村振兴"3个主题,39位专家学者和高校代表分别作了分会场报告。(见图9、10、11)

图 4　陈发虎院士在作主题报告

图 5　柴彦威教授在作主题报告

图 6　金凤君研究员在作主题报告

图 7　苗长虹教授在作主题报告

图 8　李宗省研究员在作主题报告

图 9　分会场一

图 10　分会场二

图 11　分会场三

闭幕式由西北师范大学地理与环境科学学院院长马利邦教授主持(图 12),乔家君教授、王成新教授、艾少伟教授分别作了分会场情况汇报,苗长虹主任作大会总结(图 13)。

图 12　马利邦教授主持闭幕式

图 13　苗长虹主任作大会总结

本次学术年会为广大学者、高校师生提供了交流平台,对于进一步加强专业领域的学术研究、推进黄河流域高质量发展和生态安全与保护、推进乡村振兴和服务国家战略需求具有重要的意义和价值。(图 14 为与会人员合影)

图 14　与会人员合影

"广大"与"践履"的南宋文学构建
——王建生先生《"中原文献南传"论稿》读后

仝相卿　潘梦斯

作者简介：仝相卿,浙大城市学院历史研究中心副教授、硕士生导师。潘梦斯,河南大学历史文化学院研究生。

北宋末年,金军压境,赵宋政权系于一旦,君臣方仓皇南渡,于搜山检海之际几亡于途。其后南渡君臣背海立国,以中兴之志揽四方之众,完成半壁江山的长期稳定,并形成以江浙一带为重心,以南宋为领导模式的后世近八百年来的文化基调,[①]荣枯代谢而弥见其新,斯文于兹可谓盛矣！王水照先生认为"南宋文学一方面是北宋文学的继承与延伸,文统与政统、道统均先后一脉相承;另一方面在天翻地覆时局变动、经济长足增长、社会思潮更迭变化的历史条件下,又产生了一系列新质的变化"[②],成为重新认识南宋文学的新契机。但在实际的研究中,很少有人关注到南渡文人与中兴文人这两大群体在其间的努力:他们从前期的流亡奔波到重新整合学术思想,致力于完成南宋思想文化的更新与再造。这种文化重心的南移是如何实现,在这过程中又产生了什么样的文学生态等等依然有待学者深入考察。王建生先生的《"中原文献南传"论稿》[③](以下简称《论稿》),以"中原文献南传"这一全新的视角探讨南宋思想文化的更新与再造,其所收论文多从人物切入,通过追踪中原文献渺难寻觅的南传路径及得失平衡等,最终呈现出文化重心南移过程中与政治、思想互动所产生的文学生态。在以时间序列为基础的细节构建中,作者对于南传路径的追踪和分析,既有历史的脉络,又有群体之间横向的比较视野,达到了历史与逻辑的统一。

一、研究脉络

是书乃由论文结集而成,所收论文曾先后于 2009 年至 2018 年发表;全书分为 4 个部

---

① 刘子健:《略论南宋的重要性》,《两宋史研究汇编》,台湾:联经出版事业股份有限公司,1987年,第80页。
② 王水照:《南宋文学的时代特点与历史定位》,《文学遗产》2010年第1期。
③ 王建生:《"中原文献南传"论稿》,上海:上海古籍出版社,2020年。

分,共 15 篇论文。第一部分共 3 篇论文,以人物为线索,从吕本中、吕祖谦和朱松三个人物、两条家学线索上追溯中原文献的精髓、南传路径及他们传承中原文献的自觉和实绩。第二部分共 5 篇论文,重点讨论了南渡士人对于北宋后期学术思想和文化精神的整合与评价。第三部分共 2 篇论文,从地域视野考察流行于当世的士人活动、心态及其反映出的普遍文学作品特点。第四部分共 5 篇论文,从政治时局和理学的发展考察中原文献南传之后的文学生态及此后士人的思想文化倾向等。

从研究脉络上来说,本书所研究的内容有两个层面:其一是南渡文人在中原文献南传过程中如何对其进行整合继承的。此类人物以吕本中为核心。吕本中主张打破学派偏见,不主一门,并以身践行,出入于道学、文学之间,"还通过其精神魅力感召、影响着一批文人,使他们成为中原文化的承载者,如曾几、汪应辰、韩元吉、林之奇、张九成等等"①;在进行诗歌创作时,他认为张耒诗融合了苏、黄之长,提出了"文潜体"的说法,赢得后世的认同,并围绕张耒诗歌的特点和成就,引发南宋文人广泛、深入的讨论,特别是周紫芝,其对张耒诗可谓是顶礼膜拜。另外,理学也是南宋思想文化重建的重要支撑,作者也重点考察了两宋之际理学与文学的互动,追踪了理学在这一时期的发展态势。同时,作者还关注了吕本中个人是如何处理诗与道之间的关系的,并从吕氏家学这条线索向下延展到吕祖谦,旁及道南学派之朱松,论述了他们在中原文献南传过程中的自觉和实绩。朱松"沉潜于伊洛之学而终不废诗,体现出不专一门的精神,而这种精神恰是中原文献的要义"②,即"以广大为心,而陋专门之〔暖姝〕〔暖昧〕;以践履为实,而刊繁茂之枝叶"③。

其二是南宋建立后,特殊的地理环境和恶劣的政治时局所构建出的文学生态,以及此后中兴文人的思想文化倾向。这种文学生态包括南渡文人流亡奔波过程中所造成的典型寓客文化,半壁江山的残缺与完整文学形态的处理所形成的自然景观与人文景观的再造,空间阻隔导致文学作品中追忆京洛记忆的自觉中原文化传承,面对强大敌对政权希图重新确立"行义以达道"理念的陶渊明接受史中的别调现象以及朝堂主战主和斗争下出现的山林之士所追求的平淡深远文学风尚等等,这种种文学生态的出现也与朱刚认为从救亡意识的勃兴和颜子式人生观两个方面考察南宋士大夫的心态相对应。④对于中兴文人的思想文化倾向,作者通过陆九渊视野中的王安石形象展现知识界对其政事学术的反思,紧接着用陆游的文章观阐述他中正节义的思想和基于士大夫实用主义的文章二分法,即"娱忧舒悲"说,他认为"陆游有关文章两分法的认识,虽简单粗略,却有整体观照的视野和眼光"⑤。

通览全书,作者对南渡文人多层次、多方面整合元祐学术进行了梳理,无论是吕本中还是朱松,他们都自觉承担中原文化南传重任,多维度地呈现出政治时局与理学发展交织下的文学生态,这些都对中兴文人产生了深远的影响,成为乾淳时代思想、文化及文学得

---

① 王建生:《"中原文献南传"论稿》,上海:上海古籍出版社,2020 年,第 5 页。
② 王建生:《"中原文献南传"论稿》,上海:上海古籍出版社,2020 年,第 45 页。
③ 吕祖谦:《祭林宗丞文》,《东莱吕太师文集》卷 8,《宋集珍本丛刊》本。
④ 朱刚:《唐宋"古文运动"与士大夫文学》,上海:复旦大学出版社,2013 年,第 230 页。
⑤ 王建生:《"中原文献南传"论稿》,上海:上海古籍出版社,2020 年,第 283 页。

以兴盛的生长点。

二、学术特色

  万姓以死亡的南渡过程、半壁江山的立国形式、朝堂战和的政治斗争等,这些无不深深影响到南宋的思想文化重建。正如刘子健先生所说"在宋代中国占据中心地位的,应当是与文化学术潮流密切相关的政治"[①],《论稿》一书将目光投射在漫长的历史进程中,以问题为导向,在南渡这一特殊的历史语境中,从高宗确立"最爱元祐"的态度,宣布新政权的所本和所因后,牵引出现实层面中政治文化和学术思想重建的多元立体图景。该书在具体的书写过程中形成了以下学术特色:

  第一,研究视角的独特性。在"重新认识南宋"的议题下,学界对宋代的文学研究改变了过去重北轻南的偏向,纠正了南宋文学是北宋文学附庸的传统看法,确定了文学重心由北向南的空间转移和文学样式由雅到俗的内容转变。[②] 如何能够在此基础上对南宋文学史研究做出新的尝试,探讨南宋一代文学之特点,展示其复杂的生态面貌,是目前大部分学者面临的难题。作者以"中原文献南传"这一独特视角切入论题,赋予"中原"及"中原文献"新的阐释,于南传路径的脉络中追索其中关键人物,以此构建一个统摄两大文人群体的广阔视野。围绕其师友渊源,剖析毫芒,考察他们在学术代际承传中的踪迹,由此铺陈出南宋思想文化更新与再造的相关过程,可谓匠心独运,启人新思。

  第二,在学科交叉中寻找研究的生长点。理学的发展是两宋之际无法回避的问题,与之相伴的是士大夫的兴趣逐渐由"文"转向"道"[③],南渡文人如吕本中、曾几等,恰好处于理学发展史的关键时段,如何在理学与文学交互渗透中找到新的生长点,也是南宋思想文化更新与再造的内在需要。吕本中从杨时的"道固与我为一"中找到了平衡"诗""道"的理论支撑,即向道学靠拢,而不废弃诗文,形成以理学为本位的文章观念,得以出入于文、理之间,同时引领曾几向道学、诗文兼擅的道路迈进。这种对于理学与文学之间细腻的考察和梳理,对我们把握南宋文学的时代特征,弥足重要。再如,《宋代陶渊明接受史上的别调》一文,作者在崇陶的氛围中一反常态,将陶渊明的接受史放在南宋初年的历史情境中,在特定的政治文化导向中考察这一时期士大夫的思想倾向。陈渊对于陶渊明的鄙薄所带有的鲜明时代性,在政治与文化这一历史互动的细节中得到有力彰显,同时也为我们提供了一种新的视角去了解南宋初年思想文化态势的一个方面。总之,寻找新的生长点把握南宋文化的多层次图景,这个问题,对于研究者而言,也同样重要。

  第三,明确的问题意识串联历史细节,构建整体观念。南宋初期文学生态的多元立体图景,或因时因势,或因人因物,而有成岭成峰之貌。作者发掘其中微妙细节,钩稽出隐藏在历史事实下的相对完整面貌。如在举世崇陶背景下出现的南渡初年陶渊明接受史别调

---

  ① 刘子健:《中国转向内在:两宋之际的文化转向》,赵冬梅译,南京:江苏人民出版社,2012年,第2页。
  ② 王水照:《南宋文学的时代特点与历史定位》,《文学遗产》2010年第1期。
  ③ 包弼德:《斯文:唐宋思想的转型》,刘宁译,南京:江苏人民出版社,2017年。

现象;再如秦桧当权时期文丐奔竞所对应出现的山林之士读书治学、砥砺节操、涵养心性的另一道风景线;又如南渡后士大夫面对山河之异而风景不殊局面,痛切于家国遗恨而发故国之思;等等,这些根植于历史细节,经过充分探究,进而有效关联,构建出相对完整的文学生态,无疑体现了作者熟谙于心的广阔视角。

三、阅读的疑惑

作为一部"中原文献南传"相关研究著作来讲,除了《自序》中提及的"一些题目如《南宋中原文献世家考略》《南宋时靖康史之修撰》等并未完稿,只能付之阙如"外,部分内容似乎还能更为深入。如,在《吕本中与中原文献南传》一文中,作者将中原文献南传的精髓概括为"以广大为心""以践履为实",吕本中以师友渊源为纽带,将之传于曾几、汪应辰、林之奇等,之后再传至吕祖谦、陆游等。对于前者的刻画除了曾几等人外,还有朱松积极昌明伊洛之学却始终未放弃对诗歌的追求,主张"圣学""文学"兼重的精神等等,这些人物群像的多元化,无论是江西诗派抑或道南学派,都使得对中原文献南传所形成的学术整合有了更为直观的认识。但对于后者,即中兴文人群体的刻画则似稍显单薄,陆游在继承中原文献精髓的落脚点更多地放在了"以践履为实"的实用主义文章观上。此外,中兴文人群体地域和身份的分化①,理学的兴盛所伴随的诗、道冲突,如谢枋得所言:"诗有江西派,而文清昌之,传至章泉、涧泉二先生,诗与道俱隆。自二先生没,中原文献无足证,江西气脉将间断矣。"②等等这种现象是否说明南传精髓随着时间的延展,其内涵、层次在逐渐窄化?还有一点需要说明,作者在指出吕祖谦的"陶铸同类以渐化其偏"的学术精髓时认为"若将吕希哲、吕本中、吕祖谦以来的学术特质加以贯通,会发现此乃吕氏家学之真精神"③,那么在中原文献南传的脉络中,吕氏家学又与其他世家有何区别等等,或需考虑,以期更进一步丰富论证的主题。

再如,《宋代陶渊明接受史上的别调》一文认为"这种观念发生在特定的历史语境,即南渡文人在对北宋亡国反思时,希图重新确立精神导向——行义以达道",作为论据支撑之一的是李光的《题无俗亭》诗。《题无俗亭》全诗摘录如下:"一榻萧然岸幅巾,寒梅为友竹为邻。清谭谢傅风流胜,倒载山翁气味真。独把琴棋消永日,未须歌管送余春。簿书堆案应频扫,不学陶潜避俗尘。"由于李光亦有诗称"长怀杜陵老,遐想靖节翁。二子不并世,千载余清风"④,故《题无俗亭》这首诗的系年就显得尤为重要,从这首诗中,我们仅能推测出这大概是某年三月暮春时所作。仔细推敲《题无俗亭》这首诗,李光虽不认同陶渊明丢下国事,拂袖而去的做法,但言语之间又颇有自得之态;颔联中用谢安隐东山时不仕和山简镇荆州日醉酒入典,用"胜"和"真"二字来点评,意在指出世与入世并无高下之别,但他却在这两者之间找到了一种平衡,自是比之陶氏稍胜一筹。而且颈联中的琴棋以消永日,

---

① 侯体健:《士人身份与南宋诗文研究》,上海:复旦大学出版社,2019年。
② 谢枋得:《萧冰崖诗卷跋》,《叠山集》卷9,《四部丛刊续编》景明本。
③ 王建生:《"中原文献南传"论稿》,上海:上海古籍出版社,2020年,第23页。
④ 李光:《庄简集》卷1,《宋集珍本丛刊》本。

闲适之意跃然纸上,这种心境,与南宋初年的紧张的政治局势不符。有无可能作于李光宦海前期沉于幕职州县时,即崇宁五年(1106年)至政和八年(1118年),这期间他的仕宦经历为晋州岳阳县尉兼主簿—衢州开化令—知常熟县,①因案牍劳形故而有诗中所说"簿书堆案",似乎也值得再推敲。

综上所述,王建生先生的《论稿》一书,将中原文献定义为一个宽泛的概念,它远绍元祐学术,不主一家,是关乎南宋思想文化的更新与再造。总体上看,无论是从研究视角的选定到理论方法的运用,还是从问题意识的发端到细节串联整体的构建,都显示了作者广阔的视野和深厚的学养。尽管此书尚有部分并未完稿,但我们从作者展现的多元立体图景中仍能一窥其精粹所在,期待对这一命题的持续思考和探究!

---

① 任群:《绍兴和议前后士风与诗风演变研究——以李纲与李光等主战诗人群体为中心》,博士学位论文,南京师范大学,2011年。文末所附李光年谱中对部分著作亦有系年考证,但《题无俗亭》不在其中。

著作权使用声明

　　本刊已许可中国知网、中国核心期刊(遴选)数据库以数字化方式复制、汇编、发行、信息网络传播本刊全文。本刊支付的稿酬已包含中国知网、中国核心期刊(遴选)数据库著作权使用费,所有署名作者向本刊提交文章发表之行为视为同意上述声明。如有异议,请在投稿时说明,本刊将按作者说明处理。